U0552275

四库存目

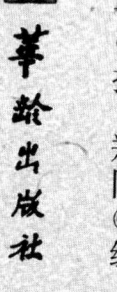

子平匯刊 ①

渊海子平大全

[宋]徐子平 ◎ 撰
郑同 ◎ 编

华龄出版社

责任编辑：薛　治
责任印制：李未圻

图书在版编目（CIP）数据

四库存目子平汇刊. 1 / 郑同编撰、整理.
—北京：华龄出版社，2014.5
ISBN 978－7－5169－0447－3

Ⅰ.①四… Ⅱ.①郑… Ⅲ.①《四库全书》—图书目录 Ⅳ.①Z833

中国版本图书馆 CIP 数据核字（2014）第 083613 号

声明：依据《中华人民共和国著作权法》及《中华人民共和国著作权法实施条例》，本书整理者依法享有本书的著作权。凡大量引用、节录、摘抄本书内容的，请先本社联系。未经本社及整理者许可，不得以任何方式翻印本书。

书　　名：	四库存目子平汇刊（一）：渊海子平大全
作　　者：	郑同　编撰　整理

出版发行：	华龄出版社		
地　　址：	北京市东城区安定门外大街甲57号	邮　编：	100011
电　　话：	(010) 58122246	传　真：	(010) 84049572
网　　址：	http://www.hualingpress.com		

印　　刷：	三河市九洲财鑫印刷有限公司		
版　　次：	2014年11月第1版　2024年4月第6次印刷		
开　　本：	720×1020　1/16	印　张：	17
字　　数：	220千字	印　数：	11501～20000
定　　价：	48.00元		

版权所有　　翻印必究
本书如有破损、缺页、装订错误，请与本社联系调换

缘 起

《子平》书，宋徐公东斋已详明矣。传自《渊海》、《渊源》之集，其理则一，篇句俱同。今之用者，惟宗《渊海》，而《渊源》亦有妙用，《渊海》或未之集。今将二书合并，参考遗失，总归一轶，加之诗诀起倒，增解字义，后学识之，则二书了然在目无遗矣。

谨白。

子平渊海者，乃命家之鼻祖，术士之指南也。顾刻剞多舛，学者憾焉。此刻讹者已正，缺者已补，难者解之，疑者辨之。语有关系者着以圈，文有紧要者着以点，词义分明，了然为鉴，而命不难知矣。因命之曰"子平金鉴"。

月川山人谨识。

刻合并评征渊海子平引

　　子平渊海之理，始自唐大夫李公虚中，以人生年月日时，生克旺相，休囚制化，决人生之祸福，其验神矣。及公薨，昌黎韩公为之作墓志以记之。后经吕大夫才又裁定之，并无述作之者。至于有宋徐公升，复以人生日主，分作六事，议论精微，作《渊海》之书，集诸儒之义，传布至今，悉皆宗之。后之诸君，又集《渊源》，理义篇章雷同，迄今数百年矣。板籍有亥豕鲁鱼之谬，学者少知其义。今唐君锦池礼请精通此理者，以二书并之，增之口诀，正其讹伪矣。非悬壶化杖者，孰能更易？梓行于世，俾后学习之，不失古人之遗范矣。书成，唐子示余书，以此为引。

崇祯七年孟冬吉日重梓

目 录

新刊合并官板音义评注渊海子平卷一 ………… 1

论五行所生之始 ………… 1
论天地干支所出 ………… 2
天降干支图 ………… 3
十干所属阴阳 ………… 4
天干相合 ………… 4
十干所属方位十二支所属论 ………… 4
论十二地支阴阳所属 ………… 5
论十二支六合 ………… 5
论十二支三合 ………… 6
论十二支相冲 ………… 6
论十二支相穿 ………… 6
论十二支相刑 ………… 6
论干支字义 ………… 6
论十二支生肖 ………… 7
论六十花甲子纳音并注解 ………… 8
论天干生旺死绝 ………… 13
掌　诀 ………… 14
五行发用定例 ………… 14
阴阳顺逆生旺死绝之图 ………… 15
月律分野之图 ………… 16
天干五阳通变 ………… 17
天干五阴通变 ………… 18
论年上起月例 ………… 19
论日上起时例 ………… 19
论起胎法 ………… 19

论起息法	19
论起变法	20
论起通法	20
论起玉堂天乙贵人	20
起天官贵人	21
论太极贵人	21
论三奇贵人	21
论月德贵人	22
论月德合	22
论天德贵人	22
论天厨贵人	22
论福星贵人	23
论三元	23
论十干禄	23
论驿马	24
论天赦	24
论华盖	24
论十干学堂	24
论十干食禄	25
论金舆禄	25
论拱禄	25
论交禄	25
论暗禄	26
论夹禄	26
论垣城	26
论帝座	26
论六甲空亡	26
论截路空亡	27
论四大空亡	27
论十恶大败	27
论四废日	28
论天地转杀	28

论天罗地网	29
论羊刃	29
论起大运法	29
论行小运法	30
论五行相生相克	30
论节候歌	31
论天地干支暗藏总诀	31
又论节气歌	32
又地支藏遁歌	32
论四季大节诀	33
论未来月朔节气奥诀	33
论截流年节气日时刻数要诀	33
论日为主	34
论月令出渊源	35
论生旺	35
又论五行生旺衰绝吉凶渊源	35
论五行墓库财印渊源	36
论官杀混杂要制伏渊源	36
论五行生克制化各有所喜所害例	36
二至阴阳相生理	37
子平举要歌	37
详解定真论	39
喜忌篇	46

新刊合并官板音义评注渊海子平卷二 57

继善篇	57
看命入势	67
正官论	68
论官星太过	69
论偏官	69
论七杀	70
论印绶	71
论正财	73

论偏财 74

论食神 75

论倒食 75

论伤官 76

论劫财 77

论羊刃 78

论刑合 79

论福德秀气 79

论杂气 80

论日贵 81

论日德 81

论日刃 81

论魁罡 82

论金神 82

论时墓 83

内十八格 83

正官格 83

杂气财官格 83

月上偏官格 84

时上偏财格 84

时上一位贵格 85

飞天禄马格 85

又　格 86

倒冲格 86

又　格 86

乙巳鼠贵格 87

六乙鼠贵格 87

合禄格 87

又合禄格 87

子遥巳格 88

丑遥巳格 88

壬骑龙背格 88

井栏叉格	89
归禄格	89
六阴朝阳格	89
刑合格	90
拱禄格	90
拱贵格	90
印绶格	91
杂气印绶格	91
外十八格	91
六壬趋艮格	91
六甲趋乾格	91
勾陈得位格	92
玄武当权格	92
炎上格	92
润下格	92
从革格	93
稼穑格	93
曲直格	93
日德秀气格	94
福德格	94
弃命从财格	94
伤官生财格	94
弃命从杀格	94
伤官带杀格	95
岁德扶杀格	95
岁德扶财格	95
夹丘格	95
两干不杂格	96
五行俱足格	96
支辰一字	96
天元一气	96
凤凰池	96

新刊合并官板音义评注渊海子平卷三 …… 97

六亲总论 …… 97
六亲捷要歌 …… 98
男命六亲取用图 …… 98
女命六亲取用图 …… 99
论 父 …… 99
论 母 …… 100
论妻妾 …… 100
论兄弟姐妹 …… 101
论子息 …… 101
论妇人总诀 …… 102
阴命赋 …… 103
女命富贵贫贱篇 …… 104
女命贵格 …… 105
女命贱格 …… 105
滚浪桃花 …… 105
女命总断歌 …… 106
论小儿 …… 107
论小儿关杀例 …… 107
论性情 …… 108
论疾病 …… 109
论大运 …… 110
论太岁吉凶 …… 111
论运化气 …… 112
化气十段锦 …… 112
神趣八法 …… 114
论格局生死引用 …… 115
论征太岁 …… 116
杂论口诀 …… 116
群兴论 …… 118
论兴亡 …… 119
宝法第一 …… 120

宝法第二	121
寸金搜髓论	121
论命细法	124
伤官说	126
心镜歌	127
络绎赋	128
妖祥赋	129
相心赋	130
玄机赋	131
幽微赋	132
五行元理消息赋	133

新刊合并官板音义评注渊海子平卷四 137

金玉赋	137
碧渊赋	140
造微论	144
人鉴论	145
爱憎赋	147
万金赋	149
挈要捷驰玄妙诀	151
渊源集说	153
子平百章歌	153
四言独步	154
身弱论	157
弃命从杀论	158
五言独步	158
正月建寅候诗诀	159
二月建卯候诗诀	160
三月建辰候诗诀	160
四月建巳候诗诀	161
五月建午候诗诀	161
六月建未候诗诀	162
七月建申候诗诀	162

八月建酉候诗诀	162
九月建戌候诗诀	163
十月建亥候诗诀	164
十一月建子候诗诀	164
十二月建丑候诗诀	165
十干体象	166
甲	166
乙	166
丙	166
丁	167
戊	167
己	167
庚	167
辛	168
壬	168
癸	168
十二支体象	169
子	169
丑	169
寅	169
卯	170
辰	170
巳	170
午	170
未	171
申	171
酉	171
戌	172
亥	172

新刊合并官板音义评注渊海子平卷五 … 173

正官诗诀	173
偏官诗诀	174

印绶诗诀	174
正财诗诀	176
偏财诗诀	176
食神诗诀	177
伤官诗诀	177
羊刃诗诀	178
刑合诗诀	179
日贵诗诀	179
金神诗诀	180
日德诗诀	180
魁罡诗诀	181
时墓诗诀	181
杂气财官诗诀	182
时上偏财诗诀	183
时上一位贵诗诀	183
飞天禄马诗诀	184
六乙鼠贵诗诀	185
合　禄	185
子遥巳格诗诀	186
丑遥巳格诗诀	187
壬骑龙背诗诀	187
井栏叉格诗诀	188
归禄格诗诀	188
六阴朝阳诗诀	189
拱禄拱贵诗诀	189
六甲趋乾诗诀	190
六壬趋艮格诗诀	190
勾陈得位诗诀	191
玄武当权诗诀	191
润下格诗诀	191
从革格诗诀	192
稼穑格诗诀	192

曲直格诗诀	192
炎上格诗诀	193
福德格诗诀	193
弃命从财诗诀	194
弃命从杀诗诀	194
杀重有救诗诀	194
天元一气诗诀	195
化气诗诀	196
天元一字诗诀	197
刑冲诗诀	198
克妻诗诀	198
克子诗诀	198
运晦诗诀	199
运通诗诀	199
带疾诗诀	200
寿元诗诀	200
飘荡诗诀	201
女命诗诀	201
长生诗诀	202
沐浴诗诀	202
冠带诗诀	202
临官诗诀	203
帝旺诗诀	203
衰病死诗诀	203
墓库诗诀	203
绝胎诗诀	204
胎养诗诀	204
五行生克赋	204
珞琭子消息赋	205
论八字撮要法	209
格局生死引用	209
会要命书说	210

新刊合并官板音义评注渊海子平卷六 ………… 211
  批命活用总套 ………… 211
  讲谈批贵命杂用诗诀 ………… 215
  讲谈八字活套 ………… 217
  批八字行运造化诗 ………… 219
  讲谈难为六亲诗句 ………… 223
  讲谈应命吉凶诗句 ………… 227
  讲谈批命鹧鸪天 ………… 229
  论六格批命活套 ………… 230
  批正官格 ………… 230
  批偏官格 ………… 231
  批印绶格 ………… 232
  批杀印格 ………… 233
  批正财格 ………… 234
  批偏财格 ………… 235
  批伤官格 ………… 236
  批杂气财官格 ………… 236
  指明批贵命活套 ………… 237
  批殿元显宦 ………… 237
  批宦相斯文 ………… 238
  批天资国器 ………… 238
  批及第登高 ………… 239
  批月窟重光 ………… 240
  批浪起春雷 ………… 240
  批鱼龙养起 ………… 240
  批桃浪进身 ………… 241
  批虎榜标名 ………… 241
  批志合冲天 ………… 242
  批香拂桂林 ………… 242
  批人间岳惊 ………… 242
  批富产祥麟 ………… 243
  批蚌产明珠 ………… 244

批祥开后院 …………………………………… 244
批玉树流芳 …………………………………… 245
抵懿德兰馨 …………………………………… 245
批父母双全活用诀 …………………………… 247
批父母俱亡活套 ……………………………… 247
批母在父亡活套 ……………………………… 247
批父在母亡活套 ……………………………… 248
批兄弟活用套 ………………………………… 248
批夫妇活用套 ………………………………… 249
批难为妻子活套 ……………………………… 249
批刑妻活套 …………………………………… 250

新刊合并官板音义评注渊海子平卷一

论五行所生之始

盖闻天地未判，其名混沌；乾坤未分，是名胚晖；① 日月星辰未生，阴阳寒暑未分也。在上则无雨露，无风云，无霜雪，无雷霆，不过杳合②而冥冥。在下则无草木，无山川，无禽兽，无人民，不过昧昧而昏作。是时一气盘中结，于是太易生水③，太初生火④，太始生木⑤，太素生金⑥，太极生土⑦。所以水数一，火数二，木数三，金数四，土数五。迨夫三元既极，混沌一判，胚晖乃分。⑧ 轻清为天，重浊为地。二气相承，两仪既生，化而成天，其始也。或人形鸟啄，⑨ 或人首蛇身。无嗜欲，无姓名，无邦国，无君臣。巢处穴居，⑩ 任其风雨，亲疏同途，莫知其父子。五谷未植，饮血茹毛，⑪ 其名荡荡，其乐陶陶。及其圣贤一出⑫，智愚两分，遂

---

① 眉批："混沌"、"胚晖"，犹言如鸡子，清浊未分。
② 眉批："杳合"，俱不分混沌貌。
③ 未有气曰太易。
④ 有气未有体曰太初。
⑤ 有形未有质曰太始。
⑥ 有质未有体曰太素。
⑦ 形体已具乃曰太极。
⑧ 眉批："一判"、"乃分"，已有天地之意。
⑨ 眉批："啄"，鸟之嘴也。
⑩ 眉批："巢处穴居"，结巢于树枝，上为天以安其身。
⑪ 眉批："饮血茹毛"，无火，食吃生物。
⑫ 眉批：谓伏羲、神农、黄帝名。

有君臣父子之分，礼乐衣冠之制。呜呼！大道废而奸诈生，妖怪出。①

论天地干支所出

切以奸诈生，妖怪出。黄帝时有蚩尤②神扰乱，当是之时，黄帝甚忧民之苦，遂战蚩尤于涿鹿之野③。流血百里，不能治之④，黄帝于是斋戒，筑坛祀天，方丘礼地。天乃降十干⑤、十二支⑥。帝乃将十干圆布象天形；十二支方布象地形⑦。始以干为天，支为地，合光仰，职门放之，然后乃能治也⑧。自后有大挠氏，为后人忧之，曰："嗟呼！黄帝乃圣人，尚不能治其恶杀，万一后世见灾被苦，将何奈乎！"遂将十干、十二支分配成六十甲子云。⑨

---

① 眉批："妖怪"，谓蚩尤神。是时天开于子，地辟于丑，人生于寅，始立天地之义。万物生焉，奸诈并起，妖怪腾出。
② 眉批：蚩音 chī。蚩尤姓姜，炎帝之友，而好兵喜乱，暴虐于天下。
③ 涿鹿，郡名。
④ 时帝始制干戈刀剑之器。
⑤ 即：甲、乙、丙、丁、戊、己、庚、辛、壬、癸。
⑥ 即：子、丑、寅、卯、辰、巳、午、未、申、酉、戌、亥。
⑦ 眉批：天圆而地方之说始于此。
⑧ 此十干、十二支之所出也。
⑨ 点校者按：《三命通会卷一·论干支源流》曰：夫干犹木之幹，强而为阳；支犹木之枝，弱而为阴。昔盘古氏明天地之道，达阴阳之变，为三才首君。以天地既分之后，先有天而有地，由是气化而人生焉。故天皇氏一姓十三人，继盘古氏以治，是曰天灵澹泊，无为而俗自化，始制干支之名，以定岁之所在。其十干曰：阏逢、旃蒙、柔兆、疆圉、著雍、屠维、上章、重光、元默、昭阳；十二支曰：困敦、赤奋若、摄提格、单阏、执徐、大荒落、敦牂、协洽、涒滩、作噩、阉茂、大渊献。蔡邕《独断》曰："干，幹也。其名有十，亦曰十母，即今甲乙丙丁戊己庚辛壬癸是也。支，枝也。其名有十二，亦曰十二子，即今子丑寅卯辰巳午未申酉戌亥是也。谓之天皇氏者，取其天开于子之义也。谓之地皇氏者，取其地辟于丑之义也。谓之人皇氏者，取其人生于寅之义也。"故干支之名，在天皇时始制，而地皇氏则爰定三辰，道分昼夜，以三十日为一月，而干支始各有所配。人皇氏者，主不虚王，臣不虚贵，政教君臣所由起，饮食男女所由始。始得天地阴阳之气，而有子母之分，于是干支始各有所属焉。至于伏羲，仰观象于天，俯观法于地，中观万物与人，始画八卦。以通神明之德，以类万物之情，以作甲历，而文字生焉。逮及黄帝，授河图见日月星辰之象，于是始有星官之书。命大挠探五行之情，占斗纲所建，于是作甲子配五行纳音之属。《路史》云："伏羲命潜龙氏筮之，乃迎日推策相刚，建造甲子，以命岁时。配天为干，配地为枝。枝干配类，以刚维乎四象。故情伪相感，而星辰以顺。则至黄帝，命大挠探五行之情，考天书三式，以十干、十二支衍而成六十。取纳音声而定之为纳音，即"甲子乙丑海中金"之类是也。风后释之，以致其用，而三命行矣。彼术家以黄帝定天干十字属河之图，地支十二属洛之书，以鬼谷子算成纳音，东方朔解纳音象，皆不得其源而妄云也。

天降干支图

十干所属阴阳

甲 乙 丙 丁 戊 己 庚 辛 壬 癸
阳 阴 阳 阴 阳 阴 阳 阴 阳 阴

甲丙戊庚壬属阳，乙丁己辛癸属阴。

天干相合①

甲与己合②，乙与庚合，丙与辛合，丁与壬合，戊与癸合③。

十干所属方位十二支所属论

甲乙木属东方，寅卯辰之位，为东方青龙之象。

丙丁火属南方，巳午未之位，为南方朱雀之象。

戊己土主中央，辰戌丑未位，为勾陈、螣蛇之象。

庚辛金属西方，申酉戌之位，为西方白虎之象。

壬癸水主北方，亥子丑之位，为北方玄武之象。④

是时大挠氏虽以甲乙属木，丙丁属火，戊己属土，庚辛属金，壬癸属水。⑤又以支元寅卯属木，巳午属火，申酉属金，亥子属水，辰戌丑未属土，其理何义？

或曰：东方有神太昊，⑥乘震执规司春，生仁风和气，万物发生，所以木居之，故甲乙寅卯同也。

南方有神农帝，⑦乘离执衡司夏，生艳阳酷气，万物至此咸齐，所以

---

① 眉批：甲顺数至己得六阴成合，顺倒数之言，仿此。
② 甲属木，己属土，木以土为妻财，所以得合。
③ 同上相克之意。
④ 眉批：甲乙木青色，丙丁火赤色，戊己土黄色，庚辛金白色，壬癸水黑色。
⑤ 眉批：木主仁，火主礼，金主义，水主智，土主信。
⑥ 眉批："太昊"，伏羲氏。
⑦ 眉批：炎帝，神农氏。

火居之故，丙丁巳午同也。①

西方有神少昊，②乘兑执矩司秋，生肃杀静气，万物到此收敛，所以金居之故，庚申辛酉同也。③

北方有神颛帝，④乘坎执权司冬，生凝结严气，万物到此藏伏，所以水居之故，壬癸亥子同也。

中央有神黄帝，⑤乘坤执绳司中土，况木火金水皆不可无土，故将戊己居中央，辰戌丑未散四维，各得所占⑥。

何公论曰："天若无土，不能圆盖于上；地若无土，不能厚载于地，五谷不生；人若无土，不能营运于中，五行不立。"⑦此三才不可缺土也⑧。木若无土，有失载培之力；火若无土，不能烛照四方；金若无土，难施锋锐之气；水若无土，不能堤泛滥之波；土若无水，不能长养万物。此所以五行皆不可无土。所以土居中央，支散四维，建立五行而成也。⑨

论十二地支阴阳所属

子	丑	寅	卯	辰	巳	午	未	申	酉	戌	亥
阳	阴	阳	阴	阳	阴	阳	阴	阳	阴	阳	阴

论十二支六合

子与丑合土，寅与亥合木，卯与戌合火，辰与酉合金，巳与申合水，午与未合火。⑩

---

① 夏天主长育万物，草木茂盛，咸赖火德之功也。
② 眉批："少昊"，黄帝之子，元器也。
③ 秋气谓金如刀，英气肃杀，草木凋零，成熟收气之时。
④ 眉批："颛帝"，高阳氏，黄帝之孙。
⑤ 眉批：土黄色，黄帝以信德治天下，故名黄帝。
⑥ 四维，春三月，夏六月，秋九月，冬十二月。
⑦ 谓仁义礼智信为五常，金木水火土为五行。
⑧ 三才谓天地人。
⑨ 眉批：此专论十干之所属也。
⑩ 午太阳，未太阴也。

论十二支三合①

申子辰水局，亥卯未木局，寅午戌火局，巳酉丑金局，辰戌丑未土局。②

论十二支相冲③

子午相冲，寅申相冲，卯酉相冲，辰戌相冲，巳亥相冲，丑未相冲。④

论十二支相穿⑤

子未相穿，丑午相穿，寅巳相穿，卯辰相穿，申亥相穿，酉戌相穿。

论十二支相刑

寅刑巳，巳刑申，申刑寅，为恃势之刑；丑刑戌，戌刑未，未刑丑，为无恩之刑；子刑卯，卯刑子，为无礼之刑；辰午酉亥，自刑之刑。

论干支字义

《群书考异》曰："甲者，坼也，言万物剖符甲而出也。"《易》曰："百果草木皆甲坼。"乙⑥言万物初生曲孽而未伸也。丙言万物炳然著见。丁言万物壮实之形，故《邦国图籍》曰"成丁"。戊，茂也，言物之茂盛，

---

① 眉批：合局者为贵，但得五行相顺。
② 凡看命以三合取用为局入格。
③ 相冲者，但得有逢合则不能冲。
④ 子宫癸水，午宫丁火，水能克火之故也。寅宫甲木，申宫庚金，因金克木之故也。以支中暗害为冲，余仿此。
⑤ 眉批：相穿为害，犯此者损六亲，不作困蹇而论。
⑥ 眉批：乙字故有屈曲之形。

故《汉志》曰"孳茂于戊"是也。己，纪也，言物有形，可纪识也。庚，坚强貌，言物收敛而有实也。辛言万物方盛而见制，故辛痛也。壬，妊也，阴阳之交，言万物怀妊至子而萌也。癸者，冬时土既平，万物可揆度也。①

子，孳也，阳气始萌孽，生于下也。丑，钮也，寒气自屈曲也。寅，髌也，阳气欲出，阴尚强而髌演于下。卯者，冒也，万物冒地而出。辰，伸也，物皆舒伸而出。巳，已也，阳气毕布已矣。午，仵也，阴阳交相愕而仵也。未，昧也，日中则昃，阳向幽也。申，伸束以成，故《晋志》曰："万物之体皆成也。"酉，就也，万物成熟。戌，灭也，万物灭尽。亥，核也，万物收藏者，皆坚核也。②

论十二支生肖

子	丑	寅	卯	辰	巳
鼠阳	牛阴	虎阳	兔阴	龙阳	蛇阴
午	未	申	酉	戌	亥
马阳	羊阴	猴阳	鸡阴	狗阳	猪阴

《七修类纂》曰："仁和郎汉云：'地支肖属十二物，人言取其不全者，予以庶物岂止十二不全者哉！子鼠以地支在下，各取其足爪于阴阳上分

---

① 点校者注：袁树珊先生《新命理探原》曰："《群书考异》云：'甲者，拆也，言万物剖符甲而出也。'《易》曰'百果草木，皆甲拆'是也。乙者，轧也，言万物初生，自抽轧而出也。丙者，炳也，言万物炳然著见也。丁者，强也，言万物之丁壮也。故《邦国图籍》曰'成丁'是也。戊者，茂也，言万物之茂盛，故《汉志》曰'孳茂于戊'是也。己者，纪也，言万物有形可纪识也。庚者，坚也，言万物收敛而有实也。辛者，新也，言万物初新，皆收成也。壬者，任也，言阳气任养万物于下也。癸者，揆也，言万物可揆度也。"。

② 点校者注：袁树珊先生《新命理探原》曰："子者，孳也，阳气既动，万物孳萌于下也。丑者，纽也，纽者，系也，续萌而系长也。寅者，移也，亦云'引'也，物芽稍吐，引而伸之，移出于地也。卯者，冒也，万物冒地而出也。辰者，震也，物尽震动而长也。巳者，已也，已起也，万物至此，已毕尽而起也。午者，仵也，亦云'咢'也，万物盛大，枝柯咢布也。未者，昧也，阴气已长，万物稍衰，体暧昧也。申者，身也，万物之身体，皆成就也。酉者，老也，万物老极而成熟也。戌者，灭也，万物皆衰灭也。亥者，核也，万物收藏，皆坚核也。"。

之。如子虽属阳，上四刻乃昨夜之阴，下四刻今日之阳。鼠前足四爪象阴，后足五爪象阳故也。丑属阴，牛蹄分也；寅属阳，虎有五爪；卯属阴，兔缺唇且四爪也。辰属阳，乃龙五爪。巳属阴，蛇舌分也。午属阳，马蹄圆也。未属阴，羊蹄分也。申属阳，猴五爪。酉属阴，鸡四爪也。戌属阳，狗五爪也。亥属阴，猪蹄分也。'"

又曰："子为阴极，幽潜隐晦，以鼠配之，鼠藏迹也。午为阳极，显明刚健，以马配之，马快行也。丑为阴也，俯而慈爱生焉，以牛配之，牛有舐犊。未为阴也，仰而采礼行焉，以羊配之，羊有跪乳。寅为三阳，阳胜则暴，以虎配之，虎性暴也。申为三阴，阴胜则黠，以猴配之，猴性狡也。日生东而有西酉鸡，月生酉而有东卯兔。凡此阴阳交感之义，故曰'卯酉为日月之私门'也。夫兔舐雄毛则成孕，鸡合踏而无形，皆感而不交者，故卯酉属鸡兔。辰巳阳起而勤作，龙为盛，蛇次之，故龙蛇配焉，龙蛇变化之物也。戌亥阴敛而潜寂，犬司夜，猪镇静，故狗猪配焉。狗猪时守之物也。此亦明儒之论，故详记之。"

论六十花甲子纳音并注解

夫甲子者始成于大挠氏，而纳音成之于鬼谷子，① 象成于东方曼倩子。时曼倩子既成其象，因号曰"花甲子"。然甲子者，自子至亥，十二宫皆有金木水火土之属。始起于子是一阳，终于亥为太阴。其五行所属，但如人之世事也。何以谓之世事？大率五行金木水火土，在天为五星，② 于地为五岳，于德为五常，③ 于人为五脏，其于命也为五行。④ 是故甲子之属乃应之于命，命则一世之事。故甲子纳音象之时，圣人喻之，亦如人一世之事体也。一世之事者，宣圣所谓"三十而立，四十而不惑，五十而知天命，六十而耳顺，七十而从心"。其甲子之象，自子而至于亥，其理灼然

---

① 眉批：周时王诩善道，隐清溪之鬼谷，世称鬼谷子。
② 眉批："五星"，金星木星水星火星土星。
③ 眉批："五常"，仁义礼智信。
④ 眉批："五行"，金木水火土。

而可见矣。且如子丑二位者，阴阳始孕，① 人在胞胎，物藏根核，未有涯际也。寅卯二位者，阴阳渐辟，人渐生长，物以坼甲，② 群葩③渐剖，如人将有立身④也。辰巳二位者，阴阳气盛，物当华秀，人至三十、四十，而有立身之地，进取之象。午未二位者，阴阳彰露，物色成齐，人至五十、六十，富贵贫贱可知，凡事兴衰可见也。申酉二位者，阴阳肃杀，物已收成，人已龟缩，各得其静矣。戌亥二位者，阴阳闭塞，物气归根，人当休息，各有归者也。⑤ 但只详此十二位先后，灼然可见，于六十甲子可以次第而知矣。

甲子乙丑海中金，⑥

以子曰水，又为湖，又为水旺之地。兼金死于子，墓于丑，水旺而金死墓，故曰"海中之金"也。○又曰："气在包藏，使极则沉潜。"

丙寅丁卯炉中火。⑦

以寅为三阳，卯为四阳。火既得位，又以寅卯之木生之。此时天地开炉，万物始生，故曰"炉中火"也。○天地为炉，阴阳为炭。

戊辰己巳大林木，⑧

以辰为原野，巳为六阳。木至六阳则枝荣叶茂，以茂盛之大林木而生原野之间，故曰"大林木"也。○声播九天，阴生万顷。

庚午辛未路旁土。⑨

以未中之木，生午木之旺火，火旺则土于斯而受刑。土之所生，未能育物，犹"路旁土"也。○壮以及时，乘厚载木，多不虚木。

壬申癸酉剑锋金，⑩

以申酉金之正位，兼临官申，帝旺酉。金既生旺，则诚刚矣。刚则无

---

① 眉批："始孕"，如妇人怀妊在腹。
② 眉批："坼甲"，犹言笋离树有皮。
③ 眉批："群葩"，犹言花有葩米有荞。
④ 眉批："立身"言束带立于朝，盛旺行道也。
⑤ 眉批：五、六十人之贵贱可见，至于七十人，精神衰弱，以待数终，无能为也。
⑥ 眉批：其金形，行水路，性弱体寒。
⑦ 眉批：形行阳地，势力渐增，山岳推耸。
⑧ 眉批：龙蛇藏形，气当成形，物以露木。
⑨ 眉批：土形可质，有物可形。
⑩ 眉批：执性坚刚，勿宜生旺，则谓功成不退，有伤和气。

逾于剑锋，故曰"剑锋金"也。○虹光射斗牛，白刃凝霜雪。

甲戌乙亥山头火。①

以戌亥为天门，火照天门，其光至高，故曰"山头火"也。○天际斜晖，山头落日，散绮因以返照，舒霞本自余光。

丙子丁丑涧下水，②

以水旺于子，衰于丑，旺而反衰，则不能为江河，故曰"涧下水"也。○山环细浪，雪涌飞湍，深流三峡之倾，涧壑千寻之例。

戊寅己卯城头土。③

以天干戊己属土，寅为艮山，土积而为山，故曰"城头之土"也。○天京王垒，帝里金城，龙蟠千里之形，虎踞四维之势也。

庚辰辛巳白蜡金，④

以金养于辰，生于巳，形质初成，未能坚利，故曰"白蜡金"也。○气渐发生，金弱在铁，交栖日月之光，凝象阴阳之气。

壬午癸未杨柳木。⑤

以木死于午，墓于未。木既死墓，虽得天干壬癸之水以生之，终是柔木，故曰"杨柳木"。○万缕不蚕之丝，千条不针之线。

甲申乙酉井泉水，⑥

金临官在申，帝旺在酉，金既生旺，则水出以火，然方生之际，力量未洪，故曰"井泉水"也。○气息而静，过而不竭，出而不穷。

丙戌丁亥屋上土。⑦

以丙丁属火，戌亥为天门，火既炎上，则土非在下而生，故曰"屋上土"也。○以火木而生旺，是从增其势，至于死绝，喜以安。

---

① 眉批：气焰藏熄，飞光报乾，归于休息之中。
② 眉批：恶乎生旺，贵以休囚，气能成物。
③ 眉批：土易木疏，必成其器。
④ 眉批：其金始舍丑乡，子母当分，当然自立，须假火成形。
⑤ 眉批：物阳气盛，水济成功。
⑥ 眉批：安之则静而清，扰之则动而浊。
⑦ 眉批：盖蔽雪霜之绩，震凌风雨之功。

戊子己丑霹雳火，①

丑属土，子属水。水居正位而纳音乃火，水中之火，非龙神则无，故曰"霹雳火"。○电掣金蛇之势，云驱铁骑之奔，变化之象。

庚寅辛卯松柏木。②

以木临官在寅，帝旺在卯，木既生旺，则非柔弱之比，故曰"松柏木"也。○扬雪凌霜，参天覆地。风撼奏笙簧，雨余张旌旆。

壬辰癸巳长流水，③

辰为水库，巳为金长生之地，金则生水，水性已存，以库水而逢生金，泉源终不竭，故曰"长流水"也。○势居东南，贵安静。

甲午乙未沙中金。

午为火旺之地，火旺则金败。未为火衰之地，火衰则金冠带，败而方冠带，未能作伐，故曰"沙中金"也。

丙申丁酉山下火，④

申为地户，酉为日入之门。日至此时而藏光也，故曰"山下火"。○酉沉兑位，复喜东南，出震明离，其光愈晔，暗恶火，明喜济。

戊戌己亥平地木。⑤

戌为原野，亥为木生之地。夫木生于原野，则非一根一林之比，故曰"平地木"也。○惟贵雨露之功，不喜雪霜之侵。

庚子辛丑壁上土，⑥

丑虽土象正位，而子则水旺之地，土见水多则为泥也，故曰"壁上土"也。○气居闭塞，物尚包藏，掩形遮体，内外不友故也。

壬寅癸卯金箔金。⑦

寅卯为木旺之地，木旺则金羸。且金绝于寅，胎于卯，金既无力，故曰"金箔金"。○气在寅则金为绝地，薄若缯缟，乃云。

---

① 眉批：气在一阳，形居木位。
② 眉批：火旺而木则藏，乃喜水以润之。
③ 眉批：来之不穷，纳之不尽。
④ 眉批：龟缩兑位，力微体弱。
⑤ 眉批：金旺则伤，土厚则培。
⑥ 眉批：势未有用，丑未能生。
⑦ 眉批：木多损志劳神，金助刚毅果敢。

甲辰乙巳覆灯火，①

辰为食时，巳为隅中，日之将午，艳阳之势，光于天下，故曰"覆灯火"。○金盏摇光，玉台吐艳，照日月不照处，明天地未明时。

丙午丁未天河水。②

丙丁属火，午为火旺地，而纳音乃水，水自火出，非银汉不能有也，故曰"天河水"。○气当升降，沛然作霖，生旺有济物之功。

戊申己酉大驿土，③

申为坤，坤为地；酉为兑，兑为泽。戊己之土加于坤泽之上，非其他浮薄之土，故曰"大驿土"。○气以归息，物当收敛，故云。

庚戌辛亥钗钏金。④

金至戌而衰，至亥而病，金既衰病，则诚柔矣，故曰"钗钏金"。○形已成器，华饰光废；厌乎生旺，贵乎藏体；火盛伤形，终为不喜。

壬子癸丑桑柘木，⑤

子属水，丑属金，火方生木，金则伐之，犹桑柘方生，人便成伐，故曰"桑柘木"也。○气居盘属，居于水也，未施刀斧之劳。

甲寅乙卯大溪水。⑥

寅为东北，惟卯为正东。水流正东，则其性顺，而川涧池沼俱合而归，故曰"大溪水"。○气出阳明，水势恃源，东流滔注，故云。

丙辰丁巳沙中土，⑦

土库在辰而绝在巳，而天下丙丁之火至辰冠带，而临官在巳，土既库绝，旺火复兴生之，故曰"沙中土"。○土疏气散故不宜。

戊午己未天上火。⑧

午为火旺之地，未中之木，又复生之，火性炎上，又逢生地，故曰

---

① 眉批：气形盛地，势立高冈。
② 眉批：金能相助，于内必厚，水火并行，炎势难当。
③ 眉批：土静幽安，龟缩退避，美而无事。
④ 眉批：气方藏伏，形体已残。煅炼百饰，已成其状。
⑤ 眉批：喜水相养，见金无功。
⑥ 眉批：势向东行，若言川涧池沼，恶土相遏，喜金加助。
⑦ 眉批：气已承阳，癸生已温，恶火嫌金。
⑧ 眉批：顺之则吉，逆之则殃。

"天上火"。○气过阳宫，重离相会，炳灵交光，发焰炎上，故云。

庚申辛酉石榴木，①

申为七月，酉为八月，此时木则绝矣，惟石榴之木复实，故曰"石榴木"。○气归静肃，物渐成实，木居金生其味，秋果成实矣。

壬戌癸亥大海水。②

冠带在戌，临官在亥，水则力厚矣。兼亥为江，非池水之比，故曰"大海水"。○势趋天门，历事已毕，生旺不泛，死绝不涸，故云。

论天干生旺死绝③

甲木生亥，沐浴在子，冠带在丑，建禄在寅，帝旺在卯，衰在辰，病在巳，死在午，墓在未，绝在申，胎在酉，养在戌。

乙木生午，沐浴在巳，冠带在辰，建禄在卯，帝旺在寅，衰在丑，病在子，死在亥，墓在戌，绝在酉，胎在申，养在未。

丙火戊土生寅，沐浴在卯，冠带在辰，建禄在巳，帝旺在午，衰在未，病在申，死在酉，墓在戌，绝在亥，胎在子，养在丑。

丁火己土生酉，沐浴在申，冠带在未，建禄在午，帝旺在巳，衰在辰，病在卯，死在寅，墓在丑，绝在子，胎在亥，养在戌。

庚金生巳，沐浴在午，冠带在未，建禄在申，帝旺在酉，衰在戌，病在亥，死在子，墓在丑，绝在寅，胎在卯，养在辰。

辛金生子，沐浴在亥，冠带在戌，建禄在酉，帝旺在申，衰在未，病

---

① 眉批：金多则损，水润则荣。。
② 眉批：海纳百川，汪洋万倾，戌为天门，亥子为江海。
③ 眉批：长生者，言物在于发生而出，如人受父母之精血妊怀十月而生也。长字音掌。○沐浴者，乃生之初在地，正在柔弱之中，如人生出沐浴盆中，未可言吉。○冠带者，物之长成，堪能运用，如人之顶冠束带，以任其用。○临官者，言物盛茂，即如人之长大成人，用谋为而有卓立也。○帝旺者，言物有操持可立，如人之受君禄，乘权衡，任大位，精神康泰，得其所以。○衰者，言物之将老，如人之精血耗散而身体劳倦也。○病者，言物之有嗜好，如人之抱患病颜貌而不能复用也。○胎者，言物伏于内而生前，如人之妊于母腹以受气。○养者，言万物生长，如人之出于妊腹始为人也。○但指金木水火土言，以人寓其意也。○但逢长生、冠带、临官、帝旺为吉，但逢沐浴、衰、病为不吉也。○至于死、绝，如无救助者直为凶矣。○胸胎受气，亦为半吉。○养亦如之。○周而复始，其理可推。

在午，死在巳，墓在辰，绝在卯，胎在寅，养在丑。

壬水生申，沐浴在酉，冠带在戌，建禄在亥，帝旺在子，衰在丑，病在寅，死在卯，墓在辰，绝在巳，胎在午，养在未。

癸水生卯，沐浴在寅，冠带在丑，建禄在子，帝旺在亥，衰在戌，病在酉，死在申，墓在未，绝在午，胎在巳，养在辰。

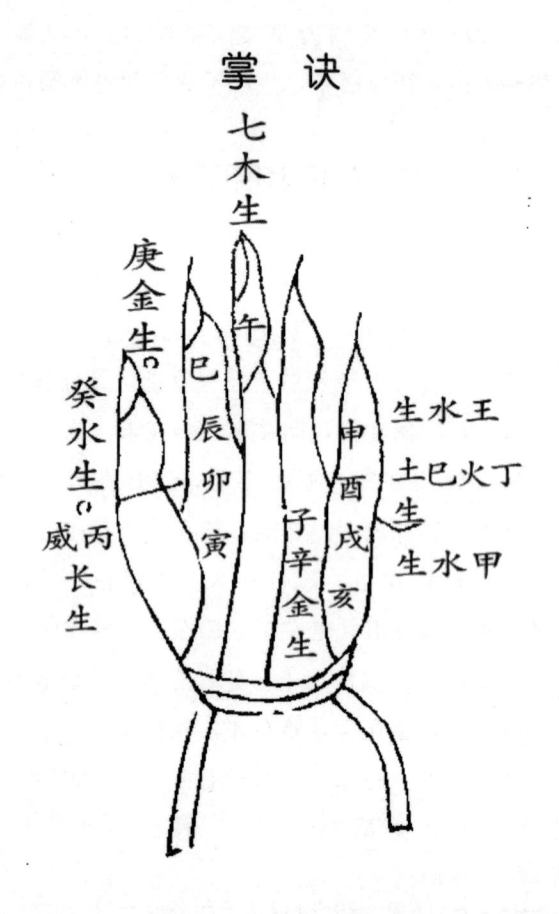

掌 诀

寅申巳亥，五阳长生之局。子午卯酉，五阴长生之局。

五行发用定例

长生、沐浴、冠带、临官、帝旺、衰、病、死、墓库、绝、胞胎、养。

阴阳顺逆生旺死绝之图

壬庚丙戊甲 绝生禄病 **巳** 癸辛丁己乙 胎死旺败	壬庚丙戊甲 胎败旺死 **午** 癸辛丁己乙 绝病禄生	壬庚丙戊甲 养冠衰墓 **未** 癸辛丁己乙 墓衰冠养	壬庚丙戊甲 生禄病绝 **申** 癸辛丁己乙 死旺败胎
壬庚丙戊甲 墓养冠衰 **辰** 癸辛丁己乙 养墓衰冠	\multicolumn{2}{c}{阴阳顺逆生旺死绝之图}		壬庚丙戊甲 败旺死胎 **酉** 癸辛丁己乙 病禄生绝
壬庚丙戊甲 死胎败旺 **卯** 癸辛丁己乙 生绝病禄			壬庚丙戊甲 冠衰墓养 **戌** 癸辛丁己乙 衰冠养墓
壬庚丙戊甲 病绝生禄 **寅** 癸辛丁己乙 败胎死旺	壬庚丙戊甲 衰墓养冠 **丑** 癸辛丁己乙 冠养墓衰	壬庚丙戊甲 旺死胎败 **子** 癸辛丁己乙 禄生绝病	壬庚丙戊甲 禄病绝生 **亥** 癸辛丁己乙 旺败胎死

月律分野之图

仲吕四月 **巳** 戊五日一分半 庚九日三分 丙十六日五分	蕤宾五月 **午** 丙十日三分半 己九日二分半 丁十日三分半	林钟六月 **未** 丁九日三分 乙三日二分 己十六日六分	夷则七月 **申** 己七日一分半 戊三日一分半 壬三日一分半 庚十七日六分
姑洗三月 **辰** 乙九日三分 癸三日一分 戊十八日六分	月律分野之图		南吕八月 **酉** 庚十日五分半 丁巳长生 辛二十日七半
夹钟二月 **卯** 甲十日五分半 癸长生 乙二十日六分半			无射九月 **戌** 辛九日三分 丁三日一分 戊十八日六分
太簇正月 **寅** 戊七日二分半 丙十七日三分半 甲十六日三分半	大吕十二月 **丑** 癸九日三分 辛五日一分 己土十八日六分	黄钟十一月 **子** 壬水十日五分 辛长生 癸二十日七分	应钟十月 **亥** 戊七日二分半 甲五日分半 壬十八日六分

天干五阳通变① 日主竖看

甲	丙	戊	庚	壬	五干属阳，喜合。
甲	丙	戊	庚	壬	为比肩、兄弟之类。
乙	丁	己	辛	癸	为劫财、败财，克父及妻。
丙	戊	庚	壬	甲	为食神、天厨、寿星，为男。
丁	己	辛	癸	乙	为伤官、退财、耗气、子甥。
戊	庚	壬	甲	丙	为偏财、偏妻、偏妾，克子。
己	辛	癸	乙	丁	为正财、正妻，驿马，主克母。
庚	壬	甲	丙	戊	为偏官、七杀、官鬼、将星。
辛	癸	乙	丁	己	为正官、禄马、荣神、父母。
壬	甲	丙	戊	庚	为倒食、偏印、枭神、克女。
癸	乙	丁	己	辛	为印绶、正人、君子、产业。

克我者为正官、偏官，生我者为正印、偏印，我克者为正财、偏财，我生者为伤官、食神，比肩者为劫财败财。

---

① 眉批：甲木乃阳木也，甲见甲为比肩，见庚金为煞，辛金为官，癸水为正印，壬水为偏印，丙火为食神，丁火为伤官，戊土为偏财，己土为正财，皆以阳见阴为正，阳见阳为偏。举此为例，其余类推。

天干五阴通变① 日主竖看

乙	丁	己	辛	癸	五干属阴，喜冲。
乙	丁	己	辛	癸	为比肩、兄弟、朋友。
丙	戊	庚	壬	甲	为伤官、小人、盗气，为侄。
丁	己	辛	癸	乙	为食神、天厨、寿星、子孙。
戊	庚	壬	甲	丙	为正财、正妻，克母。
己	辛	癸	乙	丁	为偏财、偏妻、偏妾，克子。
庚	壬	甲	丙	戊	为正官、禄马，克父母。
辛	癸	乙	丁	己	为偏官、七杀、官鬼、媒人。
壬	甲	丙	戊	庚	为印绶、正人、君子，忌杀。
癸	乙	丁	己	辛	为倒食、偏印、枭神，克母。
甲	丙	戊	庚	壬	为败财、逐马，克妻。

① 眉批：五阴者通变之法，子平取人之所生日辰为主，如乙木日见庚为官，见辛为煞，见丙为伤官，见丁为食神，见戊为正财，见己为偏财，见壬为正印，见癸为枭神，见甲为劫财，见乙为比肩，举此一例，其余类推。阳见阳为偏，阳见阴为正，阴见阴为偏，阴见阳为正。

论年上起月例

甲己之年丙作首，乙庚之岁戊为头。

丙辛之岁寻庚上，丁壬壬位顺行流。

若言戊癸何方发？甲寅之上好追求。

其法假如甲己生，于寅上起丙寅，以正月为丙寅、二月为丁卯，一顺数去，至其所生之月止，一月一位顺行。

论日上起时例①

甲己还加甲，乙庚丙作初。

丙辛从戊起，丁壬庚子居。

戊癸何方发？壬子是真途。

其法以甲己日从子上起，甲子至本人生时止。余皆仿此。

论起胎法

胎元，受胎之月也。子平有曰："先推胎息之由，次断变通之理"，命者不可不用此例也。

推法：但从本生月前四位是也。其法如己巳月，则前申上是胎，却数退午一位于未上，将生月天干己字，将起己未，数至庚申，乃受胎之月也。其余皆仿此。

论起息法②

取日主上天干合处，地支合处是也。

---

① 眉批：以甲子日生日子起，如甲子日午时于子上起甲子，丑上起乙丑，寅上起丙寅。余仿此。

② 眉批：如推贵命，先推胎息之吉否，相生扶者贵，相克者贫。

假如甲子日生人，天干年月时有己字，乃甲与己合。又取地支年月时有丑字，即己丑也。余皆仿此而推，此胎息之由。

论起变法①

取时上天干合处，时下地支合处。

假如丙寅时，取天干丙与辛合，地支寅与亥合，丙辛亥合也。如柱中天干无辛字，地支无辛字，乃只虚邀为是，不必拘泥。

论起通②法

假如甲子月寅时生，卯上安命。取"甲己之年丙作首"之丙寅，即丁卯是通。

其法寅卯相通，辰巳相通，午未相通，申酉相通，戌亥相通，子丑相通是也。

论起玉堂天乙贵人③

甲戊兼牛羊，乙己鼠猴乡。丙丁猪鸡位，壬癸兔蛇藏。

庚辛逢马虎，此是贵人方。命中如遇此，定作紫微郎。

十干临十支，皆贵人所临之方，惟辰戌二宫贵人不临，何也？殊不知辰戌乃魁罡恶曜之地，天乙不临，所以不为贵也。

---

① 眉批：此等法例，时师罕见，不知此义，安能与士大夫谈命哉！
② 眉批：通者，通月中之气而相贯串，而寅卯未气相通。
③ 眉批：贵人乃上天之神，故曰天乙，所临之方有恶煞相浑，冲之落空亡之地，不为贵也。

起天官贵人①

天官遁甲入羊群，乙诲青龙事可陈。
丙见巳兮为官贵，丁见酉兮戊戌寻。
己用卯兮庚宜亥，辛喜申兮壬爱寅。
六癸之人逢见午，必作朝廷显代人。
其法以生年干论，甲申年生见未是，若时上见极佳。

论太极贵人②

甲乙生人子午中，丙丁鸡兔定亨通。
戊己两干临四季，庚辛寅亥禄盈丰。
壬癸巳申偏喜美，值此应当福气钟。
更须贵格相扶合，侯封万户列三公。
其法以生年为主，取别干则非也。

论三奇贵人③

天上三奇甲戊庚，地下三奇乙丙丁，人中三奇壬癸辛。
人命若值三奇贵，三元及第冠群英。
甲戊庚者，以甲为日，以戊为月，以庚为星，既有日月星为音也，又须得戌亥为天门，方得为奇。若无戌亥，须有日月星而无天门，则不为奇矣。而有天门，若有丑卯酉巳又不为奇。寅中有箕星好风，酉中有毕宿主雨，丑卯为风雷，则三光失明，奇不得时也。地下三奇，乙为阴木之魁，

---

① 眉批：天官要天元清秀不反伤，纳音和而福神助，乃为吉也。福神者，财官印也。逢恶杀不吉。
② 眉批：太极者，乃初始也。物造于初为太极者，乃成败也。物有归曰极，贵乎始终相保。
③ 眉批：理愚曰："三星要顺，倒乱者非"，其为一腐儒矣。《壶中子》曰："三奇倒乱，吕望为渭水钓叟。"

丙为阳火之君，丁为阴火之精，此地有之为奇。须用乙，乙属坤土，若无则不吉。

论月德贵人①

寅午戌月在丙，申子辰月在壬。亥卯未月在甲，巳酉丑月在庚。

其法从寅起，丙甲壬庚，逐月顺数，周而复始，亦须在日上见之，更有福神助为吉。

论月德合

寅午戌月在辛，申子辰月在丁。亥卯未月在己，巳酉丑月在乙。

其法从寅上起，辛己丁乙，逐位顺数。

论天德贵人②

正丁二坤③中，三壬四辛同。五乾④六甲上，七癸八寅同。

九甲十归一，子巽⑤丑庚中。

其法以生月分见之，正月生人见丁、二月生人见申即是也。

论天厨贵人⑥

甲丙爱行双女游，乙丁狮子己金牛。

戊坐阴阳庚鱼腹，二千石禄坐皇州。

---

① 眉批：寅午戌丙为和，正、五、九月；申子辰壬为和，三、七、十一月；亥卯未甲为和，二、六、十月；巳酉丑庚为和，四、八、十二月。

② 眉批：贵人在年月，乃补及父母之荫，在日时补己之贵。

③ 申。

④ 亥。

⑤ 巳。

⑥ 眉批：此以甲木生丙火为食时，丙禄在巳，故以巳为禄，如父食子之禄。余并仿此。

癸用天蝎壬人马，辛到宝瓶禄自由。
此是天厨注天禄，令人福慧两优游。

论福星贵人①

甲丙相邀入虎乡，更游鼠穴最高强。
戊猴己未丁见未，丙人惟喜戌中藏。
庚趁马头辛到巳，壬骑龙背喜非常。
更有丁人爱寻酉，癸乙宜牛卯自昌。

论三元

假令甲子，以甲木为天元，子为地元，子中所藏癸水为人元。

论十干禄②

甲禄在寅，乙禄在卯，丙戊禄在巳，丁己禄在午，庚禄在申，辛禄在酉，壬禄在亥，癸禄在子。

夫禄者，以天干地支所旺之乡。如甲禄在寅，乃东方甲乙之地支，辰、寅、卯配之，余皆仿此。辰戌丑未，乃魁罡恶杀，禄神不临也。凡人命带禄，或凶或吉，或贵或贱，何以论之？《天乙妙旨》云："禄马贵人无准托，考究五行之善恶。天元羸弱未为灾，地气坚牢足欢乐。"《源髓歌》曰："禄马更有多般说，自衰自死兼败绝。若无吉煞加助时，定知破祖多浮劣。"③

---

① 眉批：法以甲食丙，以甲遁木，若得丙寅，即是福星贵人，主大利。余仿此。
② 眉批：可得爵禄也，当得势而享乃谓之禄。最喜生旺，最忌休囚。如有禄者，必得羊刃以卫之，方可言福。
③ 点校者注："若无吉煞加助时，定知破祖多浮劣。"据《三命通会》补。

论驿马[①]

申子辰马在寅，寅午戌马在申。巳酉丑马在亥，亥卯未马在巳。

其法以水生申，病寅，寅木，水生木，木为水子，此乃病处见子来相接。如人病不能进，待子来接之，如驿马来接。余依此推。

论天赦[②]

春戊寅，夏甲午，秋戊申，冬甲子。

凡人生日干遇之方得用。

论华盖[③]

寅午戌见戌，巳酉丑见丑，申子辰见辰，亥卯未见未。

华盖本为吉，凡人命中得之，多主孤寡，纵贵亦不免为孤独也，遇之多为僧道术论。《壶中子》云："华盖为艺术之星，主孤。"

论十干学堂

金生人见巳，辛巳为正；**木**生人见亥，己亥为正；**水**生人见申，甲申为正；**土**生人见申，戊申为正；**火**生人见寅，丙寅为正。

---

① 眉批：有马必要鞍，必要栏方好。无鞍不能乘，无栏不能止，皆无用也。马前为栏，马后为鞍。
② 眉批：此星解人灾祸。
③ 眉批：此星如盖，立乎大帝之旁。

论十干食禄①

甲食丙，乙食丁，丙食戊，丁食己，戊食庚，己食辛，庚食壬，辛食癸，壬食甲，癸食乙。② 歌曰：

时人欲识食神名，甲人食丙乙人丁。
丙食戊兮丁食己，己食辛兮戊食庚。
庚壬辛癸偏相喜，壬甲癸乙最光荣。
若遇食神骑禄马，必居豪富立功名。
不食空亡羊刃杀，不食休囚并死绝。
食生食旺食贵神，食印食财别优劣。
若能推究得其真，禄食天厨无休歇。

论金舆禄③

十干禄前第二位是也。如甲禄在寅，辰上是也，余皆仿此而推。

论拱禄④

假如戊辰生人见丙午，丙午生人见戊辰；丁巳生人见己未，己未生人见丁巳。前后相拱，只此四位，其余不是。

论交禄

假如甲申生人见庚寅，庚寅生人见甲申，是甲禄在寅，庚禄居申，互换往来。

---

① 眉批：有此者主人聪明、通达、登科及第。犯空亡，教授之职。
② 眉批：食神者，我生之子也，如甲木生丙火为食神言之，旺者主人体肥能饮食。
③ 眉批：此星遇之，主带妻家财至。
④ 眉批：戊辰生禄在巳，丙午拱禄，忌见填实，只要虚填为贵。

论暗禄

假如甲生人逢亥，是甲禄在寅，寅与亥合。乙生人逢戌，是乙禄在卯，卯与戌合是也。① 其余仿此。

论夹禄

假如甲生人遇丑卯是。甲禄在寅，前有丑，后有卯。乙生人逢寅辰是。乙禄在卯，前有辰，后有寅。其他仿此。

论垣城②

其法取日上天干长生是也。如甲日生长生在亥，即亥上是也。坦城主妻宫，与驿马合者有是非。

论帝座③

其取法时上纳音旺处是也。如甲子时，纳音属金，金旺于酉，即酉上是也。其余仿此。帝座主儿女宫也。

论六甲空亡④

甲子旬中无戌亥，甲戌旬中无申酉。
甲申旬中无午未，甲午旬中无辰巳。
甲辰旬中无寅卯，甲寅旬中无子丑。

---

① 眉批：此四柱无禄，却为贵命，乃是暗藏禄马，人不能见之，为大贵。
② 眉批：子平云，垣城合马妇非为，主妻私奔，不可不究。
③ 眉批：子平云，帝座逢虚儿不肖故有是言。
④ 眉批：空亡对宫孤虚，火空则发，水空则脱，金空则响，木空则折，土空则陷。

空亡，一名天中杀。

甲子属金，至酉而十干足矣，以独无戌亥，是为空亡。阳宫为空，阴宫为亡。是戌为空，亥为亡，对宫辰巳为孤虚。余均仿此。

论截路空亡①

甲己申酉最为愁，乙庚午未不须求。
丙辛辰巳何劳问，丁壬寅卯一场空。
戊癸子丑君须记，人生值此也多忧。
忽然更得胎中遇，白发盈簪苦未休。

以日取时见之方是，以年在日时论者非也。甲己日遁十二时中，有申酉二时上见壬癸为水，故甲己见申酉是也，余皆仿此。假如甲子日见申酉时乃为正犯，其余者见之非也。此空亡非但命中见之不美，以至百事，求财主官皆不利也。

论四大空亡②

甲子并甲午，旬中水绝流。
甲寅与甲申，金气杳难求。

六甲中只有甲辰、甲戌二旬之中，有金木水火土全。内甲子、甲午旬中独无水，甲寅、甲申旬无金。此四旬中，五行不全，谓之四大空亡。如甲子、甲午旬，主人见水者谓之正犯。如当生命中不犯，行运至水者亦为犯也。甲申、甲寅旬亦同此论。

论十恶大败③

甲辰乙巳与壬申，丙申丁亥及庚辰。

---

① 眉批：截路者，如人在路途之中，遇水则不能前进，不可以济，故曰截路空亡。
② 眉批：此主夭折，《壶中子》曰，颜回夭折，只因四大空亡。
③ 眉批：取日干上见之方是，四柱有吉神多，身旺但有稍吉，未可便作十恶论。

戊戌癸亥加辛巳，乙丑都来十位神。

邦国用兵须大忌，龙蛇出穴也难伸。

人命若还逢此日，仓库金银化作尘。

十恶者，凶也。大败者，怯敌也。谓六甲旬中，有十个日值禄入空亡，此十日谓之大败，故曰十恶大败。命中犯者，当以日主见之方是。其余见之，未可便作十恶论。若有吉神扶之稍吉。何以谓之禄入空亡？如甲辰、乙巳者，甲以寅为禄，乙以卯为禄，是甲辰禄以寅卯木为空，逢此为禄入空亡，是以败也。壬申者，壬以亥为禄，甲子旬以亥为空亡，是以败也。余皆仿此。

论四废日①

春庚申②，夏壬子③。

秋甲寅④，冬丙午⑤。

因死囚而无用谓之废。春乃木神用事，金囚而无用，故以庚金为废。夏用火而壬水为废。秋用金而甲木为废。冬用水而丙火为废。凡命中有遇之者，主作事无成，要分春夏秋冬四季看方准。

论天地转杀⑥

春兔夏马天地转，秋鸡冬鼠便为殃。

行人在路须忧死，造屋未成先架丧。

物极而反谓之转，旺连天干曰天转，旺连纳音曰地转，谓之天地转。如春木旺之时，见乙卯乃天连天，谓之天转。见辛卯乃旺连纳音，谓之地

---

① 眉批：今人以春见庚辛，夏见壬癸，秋见甲乙，冬见丙丁为废者，皆非也。
② 金囚死。
③ 水囚死。
④ 木囚死。
⑤ 火囚死。
⑥ 眉批：春乙卯天转，夏丙午，秋辛酉，冬壬子；春辛卯地转，夏戊午，秋癸酉，冬丙子。《经》曰："韩信被伤，只因天地转杀。"

转。夏乃火旺，见丙午为天转，见戊午为地转。秋乃金旺，见辛酉为天转，见癸酉为地转。冬乃水旺之时，见壬子为天转，丙子为地转。地转取纳音为是，其日最忌上官、受职、出行、商贾、造作、嫁娶，必主凶。命逢此日，必主夭折。

论天罗地网[①]

辰为天罗，戌为地网，又为魁罡所占，天乙不临之地也。

何以见戌与亥为天罗，辰与巳为地网？凡火命人遇戌亥是为天罗，水土命人逢辰巳是为地网，乃五行墓绝处也，乃暗昧不明不决之谓也。若金木生人，无天罗地网之说。男子忌之于天罗，女子忌之于地网。多主蹇滞，加恶杀必至死亡。

论羊刃[②]（阴飞刃，羊刃对官即飞刃）

甲生人，羊刃在卯，酉飞刃；乙生人，羊刃在辰，戌飞刃。

丙生人，羊刃在午，子飞刃；丁生人，羊刃在未，丑飞刃。

戊生人，羊刃在午，子飞刃；己生人，羊刃在未，丑飞刃。

庚生人，羊刃在酉，卯飞刃；辛生人，羊刃在戌，辰飞刃。

壬生人，羊刃在子，午飞刃；癸生人，羊刃在丑，未飞刃。

羊，言刚也。刃者，主刑也。禄过则刃生，功成当退不退，乃狠而进也。言进而有伤官，羊刃当居禄前一辰，谓吉极则否矣。

论起大运法

凡起大运，俱从所生之日，阳男阴女顺行，数至未来节。阳女阴男逆

---

① 眉批：戌亥为天罗，辰巳为地网。惟水火土命忌，金木命不犯。男忌天罗，女忌地网。

② 眉批：《壶中子》曰："凡人有禄，必赖刃以卫之。"一行禅师曰："羊刃重重又见禄，富贵多金玉。"以人生年取之在天主征战，在人命主战伐，小人主屠宰。

行，数已过去节，但折除三日为一岁。①

阳男阴女顺运，假如甲子年，甲己之年丙作首，正月建丙寅，初一日立春后一日生男，顺数至二月节惊蛰，且得三十日，起十岁运，顺行丁卯。如乙丑年，乙庚之岁戊为头，正月起戊寅，初一立春，十八日生女，顺数至二月惊蛰节止。得四三十二日，起四岁运，顺行己卯。余皆仿此。

阴男阳女逆运。假如乙丑年，乙庚之岁戊为头，正月起戊寅，初一日立春后十五日生男。逆数至初一立春节止，得五三十五日，起五岁运，运行丁丑。如甲子年，甲己之年丙作首，正月丙寅，初一立春后十日生女，逆数至初一日立春止，得九日，三三单九日，起三岁运，逆行乙丑。余皆仿此。若多一日，减一日；少一日，增一日。

论行小运法②

凡小运不问阴阳二命，男一岁起丙寅，二岁丁卯顺行。截法：十一丙子，二十一丙戌，周而复始。女一岁起壬申，二岁辛未逆行。截法：一岁壬申，十一壬戌，二十一壬子，周而复始。

论五行相生相克③

论五行相生：金生水，水生木，木生火，火生土，土生金。

论五行相克：金克木，木克土，土克水，水克火，火克金。

生我者为父母，我生者为子孙，克我者为官鬼，我克者为妻财，比和者为兄弟。④

---

① 眉批：如初一日午时生，若卯时立春，便作正月；若寅时生，未交春，还上年十二月节推命。如正月初一子时生，上四刻仍作上年十二月夜子时生，下四刻方作正月初一子时推。正谓神仙难断夜子时。

② 眉批：小运之法，男从丙寅方，取三阳之义，女从壬申，乃从三阴之义。一年一岁，男顺女逆，数尽花甲从头又数。

③ 眉批：生我者为印，我生者为伤官食神，克我者为官鬼七煞，我克者为妻财，比和者为比肩。

④ 详五阳五阴通变图。

论节候歌

正月立春雨水节，二月惊蛰及春分。
三月清明并谷雨，四月立夏小满方。
五月芒种并夏至，六月小暑大暑当。
七月立秋还处暑，八月白露秋分忙。
九月寒露又霜降，十月立冬小雪张。
子月大雪冬至节，丑月小寒大寒昌。

论天地干支暗藏总诀[1]

立春念三丙火用，余日甲木旺提纲。
惊蛰乙木未用事，春分乙木正相当。
清明乙木十日管，后来八日癸水洋。
谷雨前三戊土盛，其中土旺要消详。
立夏又伏戊土取，小满过午丙火光。
芒种己土相当好，中停七日土高张。
夏至阴生阳极利，丙丁火旺有主张。
小暑十日丁火旺，后来三日乙木芳。
己土三日威风盛，大暑己土十日黄。
立秋十日壬水涨，处暑十五庚金良。
白露七日庚金旺，八日辛亥只独行。
寒露七日辛金管，八日丁火又水降。
霜降己土十五日，其中杂气取无妨。
立冬七日癸水旺，壬水八日更流忙。
小雪七日壬水急，八日甲水又芬芳。

---

[1] 眉批：此以立春日为始，或正月初一立春，或初二三四五六立春，又不问丙增二日，只以节气为始，且立春为节，雨水为候，又为节气，逐月仿此。

大雪七日壬水管，冬至癸水更潺旺。
小寒七日癸水养，八日辛金丑库藏。
大寒十日己土盛，术者精研仔细详。

又论节气歌[①]

看命先须看日主，八字始能究奥理。
假如子上十日壬，中旬下旬方是癸。
丑宫九日癸之余，除却三辛皆属己。
寅宫戊丙各七朝，十六甲木方堪器。
卯宫阳木朝初旬，中下两旬阴木是。
三月九朝尤是乙，三日癸库余戊奇。
初夏九日生庚金，十六丙火五戊时。
午宫阳火属上旬，丁火十日九日己。
未宫九日丁火明，三朝是乙余是己。
孟秋己七戊三朝，三壬十七庚金备。
酉宫还有十日庚，二十辛金属旺地。
戌宫九日辛金盛，三丁十八戊土具。
亥宫七戊五日甲，余皆壬旺君须记。
须知得一拟三分，此诀先贤与验秘。

又地支藏遁歌

子宫癸水在其中，丑癸辛金己土同。
寅宫甲木兼丙戊，卯宫乙木独相逢。
辰藏乙戊三分癸，巳中庚金丙戊丛。
午宫丁火并己土，未宫乙己丁其宗。
申位庚金壬水戊，酉宫辛字独丰隆。

[①] 眉批：子宫初一日生至初十日生，当取壬水，十一日生至三十日生方取癸水，余仿此。

戌宫辛金及丁戊，亥藏壬甲是真踪。

论四季大节诀

今岁要知来年春，但加五日三时辰。
立春三日便逢秋，隔岸退位夏更临。
再过三朝冬又到，六郎又去打春牛。

此法如嘉靖一十七年，岁在戊申，头年十二月十七日，甲子日午时立春是二十年。今余令要知来年春，但加五日三时辰。如甲子日立春，至己巳日酉时便是五日三时辰，本年十二月二十八日己巳酉时交春，二十年节。立春三日便逢秋：甲子日春至丁卯日丑时是三日六个时辰，六月二十四日丁卯日丑时交秋。隔岸退位复更临：丁卯日秋对丁酉乃是隔岸，天干不动，地支冲退丙申一位，乙未日酉时是，三月二十乙未酉时立夏。再过三朝冬又到：或二日乙未日立夏，戊戌巳时冬至，九月二十六旧戊戌巳时立冬。年年以立春为主，余皆例此。

论未来月朔节气奥诀

月朔原来自古有，前九将来对后九。
大月五干连九支，小月四干八支偶。
六六之年仔细思，任君走尽风寒路。
便作今年立春数，算来又本无差误。
四十七年前有闰，闰前二月是今逢。
分毫不漏真消息，尽在先生掌诀中。

但观中气所在，闰前之月，中气在晦；闰后之月，中气在朔；无中气则谓之闰月。

论截流年节气日时刻数要诀

审详春日莫他求，时正刻真节自酬。

五时二刻惊蛰是，十时四刻清明头。
立夏一日三时六，芒种一日九时收。
二日二时二小暑，二日七时四刻秋。
白露三朝单六刻，寒露三朝六时周。
立冬三朝十一二，大雪四四两双流。
小寒四时九时六，五日三时打春牛。
节遇子时加一日，此为捷法记心头。

论日为主

予尝观唐书，所载有李虚中者，取人所生年、月、日、时干支生克论命之贵贱、寿夭之说，已详之矣。至于宋时，方有子平之说。取日干为主，以年为根，以月为苗，以日为花，以时为果，以生旺死绝，休囚制化决人生休咎，其理必然矣，复有何疑哉。

一曰官，分之阴阳，曰官、曰杀，甲乙见庚辛也[①]。二曰财分之阴阳，曰正财、偏财，甲乙见戊己是也[②]。三曰生气之阴阳，曰印绶、曰倒食，甲乙见壬癸是也[③]。四曰窃气之阴阳，曰食神、曰伤官，甲乙见丙丁是也[④]。五曰同类之阴阳，曰羊刃，甲乙见甲乙是也[⑤]。大抵贵贱寿夭死生，皆不出于五者。倘有妄立格局，徒列其名而无实用，其飞天禄马、倒冲、井栏叉即伤官。析而为之，举此一端，余可知矣。[⑥]

以日为主，年为本，月为提纲，时为辅佐。以日为主，大要看时临于甚度，或身旺，或身弱。又看地支有何格局，金木水火土之数，后看月令中金木水火土何者旺。又看岁运有何旺，却次日下消详，此非是拘之一隅之说也。且如甲子日生，四柱中有个申字，合用子辰为水局。次看余辰有

[①] 甲见庚为杀，阳见阳也。见辛为官，阳见阴也。乙木庚为官，见辛为杀。
[②] 阳见阴为正财，阴见阴为偏财。
[③] 甲见癸，乙见壬为印绶；甲见壬，乙见癸为偏印。
[④] 甲见丙为食神、见丁为伤官，乙见丁为食神、见丙为伤官。
[⑤] 阳见阳为羊刃，阴见阳为劫财。
[⑥] 眉批：见杀官身旺者任，杀主高强，官主绰美。财者养命之源。印为生我之母。伤官食神我生之子，盗母气。甲见乙为甲能比我之身，乙见甲为劫我之财，以强受弱之故。

何损益，四柱中有何字损其甲子日主之秀气。有坏其用神则要别制之，不要益之。论命者切不可泥之月令消详，故表而出之。①

论月令出渊源

假令年为本，带官星印绶，则盖年有官出自祖宗。月为提纲，带官星印绶则慷慨聪明，见识高人。时为辅佐，平生操履。若年月日有吉神，则时归生旺之处。若凶神则要归时制伏之乡。时上吉凶神，则年月日吉者生之，凶者制之。假令月令有用神，得父母力。年有用神，得祖宗力。时有用神，得子孙力。反此则不得力。②

论生旺

常法以金生巳、木生亥、水生申、火生寅。土居中央寄母生，如戊在巳，己在午。又土为四季，各旺一十八日，共七十二日，并金木水火土各七十二日，共得三百六十日，以成岁功，此良法也。

又论五行生旺衰绝吉凶渊源

观阴阳家书有曰："生旺有阴死阳生，阳死阴生。"假如甲木生于亥而死于午，乙木生于午而死于亥，余同例此。故推命十有九失，又非的法也。如议命岂可拘于生旺之说，且丙寅属火而绝于亥，本为不好，孰不知亥中有木为印绶而生丙火，丙日亥时乃多贵格矣。戊属土而旺于巳，兼又建禄，本作贵格，孰不测巳反生金之地而伤官星，凡戊日巳时，官终不显。举此二例，则议命切不可专泥于生旺而吉，衰败而凶也，又当以活法

---

① 眉批：以日为主，如人之己身。年干为祖、支为祖母，月干为父、支为母及兄弟也，日干为己，支为妻妾，时干为子、支为女。以人胎命论人则贵贱看克制论之。
② 眉批：出自祖宗，主庇荫之宫。

推之。①

论五行墓库财印渊源

丙丁生人以辰库官，水土库于辰。故也须年月时中有木或亥卯未并寅。却清如无木则土夺丙丁之官，则浊卑而不清，亦不显。②

论官杀混杂要制伏渊源

官星要纯不要杂。假如甲木用辛金为官，若年是辛，月是酉，时上亦是死官，虽多尽但不妨盖纯一尽好。若有金或庚申，则混杂为杀，以伤其身，要行火乡制伏则发福也。余例仿此也。③

论五行生克制化各有所喜所害例

金旺得火，方成器皿。火旺得水，方成相济。水旺得土，方成池沼，土旺得木，方能疏通。木旺得金，方成栋梁。④

金赖土生，土多金埋；土赖火生，火多土焦；火赖木生，木多火炽；木赖水生，水多木漂；水赖金生，金多水浊。⑤

金能生水，水多金沉；水能生木，木盛水缩；木能生火，火多木焚；火能生土，土多火晦；土能生金，金多土变。⑥

金能克木，木坚金缺；木能克土，土重木折；土能克水，水多土流；水能克火，火炎水热；火能克金，金多火熄。⑦

---

① 眉批：一死一生，五行之论定矣。曰家有母来扶子之爱，兄来扶弟之情，子来顾母之恩，生生不尽，化化无穷之理。宜细详之方可论命。
② 眉批：有木则生火助丙之力。无木则火生土为盗气，有木则助印之故。
③ 眉批：假如金废辛旺无制，则不能为害。
④ 眉批：此乃身旺遇官杀入格纯粹不杂，运又不背，既是×相之地。
⑤ 眉批：身弱逢印绶太旺重叠，即为所害。
⑥ 眉批：此乃身弱逢伤官食神太旺，故有所害，此其大忌。
⑦ 眉批：此身弱逢财太旺反能害身。身强遇财人临富贵。

金衰遇火，必见销熔；火弱逢水，必为熄灭；水弱逢土，必为淤塞；土衰遇木，必遭倾陷；木弱逢金，必为砍斫。①

强金得水，方挫其锋；强水得木，方泄其势；强木得火，方化其顽；强火得土，方止其焰；强土得金，方制其害。

此乃身弱遇鬼，得物以化之则吉，如甲日被金杀来伤，若时上一位壬癸水或申子辰解之，即能化凶为吉。余者仿此。②

二至阴阳相生理

一年之内，细分五行，配合气候于十二个月之中，各主旺相，以定用神。其中五行又分阴阳两股，于一年之中各主生旺之气。如冬至一阳，则有木先生旺之理。何则？试以甲乙日干生人，在冬至之前，阳气未动，木方死绝，其木不甚吉利。若甲乙日生人在冬至之后，阳气已生，木乘暖气，其命寿禄皆全，只要用神入格。又如丙丁日干生人，在冬至之前，遇水即灭，若在冬至之后，不甚忌水。盖丙丁乘木之生也。夏至一阴生，则有金生水用之理。如官历所书。夏至后逢庚为三伏，盖谓一阴生后，金生而火因明乎？此则庚辛生于夏至之后，金略有气，不甚忌火。其理尤明，学者不可不知矣。③

子平举要歌

造化先须详日主，坐官坐印衰旺取。

若甲子日生人，中用癸水，水能生木为印绶，谓之坐印，其余者同。④

天时月令号提纲，元有元无旺重举。

提纲，月支所藏之物或金或木，以旺相者取之。

---

① 眉批：身弱逢官煞混杂太旺，多为残缺贫而贱命。
② 眉批：官与鬼一也，身旺逢之为官，身弱遇之为鬼。
③ 眉批：冬至后阳生，夏至后阴生，五行各得其气，不为身弱，反伤中和之论。
④ 眉批：日主所生之日辰，如甲子日生就以甲子日为主，以年月时论取财官。

大抵官星要纯粹，正偏杂乱反无情。

既用官星，又嫌冲破，谓之无情。

露官藏杀方为福，露杀藏官是祸胎。

官露则清高，为人显达。杀露则凶狠，为人急暴。

官杀俱露将何拟，混杂财官取财议。

露杀露官，杀有制不伤官，或有财生之反祸。否则，小人挟制君子不能行道。

官旺怕官忌刑冲，官轻见财为福利。

官旺怕官，如两官相遇，运再逢之，见冲不利。官轻见财，以财为禄则吉。

年上伤官最可嫌，重怕伤官不可蠲。

年上伤官主克祖或伤祖业，月时重见，灾祸不能免。

伤官用财乃为福，财绝官衰福亦然。

伤官主为人喜财，官旺若无财，主为人无福。

贪合忘官荣不足，贪合忘杀为己福。

官者，善人君子，既合之，不为大用。杀者，凶恶小人，合而忌之，任其忌为得所。①

堪嗟身弱怕财多，更历官乡祸相逐。

如甲申、甲戌，四柱见戊己为财，身弱逢之不利。或运至官乡，两官相争必有祸。

财多身弱食神来，食神会杀必为灾。

食神，我生之子，盗气之神。

会天合地有刑克，更宜达士细推裁。

---

① 眉批：甲以辛为官，有丙合之。以庚为煞，用乙合之。

详解定真论①

夫生日为主者，行君之令，法运四时，阴阳刚柔之情，内外否泰之道。

以日为主者，如人行君之令，四柱尊日为主也。法运四时者，春夏秋冬也。假如孟春木旺火生，木能生火也。孟夏火旺土生，火能生土也。孟秋金旺水生，金能生水也。孟冬水旺木生，水能生木也。土旺四季，辰戌丑未月也，故法运四时。刚柔之情者，阴有刚柔，阳有刚柔。月令有气曰刚，无气曰柔。内外否泰之道，年月日时也，三元配合天干地支。凡天干地支透出日外，藏于日内，否塞也，泰通也。一岁之周，岁有十二月，日有十二时，盖积时成岁，岁与日，阴阳之主也。岁之正朝，日之从朝，君臣之朝令从命也。臣禀命于君，推之行之于身也。故人臣行君之令，则有贵贱吉凶之分。盖能欺日不能欺月也，日能欺岁，不能欺月也，故言日为主。日之主者，法运四时，法从常也。盖天地之气有四时，常用五行之气于春夏秋冬。故春之气温，木旺七十二日；夏之气炎，火旺七十二日；秋之气凉，金旺七十二日；冬之气寒，水旺七十二日；四季月土各旺一十八日，具计三百六十日以成岁功。《赋》云："播岁功四季为年。"阴阳者，甲丙戊庚壬为阳干，乙丁己癸辛为阴干。凡推五行，阴阳匹配，上下不相偏者为贵命也。若柱中有偏阴偏阳者，刚柔也。见如木用金为官，其金秋生或带水火，则金刚矣。若金春夏生带丙丁，则木强而金柔矣。凡阴阳偏枯，不成配偶，虽金为木官鬼，妻财不兆，反为仁义俱无，刚柔不济。②故偏阴偏阳之谓疾，此谓之有情无情也。凡术者，且要明刚柔之情也。《赋》云："乾坤识其牝牡，金木定其刚柔"也。凡看命者，专以日上天元为主，定其祸福荣枯之理。支上天元曰外，支中所藏者为内。天干与地支所藏者人元，或为官、为福、为祸，方可定其吉凶之理。且如甲日生，甲子为印绶，甲寅为建禄，甲辰为财库，甲午为妻财，甲申为官鬼，甲戌为

---

① 同《渊源》。
② 眉批：以木为仁，以金为义。

财官，若八月生正气官，大贵命也。甲以辛酉金为官星，若有丁火伤辛金之官，柱中有癸水则制其丁火，故癸水乃甲之印绶也。① 更要推详四柱内外吉凶而言之。当言元有财官，运临财官，多是荣达之命也。元无财官，复行财官而不发也。

进退相倾。

假如辛金以丙火为官星，九夏生则是向官，主官迁进也。② 八月生，气退，其官不迁进矣。柱用支神，旺相则有庆荣，若死绝休囚则无庆荣。《赋》云："将来者进，功成者退"也。

动静相伐。

盖干为天，能动不能静。以支为地，能静不能动。甲乃干之首，子乃地之首，终为亥而复于子，周流不息，循环十二支。一动一静，一阴一阳，相代用之，至癸亥而终矣。不遇五神相克，三生定命，③ 分成六十花甲子。言后世学者，要知其动静，可以知要诀矣。

取固亨出入之缓急。

固者，坚也；亨者，通也。欲知贵贱吉凶，必须先看生日，身根坚固。更看四柱财官有无破害，自然亨通。出入者，行运出入也。此即阳男阴女顺行出戌入亥之类。如男命壬癸日生，运在戌，为火土方聚之地，是财官吉运。出戌入亥为财官死绝之地，虽临身旺之乡，终为凶运。我克者为妻财，在生旺之处多福庆。皆以同五行体用阴阳，支用克身为官鬼之乡，日干克运为财聚之地。皆从生月起运，如当生四柱财官之类，不居休败之地，运到财官之乡，凡官进皆荣达而急速。或当生无财官，日干无气，又行财旺之乡，凡所以为财，皆退散而不成。须运临吉庆，反因福以为祸，灾来而急速，虽荣发亦迟。《赋》云："乃行来出入，抵犯凶方。"

求济复散，敛之巨微。

济者，进也；复者，退也；是功名进退。散者散也，敛者聚也，是财帛聚散。巨者多也，微者寡也，是五行当生，命运禀令，贵贱祸福之兆，

---

① 眉批：八月官星，大怕卯丁。
② 眉批：九夏，四五六月也，共九十日，谓之九夏。
③ 眉批：五神，金木水火土也；三生，天元地元人元。

发觉之众寡也。论财帛聚散者，若四柱有财帛之气，日干更旺，更有败财、羊刃，运临财之乡，则居局中财多而大发也。若原有财帛，却被鬼夺之，日主又衰，运临财旺之地亦不发福，定是损财伤妻。故其根源浅薄，居福寡也。《赋》云："福星临而祸发，以表凶人"也。

择日之法有三要：以干为天，以支为地，支中所藏者为人元，乃分四柱。① 以年为根，月为苗，日为花，时为果。又择四柱之中，以年为祖上，则知世代宗派盛衰之理。月为父母，则知亲荫名利有无之类。以日为己身，当推其干，搜用八字，为内外生克取舍之源。干弱则求气旺之藉，② 有余则欲不足之营。

以日为主，年月之中看有官无官，有财无财，有印无印，则贵贱可知。故年上为根苗，看年月中先有财官印绶，是根苗先有气也，然后内不可象开花结果也。《经》曰："根在苗先，实在花后。"日为己身，搜用八字，有得吉神、凶神格局之类，喜者取之，忌者舍之。《赋》云："喜者存之，憎者弃之。"日干弱求气旺之藉，日干旺却嫌气旺，怕太过反为不足之命，由此损财伤妻。本是天元地支，故看根苗花果之说，仔细详之。四柱年月日时，贵贱高低，则有根苗花实之类。如人命元有财官，运临财官则为福。当生无财官，运临财官则亦不为福。为根先生而后苗，花开而后有实。观乎前兆，以查其源，根在苗先，实在花后。又择四柱之中，以年为祖上根基田宅，世代宗派之宫，若与年月日合为富贵，更生月时不来刑害生年，则祖宗根基光华而不衰也。更得祖上名誉，实堪荫祖先田宅之福，为荣华而永不衰也。若反此则不然矣。③ 以生月为父母之宫，若月内有财官之星，旺盛无冲破，更生日天元居生养之地，则人承父母之福。日干居死衰之地，为人虽有父母之福，终不为久长亲荫也。以日为己身者，是生日天元乃人己身也。自得之宫，必须推详。生日天元看临何宫之分，更看年月时中有何格局。若贵人禄马之类，并无破害，便为好命。值此生旺无刑害，则喜而取之为福。若当生之神而逢死绝休败，更值刑冲破害，

---

① 眉批：三要，三元也；四柱，年月日时也。
② 眉批：藉者，赖也。
③ 眉批：得五行凶时方可论祖宗，月时亦然。

则憎而弃之为祸。日干衰而求气旺之藉。且如壬癸、巳午之类，皆因生日天元临死绝之地为身弱也。壬癸以丙丁为财星，以戊己为官星，巳午火生临官生旺之地，更加九夏四季生，则有官星并禄马之星，为有福气之庆，当有余乐也。若壬癸生人在冬月生，虽日干持其旺气，终身以不取富也。若财官之气俱皆旺水，火死土囚也。若人遇之，平生逸塞奔驰，难享用之人也。虽旺亦多成败，则官将不成，财将不住矣。且如庚寅日，乃是天干气衰弱也。《三命》云："为命多舛，遇鬼方受官旺"，当有财官之贵矣。如庚金以乙木为财，丁火为官。寅，甲木临官，丙火长生，为官之旺地，为人当以全之分看，春夏则福矣。秋冬生人，要逢旺财官之气退散，遇死绝休囚之地，为人常有不足之营，家道寂寞难治也，定是克妻害子矣。日干衰则求气旺之藉，有余则欲不足之营也。

干同以为兄弟。

如乙以甲为兄，忌庚重也；甲以乙为弟，畏辛多也。如辛多伤其乙木，庚多伤其甲木，如此则兄弟有克。四柱有用则为官贵也，不可一理而推。干同为兄弟者，盖生日天元比和相同之类。甲日生以乙为弟，柱中有辛字多克乙木，为不得姐妹之力也。乙日生人，以甲为兄弟，四柱中有庚金重克甲木，则生平不得兄弟之力也。凡看兄弟有无，效以此例推之。又云：兄弟之星，虽则夺财分贵气，若四柱有用，则受职显达，家能富贵。故《后篇》云："日干有气，时运凶亦不为凶。"又云：甲以乙妹妻庚，凶为吉兆。是不可以一例而论矣。①

干克以为妻财，财多干旺则称意，若干衰则反祸矣。

财多干旺者，力能任财则为福。干衰弱力不能任财，反祸矣。《赋》云："财多身弱，正为富室贫人。"

干与支同，损财伤妻。

干与支同者，甲寅、乙卯之类。又云：若地支同局之命，则损财伤妻。更月令气旺，年时未见财官，又无格局，穷必彻骨矣。凡干旺为妻财，财乃生日干克他为财之星也。若柱中财多而日旺者，凡举动无不称意。《经》云："处世安然，财命有气。"若反此财多而日干弱者，此命定

---

① 眉批：阳干为兄，亦以阴干为妹，不可止以比肩而分兄弟，看命运在胸中见识。

因妻财而致祸，则因力衰不能任厚福。财多身旺者，假如：己未年、戊辰月、甲寅日、癸酉时。如甲以戊己为财，年月建居财库，当生年又得己未土重，乃天元贵人带财。合甲寅禄日建，其官禄财多官旺，则多称意也。假如一命，乙酉年、壬午月、壬午日、癸卯时。壬癸以丙丁为财，午月自持财旺之，丁逢火禄之乡，壬癸胎元绝之地，为身弱不能任重财。见壬癸为比肩分财，故因妻以致祸，卒死牢狱之中。故《经》云："六壬临午位，号曰禄马同乡，"此非虚论。是年月日时有卯字克子午中己土之官，故曰六壬日禄马同乡是也。《赋》云："福星临而祸发，以表凶人。"干与支同。如甲寅之类，虽然强健，无他残疾，多主损财伤妻。若年月日时别人他格，或遇四柱中财官印之星，是贵显有权之命也。若三元无他格，四柱又无财官印，反生气旺之月日，有背禄逐马之星，此命主穷必彻骨，克妻多数，终身无依，则是贫人。《赋》云："小盈大亏，恐是劫财之地。"①

男取克干为嗣，女取干生为子，存失皆例，以时分野，当推贫贱富贵之区。

假令甲乙生人，以庚辛为子息。若女命甲乙生人，以丙丁为子息。更看时辰在何分野，轻重生旺，定居多少。看于四柱或有克子息之星，可言无子矣。五行真假之论，《鬼谷子》曰"男取克干为嗣"者，假如六庚日，午时生，乃子息多数，谓庚以乙为财，乙木能生火，火克庚金为子星。午时乃火之分野，丁火建禄之乡，当有子多生，显贵命矣。若生于戌亥时，则是金水分野，火绝之地，则主子息少矣。当主孤独贫贱之子，不然僧道、过房、螟蛉之种矣。女取干生亦然。论子息多少，于生时内参详，万无一失。看生时在何宫，当推其子星生落其时，宫分若在长生、沐浴、冠带、临官、帝旺之乡，定其多嗣，当生出美丽富贵之子。若在衰病死墓绝，无气胎胞冲刑之乡，定主子少，当生孤苦贫贱之子。三命云：庚临坎位时衰兮，后裔凋零；时到离宫秋降也，儿孙满目。**此之谓也。**②

---

① 眉批：己未、戊辰、甲寅、癸酉，财旺身强；乙酉、壬午、壬午、癸卯，财旺身弱。
② 眉批：男取克干为嗣者，歌曰："甲男辛兮乙男庚，丙癸丁壬壬己亨。癸戊戊己乙甲妙，庚丁辛丙嗣光荣。"女取干生为子，歌曰："甲能生丙乙生丁，丙产戊兮丁生己。己生辛兮戊生庚，庚壬辛癸偏宜嗣。五行又有壬字甲，癸乙相生最亨通。"

《理愚歌》云："五行真假少人知，知时须是泄天机"是也。俗以甲子作海中金，即娄景之前，未知金在海中之论。

《理愚歌》所谓"五行真假少人知，知时须是泄天机"。五行真假者，纳音是也，乃天地大衍数也。先布大衍四十九数，再次第将甲己子午九，乙庚丑未八，丙辛寅申七，丁壬卯酉六，戊癸辰戌五，巳亥当属四等数除之，除减不尽，又按五行之数除之。除者水一、火二、木三、金四、土五，相生取用，便是纳音也。相生者，余一生木，余二生土，余三生火，余四生水，余五生金。且如甲子乙丑四个字，干支共除于三十四数，外有十五数，以二五除于一十，余得五属土，土能生金，是甲子乙丑金也。又如丙寅丁卯四字，干支共除了二十六数，外有二十三数，以四五除了二十，余剩三属木，木能生火，是丙寅丁卯火也。余者依此。岂得有金在海中，火在炉中之说。世有不肖之说，未遇明师，道听途说，错论古道，迷误后人，焉能中理。故将甲子乙丑金，喻子丑近北方水旺之地，为海中金。丙寅丁卯火者，寅卯近东方生火之地，如炉中之说。自汉时娄景先生以前，并无金在海中，火在炉中。子平之法，不用胎元小运，不用纳音，专以生日天元为主，配合八字干支并支中所藏者人元，或当生为财，为官，为祸，为福，依此参详。人命贵贱，得失荣枯，贤愚可知矣。《赋》云："在识其道，拙说犹神，才知玄妙之奥。"《歌》云："五行真假少人知，大衍先排四九枝。当除甲己子午九，丑未乙庚八数推。丙辛猴虎同除七，卯酉丁壬六法宜。辰戌戊癸皆除五，巳亥堪当四去之。后将五数追除了，余者相生莫要疑。水一火二木三是，金四土五最幽微。此是乾坤真甲子，知时须是泄天机。"《歌》曰："六旬甲子妙幽玄，七七抽除地与天。五减零求生数理，纳音得此几人传。"天地直杀，夫万物者，育乎天地，运乎四时，春以万物，滋荣如归。盖生之归藏，莫离乎土。土，坤艮是也。《易》曰："艮乃万物之始，坤乃万物之终。"甲乃天之首，子为地之首，二仪之循环，一阳之来复，故甲子至壬申九数。甲己相合，子午相冲，故云甲己子午九。乙丑至壬申八数，乙庚相合，丑未相冲，故云乙庚丑未八。丙寅至壬申七数，丙辛相合，寅申相冲，故云丙辛寅申七。丁卯至壬申六数，丁壬相合，卯酉对冲，故云丁壬卯酉六。戊辰至壬申五数，戊癸相合，辰戌对冲，故云戊癸辰戌五。已巳至壬申四数，已亥相冲，故巳亥单数四。《赋》云："略之为定一端，故究之翻成万绪矣。"

或以年为主者，则可知万亿富贵相同者。以甲子年生，便可为本命忌日之戒。

世之谈三命者，皆古法，往往多以年为主，则可知万亿同者，在小运纳音为论，似水之涣漫而无所归矣，富贵有相同者谬矣。故子平法专以生日元为主，日下支为妻，言生年为本为根，又为祖上田宅之宫。如甲子生，便为本命太岁之尊神，忌生日支干与太岁冲并战斗克害，为本主不和，则人生来不靠祖业田宅，破败宗亲，应难依靠。若生月时与本命干支会合入局，或遇财官贵气，则生平当有祖宗田宅，根基丰厚，声誉之美也。

以月为兄弟。如火命生酉戌亥子月，言兄弟不得力之断。

月为兄弟之宫，为男取比和同类便为兄弟之星。且如六丙日生人，以丁火为弟妹；六丁日生人，以丙火为兄妹。若临酉戌亥子月，言兄弟不得力之论。谓酉月火死，戌月火入墓，亥月火绝气，子月火怀胎，故言兄弟不得力断。其余依此而推。①

以日为妻，如在空刑克杀之地，言克妻妾之断。

论妻妾者，以生日支辰为妻妾之宫，无所克之物为空。若在空刑克害之地，则克妻妾，不然重婚再娶，克之轻者，主疾病。②

以时为子息，临死绝之乡，言子少之断。

论子息之多少者，当以生时为子息宫，男取克干为子嗣星，女取土午为子息，若临死墓胎绝衰弱之地，子息甚少。如男命六乙日申时生，当有子息多。乙木以庚金为子息，申时乃金之分野，庚金建禄之乡，故言子多也。若生在子丑寅卯巳午时为子息少断，谓居克墓绝胎受制之乡。或四柱中有刑破克害损于时中，定是晚年少嗣，纵有亦须僧道过房，贫贱夭折，螟蛉出祖之辈也。③

盖此论之皆非人之所为，造物阴阳之所致。倾世术士，不知斯理而潜乱于俗，不可言传，当考幽微之妙矣。

前篇论生年于祖，乃父母世代宗派盛衰之宫，切忌四柱中有刑冲破害

---

① 眉批：五行旺相之方可作兄弟得力或富或贵之断。
② 眉批：如丙午、戊午、壬子，犯此日者又主妻缢死或杀死。
③ 眉批：如年月日时皆见财官印绶之星，定主祖宗父母荣贵，妻淑子贤。

之物伤于当生年，应主祖宗暌败根基，有亲荫无依也。以生月兄弟之宫，若比和者，兄弟之星也。若临死绝墓胎之月，言兄弟不得力也。以日辰为妻妾宫，若临空刑克害之地，言克妻妾也。以时为子息，若临死墓绝之乡，言子息少之断。《赋》云："论其眷属，审其死绝。"《三命》云："四柱内观其九族，三元中辨其六亲。凡父母祖宗为依倚，兄弟如手足，妻子如心腹，孰不有亲爱之眷属哉。"盖六亲多寡、存失、贵贱、荣枯、衰旺，皆非世人可得能为，实天地之造化，诚阴阳之所致，鬼神不能移矣。古云："自古贤达之士，博通精典，穷理尽性，深明造物之发端，五行无不通晓。"吾夫子云："不知天命，无以为君子。"今世不肖之术士，不能通变之，明阴阳造化幽微之理，差之毫厘，谬之千里。其斯之谓，与是以五行辨通之道，取用多门。故不可言传，当考幽微之妙矣。

喜忌篇

四柱排定，三才次分，专以日上天元，配合八字支干。

凡看命先看四柱年月日时，次分天地人三元。干为天元，支作地元，以支中所藏金木水火土为人元。年为基本，月为提纲，日为命主，时为分野。故以日上天元配合，取其财官印绶，有无败伤争斗，论其八字也。①

有见不见之形，无时不有。

《碧玉歌》曰："甲官辛兮柱无有，支酉宜精究卯冲。酉合喜合巳酉丑，如无喜绝衰旺休。"或三合、六合贵地，虽禄马、妻财、子孙、父母、兄弟皆是有见不见之形，无时而不有也。②

神煞相伴，轻重较量。

神者，贵人也。煞者，七杀也。若神杀混杂，看入节气深浅，或有去官留杀，或去杀留官，四柱或岁运亦当知轻重较量。③

---

① 眉批：甲寅甲子为有气，春生为美。甲午甲申为无气，人无志，木神死绝在申地矣。
② 眉批：正财独则易取，乱则难取。
③ 眉批：甲以庚为杀，春木庚杀庚金休囚，身旺则杀轻。

若乃时逢七杀，见之未必为凶。月制干强，其杀反为权印。

此论时上一位贵格。只有一位，方可为贵，别位不要再见，始为清贵。若年月上再见之反为辛苦艰难之命。要日干生旺，不畏刑害、阳刃。为人性重，刚执不屈。若四柱中元有制伏，却要行官旺运，然后可发福。又不可专言制伏，贵在得其中，乃尽法无民之命。假如史弥远之命，甲申、丙寅、乙卯、辛巳，此用日干旺，时上偏官，月上制伏，得其中和，故为贵矣。①

财官印绶全备，藏蓄于四季之中。

此论杂气财官印绶格。四季时辰戌丑未也，乃天地不正之气，为杂气也。盖辰中有乙木余气，壬癸之库墓，有戊己之土。辰戌丑未各以所藏之气而言之，此暗蓄杂气，为我之官星、财气、禄马、印绶也。须看四柱天元透出何字为福。次分节气浅深，若杀旺官少要制伏，喜财。若主旺相冲，要行财运库旺。大抵福聚之地不可破，如无所忌大发财。假如史太师命：丙戌、戊戌、甲午、己巳，杂气财官格，此命用辛官，己为财，戌中有辛金余气，戊己土财旺生官，所以富贵两全。但墓库中物，自扃钥以闭藏，要有刑冲破害，开扃钥之物，则言发财官之贵矣。若四柱原有刑冲破害之物，再不要逢此运气，则反贵为贱。元若无财又喜行此运矣。学者宜细推之。②

官星财气长生，镇居于寅申巳亥。

财官生旺于四孟，寅申巳亥乃五行长生之地。假如壬申、辛亥、己巳、丙寅，此命先荣后辱。己用甲为官，亥中有甲木长生。己用壬为财，申中有壬水长生。己用丙为印绶，寅中有丙火长生，此为四孟凶局。③

庚申时逢戊日，名食神专旺之方。岁月犯甲丙卯寅，此乃遇而不遇。

此论专旺食神格。戊以庚为食神，其中有庚金建禄。戊土用水为财，申中有水长生，乃财旺也。戊用乙为官星，庚能合卯中乙木为戊土，官贵气。若四柱透出甲丙卯寅四字，则坏了申中庚金贵气，此乃遇而不遇。假

---

① 眉批：六甲时遇庚午不喜官星，又年月时有辛虚名利耳。
② 眉批：戊辰、壬戌、丁丑、丁未，此洪武皇帝命。
③ 眉批：《碧玉歌》曰："印绶财官日主强，名播四海。"

如己未、壬申、戊子、庚申，此谢丞相之命。①

月生日干无天财，乃印绶之名。

此论印绶格，十干生我者是也。为父母、为生气，又能护我之官星，故印绶无伤官之患矣。大要生旺，忌死绝，若四柱中元有官星尤好。忌见财气，格行官运则发，若行财旺乡，贪财坏印，祸患百端，行死绝运必受其伤。假如丙辰、甲午、己未、丁卯，此命月生日干为印绶格，孙高和尚命。大运丁酉，流年壬午，当年三十岁，至二十九年三月二十，四柱遭极刑，故谓印生逢死绝之运，又见壬来破印也。此当年用天元，大运用地支。②

日禄居时没官星，号青云得路。

此论归禄格，要四柱中无一点官星，方为此格，为青云得路。最要日干生旺，兼行食神、伤官之乡可发福。但归禄有六忌：一则刑冲，二则作合，三则倒食，四则官星，五则日月天元同，六则岁月天元同，犯此六者，不可一例以为贵矣。假如甲子、丙子、癸丑、壬子，此是张都统命，乃子多为聚福归禄矣。③

阳水叠逢辰位，是壬骑龙背之乡。

如壬辰日生，遇辰字多者贵，寅字多者富。盖壬以己土为官星，丁火为财星。辰日暗冲戌中之官库，所以贵也。寅字多能合干中之财，所以富也。诗曰："阳水多逢辰字乡，壬骑龙背喜非常。柱中俱有壬辰字，富贵双全在庙堂。"④

阴木独遇子时，为六壬鼠贵之地。

此论大怕午字冲丙，子时为妙，谓之聚贵也。或四柱中有庚字、辛字、申字、酉字、丑字，内则有庚辛金则减分数，岁若大运亦然。如月内有官星则不用此格，若四柱中元无官星方用此格。⑤

---

① 眉批：歌曰："戊日印绶食神奇。"寅卯甲丙忌，寅丙是庚杀，甲乃戊之鬼，乙卯露出坏其贵，食神干旺皆为奇。

② 眉批：甲乙亥壬干癸是不宜戊己见，贪财坏印则富贵××作贱，如太××喜贪民财。

③ 眉批：《碧玉歌》曰："辛禄居酉真为美"，暗合丙为贵，柱运忌官，本身旺食伤，喜无官煞，青云得禄攀丹桂。

④ 眉批：《四言独步》云，壬骑龙背、见戌无情、寅多则富、辰多则荣。

⑤ 眉批：此言乙巳猴鼠乡，贵人有子。忌见官星，见官星则失其贵矣。

庚日全逢润下，忌壬癸巳午之方，时遇子申，其祸减半。

此论井栏叉格，只是庚申、庚辰、庚申水局为贵，何也？盖庚用丁为官，子冲午。庚用水为财，而申冲寅戌中戊土为庚之印，而辰冲之，又辰戌为财印，故以申子辰三字来冲寅午戌为财官印绶。若四柱中须用申子辰全为贵，不止得三庚金者尤为奇。或戊子，丙辰亦不妨。喜行东方财地，北方伤官，南方火格不为贵，此乃壬癸巳午之方也。假如庚子、庚辰、庚申、丁丑，此是王都统制命，丁卯出戍边土，得十四官诰。①

若逢伤官月建，如凶处未必为凶。

此论伤官格。伤官之法，格要伤尽而不为祸。四柱若原有官星，伤之尤重；原无官星，伤之则轻。若三合会起伤官之杀及运行伤官之地，其祸不可言也。故伤官见官，为祸百端。若当生辛丁，有伤官七杀，为祸最重，为之福基受伤，终身不可除去。若月时见伤官之地，可发福矣。若女人命有伤官者，主克夫。若见合多为卑贱或淫滥。若无制者为师尼，合则非良妇也。若遇贵人杀者，亦作命妇而推之。②

内有正倒禄飞，忌官星亦嫌羁绊。

内有正倒禄飞者，乃丁巳得巳字多，冲出亥中壬水为丁官星，乃正飞天禄马格也。若辛日得亥字多，冲出巳中丙火为辛官星，乃是倒飞天禄马也。柱中有壬癸辰巳，皆是官星羁绊也，则减分数，岁运亦同。诗曰："禄马飞天识者稀，庚壬二日贵非疑。柱无羁绊官星现，平步青云到凤池。"又曰："飞天禄马少人知，辛亥多逢亥位宜。不见官杀无羁绊，少年富贵拜丹墀。"③

六癸日时逢寅位，岁时怕戊己二方。

此论刑合格。以六癸日为主星，用戊土为正气官星，喜逢卯寅月，刑己中戊土，癸日得官星。如庚寅刑不成，惟甲寅时是，行运与飞天禄马同。若四柱有戊字、巳字，又怕庚金伤甲子，刑坏子，忌申字，假如癸

---

① 眉批：此言金生水之故，庚得申子辰水局，金又生水作润下之象，岂不为贵。若有申子合，丑刹在甲，则偏财干旺，则丙干伤庚位夺其禄。

② 眉批：歌曰："庚日生时逢子水，子水伤官岁时逢，戊巳凶中重作吉，观之中和凶以吉。"

③ 眉批：假如张皇亲命，丙戌、甲午、丁巳、癸卯。壬辰、辛亥、癸亥、癸亥，都堂王守仁八字，倒飞天禄马格。戊寅、癸亥、癸亥、癸亥，此丐者八字，露出戊字官星，斯为下矣。

酉、辛酉、癸卯、甲寅，乃娄参政命也。

甲子日再逢子时，畏庚辛申酉丑午。

此论子进巳格。甲用辛官，辛禄在酉，二子为甲木之印杀。六癸甲遥合巳中丙戊，合动酉位之辛为申是官星，巳酉丑三合会起官星。喜壬癸亥子月，忌庚申辛酉，乃金来伤甲木。午字来冲子字，是羁绊则不能去遥合矣。假如甲申、甲戌、甲子、甲子，此乃是罗御史之命，虽然是遥巳，但年干有申庚冲克甲，运行戊寅，寅刑巳，番成祸矣，流年乙丑则罢官。①

辛癸日多逢丑地，不喜官星；岁时逢子巳二宫，虚名虚利。

此论丑运巳格，只辛丑、癸丑二日可用。但要四柱中无一点官星方用此格。盖辛用丙官，癸用戊官，丙戊禄在巳也。丑能破巳，丙戊之禄出矣。不要填实巳位，子午羁绊不能遥也。若冲酉得一字为好。假如乙丑、己丑、癸丑、癸丑，乃是叶侍郎之命。又有丁丑、癸丑、辛丑、己丑，乃王通判之命。②

拱禄拱贵，填实则凶。

此论拱禄拱贵二格，乃两位虚拱贵禄之地，四柱不可占了贵禄之宫，则填实不容物矣，只为官星荣显也。其禄贵者拱之，盛物之器皿，若空则容物，乃贵禄荣显。《经》曰："官崇禄显，定是夹禄之乡。"又忌伤子日时，皆拱不住矣。假如丁巳、丙午、甲寅、甲子，此是王郎中之命，此二甲来夹丑中癸水余气，辛金库墓，巳土乘旺，乃甲木之财官，之命生，岂不为贵，后运行辛丑，除通判，入庚子运，庚金克甲木，又是年月冲破甲子，乃天中杀，即空亡，夹贵不住，走了贵人，一旦坏了。③

时上偏财，别宫忌见。

此论时上偏财格，又名时马格，与时上偏官同。用时上天元及支内人元，只要时上一位有之，始为贵，若别位有之，便多了，难作偏财而论。

---

① 眉批：甲子日子多名，遥巳辛酉莫透露，酉能去合丑，丑能去合巳，无绊者步金阶登云路。

② 眉批：此格要暗合官星，刑合而得，自作贵论。若四柱见了一点官星，乃只一个秀才。

③ 眉批：拱禄不宜见真禄，拱贵不宜见真贵，只是暗中虚拱。若见真禄乃是别格，不可作此格论。庚戌、戊子、壬辰、壬寅，此乃戴大宾命，十一岁行庚寅中举，十九岁戊辰年中探花，行辛卯运填实卒。

要身旺，不要克破，要财运旺即发矣。假如丁酉、己酉、戊子、壬子，都统制命也。①

六辛日逢戊子，嫌午未位，运喜西方。

此论六阴朝阳格。辛金至亥为六阴之地，而得子时故曰。六阴尽处一阳生，故云六阴朝阳之格，乃谓阴尽还阳。辛用丙官，癸为寿星，只是要子字一位，若多不中。喜戊土，戊来合癸，动巳申暗丙，丙为辛之官星，四柱中忌见午冲破子禄。西方乃金旺之地，故喜也。东方财气之乡次之。不要行南方火乡，北方水方伤官也。假如戊辰、庚申、辛卯、戊子，此毕甫遇命。②

五行遇月支偏官，岁月时中宜制伏。类有去官留杀，亦有去杀留官。四柱纯杂有制，定居一品之尊。略有一位正官，官杀混杂反贱③。

此论偏官之格。若四柱中全无一点官星，用七杀为偏官。若有正官，此谓七杀之鬼，乃生天干也，故未见不见之形。全要日干生旺，故喜身旺，怕冲动羊刃，只要制伏，不要四柱见正官，有兄不显其弟之说。或四柱中长辛月，或岁运中是去官留杀，何也？乃制伏是也。若官杀混杂不为清福。只此偏官七杀者，乃小人之辈，多凶暴，无忌惮，乃能劳力以养君子也。惟是不惩不戒，无术以控制之，则不能驯服而为用矣。若四柱中原无制伏，要行制伏之运。四柱中原有制伏，要行身旺之乡。若有制伏又行制伏之运。盖为尽法无名之喻。假如己未、乙亥、丙寅、辛卯，乃王章明相公之命也，乃月偏官制伏在年上，兼日坐长生之火，三合木局，丙日逢贵，所以发禄，后遭刑戮，死无棺椁，初行壬申起福运矣。④

戊日午月，勿作刃看；时岁火多，却为印绶。

此论羊刃者，非犬羊之羊，乃阴阳之阳，此禄前一位是推阳位有刃，阴位无刃。如丙戊禄在巳，午为羊刃者。戊日得午月，午上不为刃。不为刃者，何也？乃阴火生阳土，正谓月生日干，若岁干时干又见火，乃是印

---

① 眉批：假以甲日见戊时，不宜甲再至拱禄，更分财年月忌物，比若重则损六亲害妻子。
② 眉批：六辛日时逢戊子，嫌丙丁巳午南运官被伤，不能朝阳。柱无火者，入朝中食俸禄。
③ 偏官即七杀也。
④ 眉批：人命若是遇七杀，时岁却遇食伤制刹反为贵。

绶格也。①

月令虽逢建禄，且忌会煞为凶。

大凡命中以财官为贵，若四柱中有以作合，谓贪合忘官，又兼会起七杀，反为凶兆。且如甲日用酉月为官星正气，若年时子辰又会起申中庚为七刹，乃甲之鬼贼，故为凶。②

官星七杀交差，却以合杀为贵。

官星乃贵气之神，纯而不杂，乃为清福；杂而不纯，便坏造化。有支中合出七杀为吉兆。《经》云："合官星不为贵，合七杀不为凶，乃是五行赖之救助。"且如甲日生人得卯时，卯中之乙能合庚字为甲之偏官，是为合杀也。若男子得之和气，与人投合贵者。女子得之，多主心意不足，虽美丽性乐私情，主克夫害子。如庚日生，四柱见丙为杀，则有申辰合起子为水局来救之，丙化为官则吉矣。③

柱中官星太旺，天元羸弱之名。

大抵人生以财官禄马为贵，取其中和之气为福厚，偏党之气为福薄。若官星太旺，天元身弱，又行官旺乡反成其祸。且如甲乙日天元用庚辛申酉巳丑为官贵，四柱中官星既多，元有制伏则妙。本身弱须行制伏之运，乃可发福。若行官旺之乡，乃造化太过，其祸害破财不可胜言，运岁亦然。④

日干旺甚无依，若不为僧即道。

此论时旺，杀为主本得地，乃为时旺之乡也。其人沉疴不染，老年齿牢发黑，以天年迈。如此格多出俗避位出尘，尚志慕道修真，乃日干甚旺。且如庚日生人，月时在申，或运又入西方，此庚以火为官星，火至西方而死，庚以木为财，木至西方而绝，既是财官禄马俱无，则欲步于前程，何以施舍，故无依倚，乃持身旺地，盖顺身远害之命。假如乙卯、丙

---

① 眉批：诀曰："戊日午月号作刃"。须看岁时，正若逢丙火，火是戊之印，如无者富贵命。
② 眉批：诀曰："禄拱主何干夷则"，慎见丙火，克伤其庚，寿夭福难行。
③ 眉批：假如甲日见庚辛，官杀交叉，就庚是甲之杀，辛乃甲官，四柱逢乙合住庚杀为贵命。
④ 眉批：己未、丁卯、戊申、癸亥，官旺主弱，韩元帅命。

子、丙午、癸巳，此祁真人命，日干旺于东南方运。①

印绶生月岁时，忌见财星。运入财乡，却宜退身避位。

此论月生日干乃印绶之名。印绶乃喜官星，畏财气，若天干财乡乃坏印也。印绶者乃我气源虽根固，若行财位者宜退身避位，不然必遭降谪徒配也。假如庚戌、甲申、癸丑、丁巳，此命月中正气庚金印绶，主本杂气不合，巳中丙火为癸之财，其水见财，贪财坏印，一生蹭蹬。故曰："印绶在刑克之地，心乱身亡之故"也。后大运行，己丑流年，丙寅四月破。何故？原有伤印之杀，岁运又行伤运气，庚金入墓也。②

劫财羊刃，切忌时逢；岁运并临，灾殃立至。

劫财乃是日上天元分争财禄，比肩是也。羊刃者，干禄前一位是也。且如禄马，甲禄在寅，甲用己土为财，见卯为刃，来相侵夺己土也。假如戊午日并月时相同者，二三戊字者，其相侵夺癸水为财，故曰劫财。以戊禄在巳前一辰见午，午有己土克癸水，此之谓劫财羊刃，故主破财散业，离家失祖，施恩反怨，心性卒暴，进退狐疑。偏主庶妻为正，带疾破相，性贪婪，智大心高，伤害不足。若运流年逢之，因财争竞，不然疾病，连及妻子矣。假如癸未、乙卯、甲子、己巳，此岳飞将军命，此为劫财羊刃，甲以己为财，以乙为刃，见卯羊刃，劫而有损。乙卯正谓劫财阳刃，运行辛亥，流年辛酉，三十九岁死于狱中。③

十干背禄，岁时喜见财星，运至比肩，号曰背禄逐马。

禄之向也，为顺；背也，为逆。且如辛得酉为禄，若遇巳丙为背禄。《经》曰："背禄主无财之论"，主初明后晦，每喜财星，戊己土助其身，火克无气，至比肩见甲分财。《经》云："马者在乎财位。"乃甲见寅为身旺。庚申用土为财，土至寅病，金至寅绝，乃禄马皆不扶身。《赋》云："马劣财微，宜退身避位"，岂不谓之守穷途而凄惶也。④

---

① 眉批：日干甚旺若无依，喜逢财禄食连行，官来财至多福庆，无男无女到僧尾。日干甚旺若无依，喜逢印财食运行，官见美财印发福，地若无依男为僧道女为尼。

② 眉批：月中有印绶生日，岁时怕财至，运若逢财地则家破官让。

③ 眉批：劫刃，甲子生卯年月，再见乙，己土中之财被乙来劫去，岁运来并凶死而已矣。

④ 眉批：如甲日用辛为正官，柱有甲木旺运，再逢旺寅，背禄逐马，主妻分散子别离。

五行正贵，忌刑冲克破之宫。

正气官星者，提纲之要。用时上财气乃贵人也，忌刑冲克破之神填之。①

四柱干支，喜三合六合之地。

凡干支有三合六合者，乃天地阴阳万物，皆有感应相合。倘得刚柔相制两相对，所以是眷属性情，妻贵在乎大人之重，乐乎生人之禄，合财为官禄之相从，合刑为刑煞之相压也。②

日干无气，时逢羊刃不为凶。

且如甲申日，卯时为羊刃，此是申中庚金能克卯中乙木为财，为马为妻，虽逢羊刃，不为凶矣。③

官杀两停，喜者存之，憎者弃之。

甲用辛酉为官星，是又见庚申，何以是又见三合之混用。甲乙用庚辛为官贵，而有己有丑是官杀混杂，虽有制伏之运，或去杀用官，或用杀去官，方发福。若混杂之命，岁运更在旺乡混官杀，其祸不可避逃矣。④

地支天干合多，亦云贪合忘官。

且如甲用辛为官而有丙，见庚为杀而有乙，用庚为官而辛为杀，又有丙及支干多合。此阳官阴杀，或阴官阳杀，乃是造化之必然也。若是四柱有合是为贪合忘官。《经》云："合官星不为贵，合七杀不为凶"，五行有救助之谓也。⑤

四柱杀旺运纯，身旺为官清贵。

此七杀即偏官也，宜制伏。四柱内以杀为官。且如甲见庚为杀，而甲生于寅地，乃身旺。其寅暗包丙长生，则不畏金为杀，以杀化为官是。则甲庚各自恃旺之势，而行纯旺运，乃为极品之贵。⑥

---

① 眉批：财官印号三奇，五行之正气。
② 眉批：此合财宜于男为吉，女人大忌。
③ 眉批：干弱喜逢刃，主福寿无疆。
④ 眉批：有制则吉，无制则凶。
⑤ 眉批：诀曰："男儿多合性聪明，苗而秀亦成。女人多合怪性情，淫贱必遭贫。"
⑥ 眉批：壬申、己酉、丙午、戊子，知县命。

凡见天元太弱，内有弱处复生。

此论日主自坐官杀，乃为人元弱处复生，乃是胎生元命。且如甲胎在申，申中有庚金为偏官，为六合中受气相感气生。胎元，得壬水长生，酉上沐浴，戌上冠带，亥上临官，如人之算日必生木也。此格只要官星旺运方可发福，不要冲克。①

柱中七杀全彰，身旺极贫。

伤官本禄之七杀，败财本马之七杀，偏官身之七杀，四柱有之，身旺建禄不为富矣。②

无杀女人之命，一贵可作良人。

大抵看男命与女命不同。女命不取官星，不取财星，不取贵人，不取三合六合，不要财马生旺暴败，不要干支刚强羊刃，不要比肩。乃见如此，何以知其贵贱乎？答曰："阴人者，如此一同论，若天元运动，岂能分别寒暑、四时、八节、霜露、雨雪、阴晴哉？阴人者，全靠夫主，夫贵妻亦贵矣，夫贫妻亦贫，乃天地阴阳之理也。凡女人之命，大喜要安静清贵，旺夫旺子为妙。若绝气并刑冲破害不美，若命有夹贵者，必为贵人妻矣。"③

贵众合多，必是师尼娼婢。

贵者官杀也。官者正夫，杀者偏夫。合者地支暗合，三合六合、心多不足，虽生美质，性乐私情，非良妇也。④

偏官时遇，制伏太过乃是贫儒。

偏官主人性聪明，有刚强傲物。若四柱中制伏多，乃尽法无民也。中和之气为福厚，偏党为福薄。假如丙午、甲午、癸亥、乙卯，此乃是钱应宾秀才命，月上偏官，所以伤残，目盲足跛，却有文章秀气，终身贫穷矣。⑤

四柱伤官，运入官乡必破。

此论伤官。四柱有官星，运入官乡，被破者轻，须要明轻重。假如癸未、癸亥、辛未、癸巳，此一都丞命，辛以丙为官，巳中有丙，见癸水则

---

① 眉批：如甲木死午，喜壬癸，露丁己能生金，土生甲助方可发福。
② 眉批：乙酉、乙酉、乙酉、乙酉，为七杀全彰。
③ 眉批：女人命只取一官为贵，其余不可重见，或合偏财禄马伤官者，皆非良妇也。
④ 眉批：身旺有合，华盖空亡，生长聪明，好与僧道为伍。
⑤ 眉批：凡命七杀食旺多制，做事多蹭，纵然生高明才学有差讹，青衫不结家囊破。

破其官星矣。①

五行绝处，即是胎元，生日逢之，名曰受气。

胎元逢生，名曰受气。诗曰，五行绝处是胎元，生日逢之富贵全，更若支元来佑助，定然衣锦早乘轩。度理可以知幽微之妙，度性可以知生死之理。木绝在申，即受气，胎酉则养成，亥宫是主死中复生，气亡又伏，存才名遂。

是以阴阳罕测，不可一例而推，务要禀得中和之气。神分贵贱，略敷古圣之遗书，纵约以今贤之博览。若通此法，参详鉴命，无差无误矣。

---

① 眉批：四柱有伤官，再运行伤官之地则不宜矣。

新刊合并官板音义评注
渊海子平卷二

继善篇

人禀天地，命属阴阳，生居覆载之内，尽在五行之中。

人禀二五之数，犹天地之生物以成形。人得万物之灵，乃天地之正气方为人，所属阴阳五行，不离乎金木水火土也。①

欲知贵贱，先观月令提纲。

月令乃八字之纲领，更知节气之深浅以知灾祸。如寅中有艮土余气七日半，丙火寄生又七日半，甲木正令共十五日。此三者不知用何为祸为福。见正官、正印、食神则吉，伤官、偏印则凶也。②

次断吉凶，专用日干为主本。三元要成格局，四柱喜见财官。

天干为天元，地支为地元，以支中所藏者为人元。年月日时为四柱，专以生日之干配合四柱三元而成格局，惟喜财官。

用神不可损伤，日主最宜建旺。

如月令有官不可伤，有财不可劫，有印不可破，凡柱中有用神不可损害也。仍要日干强健，则能任其财官。③

年伤日干，为本主不和。

假如日干甲乙，年见庚辛克之，故曰主本不合，乃父子不相合也。年逢七煞克日，祖宗无力过房。若还日月及时中归禄，马财夭丧。杀旺运逢为祸，印生多助为祥。比肩运旺莫疑猜，只是单衾纸帐。④

---

① 眉批：心主火，肺主金，肝主木，脾主土，肾主水。如断人疾病，当以五行相克而断。
② 眉批：月令者，如人臣行君之令，掌一月之纲纪，生杀皆由此，故曰提纲。
③ 眉批：官者正人君子也，故畏伤，如甲用辛为官忌丁火伤之。
④ 眉批：日干为主，以年为祖基，月为父母兄弟，日支为妻，时为子息。

岁月时中，大怕官杀混杂。

岁月日时中既有官星又见七杀，则不吉也，务要配合而取断之，则祸福有凭也。①

取用凭于生月，当推究于深浅；发觉在于日时，要消详于强弱。

用者，月令中所藏者。如甲木生于十一月，乃建子之月，就以子中所藏癸水为用神。癸为甲母，忌己土克之，要日时相辅，其旺相休囚可也，其余仿此而推。②

官星正气，忌见刑冲。

《碧玉歌》曰："官星正气莫混，财多伤食莫逢。"且如乙卯见庚辰时，月戌逢冲。指甲生巳酉丑月，午未火局木逢，若还官旺见申则有印，见之吉用。③

时上偏财，怕逢兄弟。

甲人见戊辰时为偏财，见乙字比劫之地，则不吉之命也。④

生气印绶利官运，畏见财乡。

甲乙生人见亥子月为印，喜见庚辛申酉运则发。若行入戊己，午运不吉兆也。⑤

七杀偏官喜制伏，不宜太过。

壬日见戊为七杀，方要见甲木制之则吉，贵也。不宜甲乙木也，若多则太过，如小人受制君子，太过必主反逆。⑥

伤官复行官运，不测灾来；羊刃冲合岁君，悖然祸至。

此甲日生人，见卯乃为羊刃，遇酉金而冲之，见戌而合之，则祸至。若当生四柱中原有羊刃之神，忽来相对，克破流年太岁，或三合相招，克害岁君，则有勃然祸至。若岁乙巳，于日生四柱，有乙亥对冲，或巳酉丑为福。⑦

---

① 眉批：杀有制则为官为善，无制为七杀为杂，有官宜忌之。
② 眉批：如乙人生于七月，庚金为正官，忌刑冲巳刑之例也。
③ 眉批：正气官星，无杀伤相混。
④ 眉批：此论时上偏财格。
⑤ 眉批：有印必用官，若无官掌之，则印为虚度耶。
⑥ 眉批：七杀无制则为祸，有制则纯，便是偏官。
⑦ 眉批：月令有伤官用神，又行伤官运，如二虎相争，仇人相见，主凶，羊刃合岁君亦然。

富而且贵，定因财旺生官。

《经》云："财多生官，须要身强财多。"盗气本身自柔。且如甲乙以庚辛为官，戊己为财。气得天干生旺，则土生金，金乃木之官也。主先贫后富，盖是财旺生官也。①

非夭则贫，必是身衰遇鬼。

《经》云："旺则以杀化权，衰则变官为鬼。"且如甲乙生人，巳午亥为身灾，失天时，见庚辛申酉来克，不夭则贫且贱矣。②

六壬生临午位，号曰禄马同乡。

壬以丁为财马，己为禄官，丁己禄居午，故曰禄马同乡。此格喜秋生，有庚辛金制甲乙，故为无害。若见寅卯旺则文秀而不明。冬生玄武当权，知是见财而纷争。春生甲乙旺，寅卯时乃为凶杀会聚也。

癸日生向巳宫，乃是财官双美。

癸日以戊为官，丙为财，乃丙戊禄在巳也，故曰财官双美。若是四柱中不要见水局，时逢癸丑不为凶，何故？巳中戊土，丑中癸水余气，乃是财马也。

财多身弱，正为富屋贫人。

且如甲申年、壬申月、丙申日、辛卯时，申中有庚金，乃为财多。又有壬水，乃七杀制日主，身弱之甚也。此是富家贫子命也。③

以杀化权，定是寒门贵客。

大抵偏官化为官星，如丙忌壬为杀，巳午财反恃土之势，则壬不能为害，化杀为官，发于白屋。若四柱中有土，则丙逢壬时以为极品之贵也。

登科甲第，官星临无破之宫。

正气官星，四柱中不见伤官，无杀混杂，行旺运，幼年必主登科及第。④

纳粟奏名，财库居生旺之地。

此为墓库格。谓如临依官星之库墓，须要一物开之，其人难发于少年。《经》云："少年难发库中人"，只怕有物压之。若行财旺运或开库，

---

① 眉批：此言财旺要藏，亦要日主生旺，得官来则可任，若身弱不堪任也。
② 眉批：甲生庚金，秋旺身衰也，何以言福。
③ 眉批：身弱而财多，尤喜比肩分之，不然则害命也。
④ 眉批：如甲生酉月为正气官星，遇丁为克酉反为财矣。

故云"纳粟奏名"。①

官贵太盛,才临旺处必倾。

且如甲乙用庚辛申酉为官星,又有巳酉丑之类,乃是官星多。若四柱中无制伏,更行官旺运,造物太过,其祸患不胜言。②

印绶被伤,倘若荣华不久。

印绶本生气之源,不可有伤,被伤乃见财也,为福有损,纵应禄位,不久而败,所谓贪财坏印是也。财见重重,有事难夸。印者如朝廷之符信,如一官掌之,见财则贪之,而失其职守。③

有官有印,无破作廊庙之材。

有官有印乃杂气所藏官印也。《鬼谷子》云:"罡中有乙,魁中伏辛,此为杂气印绶财官也,乃少年不发库中人也。"假如丙寅、辛丑、甲辰、丙寅,此延王俊命,甲用辛为官,己土为财,癸水为印,提纲中有癸水余气,辛金墓库,己土见旺,故得谥封之贵也。

无官无印,有格乃朝廷之用。

正气,杂气凭财官印绶为贵格,富贵之命。若成格局,要全无一点财官,方为富贵之命矣。假如己未、壬申、戊子、庚申,此乃谢左丞相之命,此命专食合禄之格,若四柱中全无一点财官印绶,以戊用乙官、癸财、丁印,四柱中全无矣。取戊食庚午、甲申建戊,禄戊禄旺,巳与申合,名前格。④

名标金榜,须还身旺逢官;得佐圣君,贵在冲官逢合。

身旺逢正气官星,又行旺运,必登科及第。若四柱中是飞天禄马,冲官合禄,乃人臣极贵也。冲官者只有四日。见上。⑤

非格非局,见之焉得为奇;身弱遇官,得后徒然费力。

若四柱用作财官,见所忌非格,局有财官,此等命不为奇妙。又论:自身天元羸弱,纵官星得之,荣华不久也。

---

① 眉批:有气为库,开则取用;无气为墓,虽开无用。
② 眉批:如人居贵极之地,苟有不正,则丧身亡家矣。
③ 眉批:印者如朝廷之符信,如一官掌之见财若贪之则失其职守矣。
④ 眉批:此为无官印,俱作外格而推,若见官必破局矣。
⑤ 眉批:破损伤神,谓非格局,身弱居官,不堪其任。

小人命内，亦有正气官星。

印绶者，怕逢财气坏印。官星者，畏见伤官必败。若四柱中虽有财官印绶，遇其伤害，不成真名，反为凶恶，岂不为小人哉。①

君子格中，也犯七杀、羊刃。

七杀有制化为官，羊刃无冲极为贵。偏官发于白屋，羊刃起于边戍，为将为相，岂不为君子者哉。刃与杀主诛戮之权。②

为人好杀，羊刃必犯于偏官。

羊刃者，在天为紫暗星，专行诛戮，在地为羊刃杀。偏官者，七杀之暗鬼。羊刃又犯七杀，人多主凶，非善良辈也。若遇贵人吉，则无大恶。③

素食慈心，印绶遂逢于天德。

如命中元犯凶神恶杀，若遇天月二德神救之，则凶不逞也。印绶本慈善之神，又逢天月德相助，主人心慈而食斋矣。

生平少病，日主高强。

日主自旺为恃旺杀。乃是本主得地，自恃旺乡，其人沉病不染，耆年齿牢发黑，强其体骨。天元遇旺，顺身远害，欣然无忧，乐天之命也。④

一世安然，财命有气。

此论财者，妻财，马也。财旺有气来助，我身乘旺，必享财而用之，是得安然之乐矣。如甲生辰戌丑未之乡，皆作财有气。⑤

官刑不犯，印绶天德同宫。

此五行自得天时名为时旺。若印绶扶身，又带天月二德，一生不犯官刑之论。⑥

少乐多忧，盖因日主自弱。

此言日主无气，落于衰乡，又失了天元气，特鬼败之乡矣。偏多主奴婢之下，孤寡临于五墓，一生忧闷，不足之命也。须过房入赘，靠依他人方可。⑦

---

① 眉批：若正印官星被恶煞夺其秀气之谓。
② 眉批：杀星有制，两相显达。
③ 眉批：七杀羊刃，有印必主权贵；征伐有恶，则必沦为盗寇。
④ 眉批：日主高强，乃五行临官、帝旺之地。
⑤ 眉批：此言五行得财旺之乡，无劫者亦作此论。
⑥ 眉批：论印与天月德同宫，主人慈善化凶为吉。
⑦ 眉批：此等当离祖过房，出继倚他人方可。

身强杀浅，假杀为权。

假如丙戌日见壬辰是也，生于四五月依此而断。《碧玉歌》云："化杀为权何取？甲生寅卯之乡。更逢亥卯未成行，何怕庚金作党。乙生巳酉丑月，喜逢木局相当。若逢亥卯木生殃，处世艰难贫汉。"①

杀重身轻，终身有损。

如戊寅、壬戌、壬戌、己酉是也。月时暗有戊土为七杀，故为伤身也。②

衰则变官为鬼，旺则化鬼为官。

若日主衰弱，纵有官星，当他不得，故变官为鬼矣。若日主旺盛，纵有七杀，其杀自降伏，当化鬼为官，乃主大富大贵之命也。③

月生日干，运行不喜财乡。

月生日干即印绶也，印乃母也，故日生忌财破之。运行入财乡谓之贪财坏印。譬如为官者掌印，贪百姓之财则不聚。④

日主无依，却喜运行财地。

甲乙生于春月，柱中若无财官，谓之无依，若运行辰戌丑未运，以土为财，方可发福。余者仿此而推，如背运不可言福。⑤

时归日禄，生平不喜官星。

命中日禄居时者最怕官星，所以强破禄反贵为贱矣。《碧玉歌》曰："日禄居时最妙，年提破杀官星。"若见官星则剥禄矣。⑥

阴若朝阳，且忌丙丁离位。

此言六辛日见戊子时也。岁月若见丙丁二字，乃南方火伤了辛金，所以不得朝阳以成真格局。若不见丙丁，皆主大富贵命，官自居一品之尊。此谓《喜忌篇》云："六辛日逢戊子时，嫌午位运喜西方。见丙字露出官

---

① 眉批：假者，借也，因身旺无杀必无官矣，借杀之威而旺己之身也。
② 眉批：此格如衰草逢霜，又行杀运，则夭折无疑。
③ 眉批：官与鬼一也，身弱作官论，身弱作鬼论。
④ 眉批：木用水为印，见土为财。
⑤ 眉批：财养命，官扶身，人若无此，将何施设哉？
⑥ 眉批：甲得寅时为禄，四柱中不宜见辛官。

星,见丁字乃七杀克辛。"此说非。①

太岁乃众杀之主,入命未必为灾,若遇斗战之乡,必主刑于本命。

太岁乃一年所主之君,统众杀之主君也,未可便作凶推。若命中羊刃诸杀或日主刑克岁君,乃臣犯君,必招战斗之祸。②

岁伤日干,有祸必轻;日犯岁君,灾殃必重。

若太岁克日干,谓为父怒子,其情可恕。日克岁君,如子怒父,罪不可赦也。假如太岁庚辛,日干甲乙则灾轻。日干庚辛,太岁甲乙,无救则灾重。③

五行有救,其年反必为财;四柱无情,故论名为克岁。

此言日犯岁君。若当生有救,祸减一半,其言反招其财。若无食神救之,便是造意不好,主害岁君,还伤日主。如甲日克戊岁,若得己字在,便是夫妇贪合有情。乙日克己,岁君干头有庚,亦是夫妇贪合有情,若无配合克制,便是无情,其祸不免。④

庚辛来伤甲乙,丙丁先见无危。

如庚辛金克甲乙木,柱中若有丙丁巳午火,则有救也;其余依此例。

丙丁反克庚辛,壬癸遇之不畏。戊己愁逢甲乙,干头须要庚辛。壬癸虑遭戊己,甲乙临之有救。壬来克丙,须要戊字当头;癸去伤丁,却喜己来相制。

戊己土能制壬癸水也,此五行克制之理,其解甚明矣。⑤

庚得壬男制丙火,夭作长年;甲以乙妹妻庚,凶为吉兆。

庚金最怕丙火,有壬水制伏反吉。甲木忌见庚金,得乙妹配庚为妻,则以甲为妻兄,以变凶化吉也。⑥

天元虽旺,若无依倚是常人;日主柔弱,纵遇财官是寒士。

《碧玉歌》曰:"天元日主太旺,岁时月印财官。三才不显主贫寒,僧

---

① 眉批:子为阳、辛为阴,故阴朝之,只忌官星,丙来合之,则朝阳不得,只作经商巨贾也。
② 眉批:太岁会吉星为吉,遇恶煞为凶。
③ 眉批:以上犯下轻,以下犯上重,如君臣父子不相和也。岁伤日干者轻,日犯岁君重。
④ 眉批:四柱中有财乃为先祸后福论,无财定作凶祸而断之。
⑤ 眉批:言丙丁火克庚辛金,金受制不能伤木。
⑥ 眉批:壬乃庚之子,丙克庚则子救母,甲以乙妹妻庚之理亦然。

道孤刑之汉。日柔全无生旺，财官多反生殃。当之不住过寒窗，守若囊消貌状。"

女人无杀带二德，作两代之封。

凡阴人之命，不宜见偏官。若有天月二德全者，必主有封赠矣。天月二德命中有者，主人慈惠温良，镇压诸杀，不敢犯也。①

男命身强遇三奇，为一品之贵。

诀曰："日主高强富贵，财官印绶俱全。甲逢辛己癸为禄，乙戊庚壬可见。"丙日癸辛乙位，丁壬庚甲高迁，戊喜癸乙丁卯，己壬甲丙三奇。庚辛壬癸例，依前无破，名登金殿。②

甲逢己而生旺，定怀中正之心。

诀曰："甲逢己土合生旺，富贵荣华定可量。常怀中正得人心，当遇贵人须可望。"甲属东方生旺之气，主乎仁。土属中央厚重之气，主乎信。甲己化土，而四柱中更带生旺，为人忠厚正直之辈。③

遇壬而太过，必犯淫讹之乱。

诀曰："丁遇壬而太过多，阴独阳尽主淫讹。男因酒色须倾夭，女主私通内乱多。"丁与壬为合，若丁月见壬水制太过，主淫。④

丙临申位逢阳水，难获延年。

诀曰："丙临申位火无焰，阳水逢之命不坚。若得土来相救助，却加福寿享延年。"若丙申日主，行壬申、壬辰、壬子运主夭。⑤

己入亥宫见阴木，终为损寿。

己亥日主，行乙木及亥卯未遇，主寿夭。诀曰："己为强土见双鱼，阴木临之寿必疏。四柱若无金救助，丰山岳岭寿元虚。"⑥

庚值寅而遇丙，主旺无危。

庚寅日主而遇柱中有丙火，若庚金多亦无恙，谓之多则生出艮土，土

---

① 眉批：女人有此，生于名门贵族，职受皇家封赐。
② 眉批：三奇者，专取财官印三者为奇，若无刑冲破者，位极人臣。
③ 眉批：此言甲与己合化土，主有仁信之谓也，为人不失信，行为至诚，君子也。
④ 眉批：丁壬得合遇庚辛，女主淫非良妇也，主烟花弹唱，此格要行土运方获福。
⑤ 眉批：此格行土运吉。
⑥ 眉批：此格宜金运美。

又生金，故无危也。诀曰："庚逢寅位禄当权，丙火重逢寿不坚。身旺鬼衰犹可制，应为鬼杀化为权。"①

乙遇己而见辛，身衰有祸。

乙巳日主，柱中有辛金多，乃乙木衰而杀旺，故有祸也。诀曰："乙逢庚女木衰残，若见辛金寿必难。若得丙丁来救助，岂知安乐木成欢。"②

乙逢庚旺，常存仁义之风。

乙日见申月之类，此格者有仁有义之人也。诀曰："乙逢庚旺是官星，遇此当为宰相行。若遇五行无冲破，常存仁义镇边疆。"③

丙合辛生，镇掌威权之职。

丙日见辛酉月，辛日见巳月，此格局者，主有权柄之命也。诀曰："丙合辛生非是贱，掀轰名利真堪羡。不然黄阁显公卿，执掌兵权难有变。"④

乙木重逢火位，名为气散之文。

甲乙日生，重见丙丁之火，则泄气也。诗曰："木能生火本荣昌，木火通明佐庙廊。乙木重逢离火位，终身泄气落文章。"⑤

独水三犯庚辛，号曰体全之象。

辛日生重见庚辛申酉，则杀生身，主富贵也。诗曰："独水三犯庚辛重，金能生水水还同；年生骨格天年秀，名利双全福禄丰。"主大富贵。⑥

水归冬旺，生平乐自无忧。

甲乙生于春三月，丙丁生于夏三月，庚辛生于秋三月，壬癸生于冬三月，辰戌丑未戊己之所旺也，皆节气内，主寿无忧。⑦

木向春生，处世安然必寿。

甲日生居春月，柱逢寅卯二重，温良性格定慈心，青史朝廷仍用。财

---

① 眉批：庚金绝在寅，又寅中戊土生金助之，丙虽旺则不畏也。
② 眉批：乙木生于午而败于巳，木本弱也，何堪逢辛杀之害。不可言吉，而可言祸也。
③ 眉批：乙主仁，庚主义。故曰仁义之风，此格恐刑伤克破主不义。
④ 眉批：此格又遇刑冲克害反不为美，未可便作贵推。
⑤ 眉批：局相无含蓄意，终为贫贱。未可便作贵推。
⑥ 眉批：此言母多子多，则为体全之象。
⑦ 眉批：癸亥、甲子、癸亥、壬子，彭祖之命。

食印官旺处，太旺又反夭穷。术家精究似中庸，谈命方才有用。①

金弱遇火炎之地，血疾无疑。

金主心肺者，心之华盖，金若被火来冲，必主因酒色成疾，肺心受伤，呕血痨瘵也。②

土虚逢木旺之乡，脾伤定论。

土主脾胃，若被木来克制，必受脾腹寒病之症。

筋骨疼痛，盖因木被金伤。

诀曰："甲木身衰不旺，运提辛酉庚申，岁逢巳酉丑来临，瞽目风癫邪症。乙日身衰同论，巳酉丑字相刑，未逢此地四肢宁，虽足不宜自矜。"③

眼昏目暗，必是火遭水克。

肝属木，心属火，肾属水，水克火，无相生之道，故有眼暗目昏之疾者矣。④

下元冷疾，必是水值火伤。

肾主北方水，心属南方火，肾水上升，心火下降为既济。若上下不交，则有冷疾之症也。⑤

金逢艮而遇土，号曰还魂。

庚辛金受气于寅卯，得土生金，故曰还魂。⑥

水入巽而见金，名为不绝。

壬水受气于巳，水得金而能生水，故曰不绝。

土临卯位，未中年便作灰心；金遇火乡，虽少壮必然挫志。

戊土生至卯，厄于沐浴之地，虽是中年进退，五行遇死，必挫其志气也。金至午暴败中沐浴之地，男子至此，必挫其志。⑦

---

① 眉批：此言行东方运方可论寿。
② 眉批：金生火地，丙丁重见，男主风痨，女主血崩。
③ 眉批：日主木被金伤之，则有筋骨疼痛之疾。
④ 眉批：眼乃金木水火土俱有，故禀五行之精，少一则欠明。
⑤ 眉批：丙丁生于坎地，亦为身弱生灾。
⑥ 眉批：艮属土在东方寅位，金藉艮土之气故有还魂之象。
⑦ 眉批：此格主谋为百事不成，性躁招刑，运旺制之，方可论福。

金木交差刑战，仁义俱无；水火递互相伤，是非日有。

《赋》云："不仁不义，庚辛与甲乙争差；或是或非，壬癸与丙丁相畏"云云。①

木从水养，水盛而木则漂流。

水生木弱，用金土为官，太旺财官失矣。诀曰："甲子生居子地，但逢一二为奇。壬癸亥子官干支，则木漂流无奇。"辛亥年，提庚子、甲申日，乙丑时，支年逢丁酉运，申随弱水之灾未拟。②

金赖土生，土厚而金遭埋没。

金以水火为财官，若土太多，则金遭土埋没而乏光辉矣。③

是以五行不可偏枯，务禀中和之气。更须绝虑忘思，鉴命无差误矣。

看命要审节气浅深，旺相休囚，去留舒配，顺逆向背之理。只以中和为贵命，旺相为福。若休囚死绝，非格非局，为下贱矣。

看命入势④

五行提纲，凡看命排下八字，以日干为主。取年为根，为祖上财产，知世运之盛衰。取月为苗，为父母，则知亲荫之有无。日干为己身，日支为妻妾，则知妻妾之贤淑。时为花实，为子息，方知嗣续之所归。法分月气深浅，得令不得令。年时露出财官，须要身旺。如身衰财旺，但多反破财伤妻。身旺财多，财亦旺，财多称意。若无财官，次看印绶得何局势，吉凶断之，学者不可拘执，而不知通变也。⑤

---

① 眉批：言柱中甲乙重见庚辛，所以不仁不义，水火亦然。
② 眉批：辛丑、庚子、甲申、己丑，范端命。
③ 眉批：如庚辛日生于丑未辰戌之地，又行土运，则屯蹇多，难以显达其志，当奴仆断之。
④ 同《渊源》。
⑤ 眉批：秘法取年干为祖、年支为祖母，月干为父、支为母、兄弟附之，日为己身、支为妻妾，时干为子、支为女，观其生旺刑克何如，以定荣枯得失吉凶，根苗花实如人之所以立身行事终局矣。

正官论[1]

夫正官者，甲见辛之类。乃阴见阳为官，阳见阴为官。阴阳配合成其道也。

大抵要行官旺乡，月令是也。月令者，提纲也。看命先看提纲，方看其余。既曰正官，运复行得官旺之乡，凡事有成，却又行不得伤官之地。行财旺之乡，皆是作福之处。

正官乃贵气之物，大忌刑冲破害，及年月时干皆有官星隐露，恐福渺矣。又须看年时上，别有何者入格，作福去处，方可断其吉凶。苟一途而执取之，则不能通变，必有差之毫厘，谬以千里之患，《经》曰"通变以为神"者是也。

正官或多，反不为福，何以言之？盖人之命宜得中和之气，太过与不及同。中和之气为福厚，偏党之克为灾殃。既用提纲作正官，年时支干位或有一偏官，便难矣，不可不仔细以轻重推测也。

又曰：干月令得之是也，喜身旺印绶。如甲用辛官，喜土生官，最怕刑冲破害，羊刃七杀为贫命。如时干逢杀，乃官杀混杂，盖四柱有刑冲破害，皆不为贵命看。官来克我，我去克官，不为害。一位若两官不妨。若月令中有正官，时干支有偏官，便难以正官言之。

且如甲用辛为官，生于八月中气之后，金旺在酉，故谓之正官。如天干不透出辛字，却地支有巳酉丑，虽不生于八月中气之后，亦可言官。大要身旺，时辰归于甲木旺处。如岁时透出正官，地支又有官局，却不拘八月中气之后。

大率官星，须得印绶及身旺则发。若无伤官破印，身不弱者，便为贵命。如命中有官星而行伤官之运，则不吉，必待印绶，官星旺运可发，必得官。[2]

---

[1] 同《渊源》。

[2] 眉批：甲见辛为正官，乙见庚为正官，丙见癸为正官，丁见壬为正官，戊见乙为正官，己见甲为正官，以下仿此。年为君，月为臣，行君之令，故谓之月令。正官无印乃见偏官，故喜身旺财旺。"巳酉丑金局"，《四言独步》云，八月官星、大忌卯丁、卯丁克破、有情无情。

论官星太过

如壬癸生人，四柱是辰戌丑未巳午，天干不露官星与杀，则官杀暗藏于中为多。若四柱原有制伏为好，若无制伏，须行水运与三合木局亦好。大凡官星多，则杂务要除而清之，乃可发福。若官星多反行官运，亦不济事。①

论偏官 即七杀

夫偏官者，盖甲木见庚金之类。阳见阳，阴见阴乃谓之偏官，不成配偶。犹如经言："二女不能同居，二男不可并处"是也。

偏官即七杀，要制伏。盖偏官七杀即如小人，小人无知多凶暴，无忌惮，乃能劳力以养君子。而服役护御君子者，小人也。惟是不惩不戒，无术以控制之，则不能驯服而为用。故杨子曰："御得其道，则驯服或作使；御失其道，则怚诈或作敌。"小人有怚诈也，要控御得其道矣。若失控御，小人得权，则祸立见矣。《经》曰："人有偏官，如抱虎而眠。"虽借其威足以慑群畜，稍失关防，必为其噬脐，不可不虑也。

如遇三刑俱全，羊刃在日及时，又有六害，复遇魁罡相冲，如是之人，凶不可具述。制伏得位，运复经行制伏之乡，此大贵之命也。苟于前者，凶神俱聚，运游杀旺之乡，凶害有不可言者，可知也。

如有一杀，而制伏有二三，复行制伏之运，反不作福。何以言之？盖尽法无法，虽猛如狼，不能制伏矣，是又不可专言制伏。要须轻重得所，不可太甚，亦不可不及，须仔细审详而言，则祸福如影响也。

又云：有制伏则为偏官，无制伏则为七杀。譬诸小人，御之得其道则可，使制失其道则难敌，在吾控御之道何如耳。凡见此杀，勿便言凶。殊不知带此杀者，多有贵命。如遇三刑、六害或羊刃、魁罡相冲，如是之凶，不可谓之制伏。但运行制伏，此贵人命也。苟如前，凶神俱聚，其运

---

① 眉批：正气官星只用支，更详财气到年时，若遇四柱无冲破，富贵双全折桂枝。

复行杀旺之乡，祸不可言。

大抵伤官七杀，最喜身旺，有制伏为妙。原有制伏，可行杀旺之方；原无制伏，可行制伏之运。身旺化之得为偏官，身弱无制伏则为七杀。有制伏复行制伏之运，谓之太过，则为偏官无余者矣。月中之气怕冲刑羊刃，其本身弱，若杀强则恐难制。如身强杀浅，则是假杀为权刃，或时七杀不怕羊刃刑冲，宜详之。①

论七杀 即偏官

夫七杀者，亦名偏官。喜身旺合杀，喜制伏，喜羊刃；忌身弱，忌见财，忌无制。身旺有气为偏官，身弱无制为七杀。凡有此杀，不可便言凶，有正官不如有偏官，多有巨富大贵之人，惟其身旺合杀为妙，如果以庚为七杀，喜丙丁制之，乙合之，为贪合忘杀。②

七杀却宜制伏，亦不要制之太过，盖物极则反为祸矣。身旺又行身旺之运为福，如身弱又行身弱之乡，祸不旋踵。四柱中原有制伏，喜行七杀运；原无制伏，七杀出为祸。如行身旺乡，更有羊刃，贵不可言。且忌财旺，财能生杀故也。岁运临之，身旺亦多灾，身弱尤甚。

甲申、乙酉、丁丑、戊寅、己卯、辛未、癸未，此七日坐杀，性急伶俐，心巧聪明。如见杀多者，主人凶夭贫薄，月见之重，时见之轻，何也？曰：七杀只一位见之，如年时再见，杀多为祸，却要制伏之运。又要身旺，有制伏为权，最怕冲刑羊刃，大凶。

时上七杀只一位，要本身旺，如年月日时三处有制伏为福，却要行杀旺运，运三合得地亦发。若无制伏，则要行制伏为福，行杀旺运无制伏，则祸。作时上七杀，却不怕羊刃，而亦不畏冲。

---

① 眉批：甲见庚为偏官，乙见辛为偏官，丙见壬为偏官，丁见癸为偏官，戊见甲为偏官，己见乙为偏官，庚见丙为偏官，辛见丁为偏官，壬见戊为偏官，癸见己为偏官。七杀者，甲至庚为七数，庚克甲为杀，故曰七杀，五行同此。诀曰："若言制伏化其杀，此后文章必有发。君若同来会有情，功名成就百千强。"

② 眉批：诀曰，偏官偏印最难明，上下相生有利名，四库坐财直向贵，等闲平步出公卿。此论偏印相生，功名显达，如有刃身旺主权贵。

如辛丑、乙未、乙卯、丙子，此命身旺，生于六月之中，岁干透辛丑为杀，喜得丙子合辛丑之杀，乃贵而有权。①

又如甲午、丙寅、庚子、丙子，此命身弱，见火局又见月令丙寅七杀，时又见丙子，火克庚金，金死于子，身弱杀旺，又无制伏，宜乎带病贫薄。②

又如丁巳、戊申、壬子、戊申，此命身旺，见二戊为七杀，引归于巳。丁与壬合，戊与癸合，合金又长生于巳，戊禄在巳，乃是壬戊二字俱旺，所以贵也。③

论印绶

所谓印，生我者即印绶也。《经》曰："有官无印，即非真官；有印无官，反成其福。"何以言之？大抵人生得物以相助、相生、相养，使我得万物之见成，岂不妙哉故主人多智虑兼丰厚。盖印绶畏财，主人括囊。故四柱中及运行官贵反成其福，盖官鬼能生我。只畏其财，而财能反伤我。

此印绶之妙者，多是受父母之荫，承父之赀财，现成安享之人。若又有两三命相并，当以印绶多者为上。又主一生少病，能饮食。或若财多乘旺，必多淹留。虽喜官鬼而官鬼多或入格，又不可专以印绶言之。假如甲乙日得亥子月生，丙丁日得寅卯月生，戊己日得巳午月生，庚辛日得辰戌丑未月生，壬癸日得申酉月生者是也，其余以类言之。

最怕行印绶死绝之运，或运临死绝，复有物以窃之，即入黄泉，不可疑也。

又云夫印绶者，生我之谓也，亦名生气。以阳见阴，以阴见阳为之正印；阳见阳，阴见阴谓之偏印。喜官星生印，忌财旺破印。如甲人生亥子月中，水为印，忌火伤官，忌土破印。要行生旺之乡，怕行死绝。若行死绝之地，或有物以伤之，则危矣。印绶之人多智虑，一生少病，能饱食丰

---

① 眉批：此言合杀为贵。
② 眉批：此言杀重身轻。
③ 眉批：此言身杀两停。

厚，享现成财禄。若两三命相并，当以印绶多者取之，最忌财来乘旺，必生淹滞。若官鬼多或入别格，又不可专以印论。

大凡月与时上见者为妙，而月上最为紧要。先论月令之中有生气，必得父母之力；年上有生气，必得祖宗之力；有时上见生气，必得子孙之力，寿元耐久，晚景优游。

如带印绶，须带官星，谓之官印两全，必为贵命。若官星虽见成得父母力，为福亦厚也。须行官运便发，或行印绶运亦发。若用官不显，用印绶为妙，最怕四柱中岁运临财乡以伤其印。若伤印主破家，离祖出赘。又临死绝之地，若非降官失职，必夭其寿。

且如戊戌、庚申、癸酉、庚申。此命癸日生于七月中气之后，月时皆是庚申，自坐金库，所以印绶为贵。岁干又透出戊官，谓之官印两全，极为贵命。①

且如癸亥、癸亥、甲寅、甲子。此日用癸为印，印却旺，缘无财星相助，发福不厚也。

且如甲寅、庚午、戊戌、壬子。此戊日用丁为印绶，有寅午戌火局为好。不合时上壬子水旺，财能冲印，所以失明。生气是丙丁火，属木故也。

且如己卯、丁卯、丙辰、壬辰。此命用卯为印，癸为官，年月在卯，日时在辰，所以官印两全，少年清秀。至四十二、三岁癸亥运亦不妨，至庚申年，水七杀生于申，乃被庚申破印，故不吉也。②

---

① 眉批：此月中气乃处者，庚金正旺。
② 眉批：甲见癸为正印，乙见壬为正印，丙见乙为正印，丁见甲为正印，戊见丁为正印，己见丙为正印，庚见己为正印，辛见戊为正印，壬见辛为正印，癸见庚为正印。偏印又谓之枭神。印者，生我之父母，故以祖宗、父母论之，如父母有福德及子孙。以时上见必生，子孙有福而养父母，此理甚明。

论正财[①]

何谓之正财？犹如正官之意，是阴见阳财，阳见阴财。大抵正官，吾妻之财也，人之女赍财以事我，必精神康强，然后可以享用之。如吾身弱，且自萎懦而不振，虽妻财丰厚，但能目视，终不可一毫享用。故财要得时，不要财多。若财多自家日本有力，可以胜任，当化作官。[②]

天元一气羸弱，贫薄难治，是乐于身旺，不要行克制之乡，克制者，官鬼也。

又怕所生之月令，正吾衰病之地。又四柱无父母以生之，反则又有见财，谓之财多不喜。力不任财，祸患百出，虽少年经休囚之地，故不如意，事多频绊。或中年，或末年复临父母之乡，或三合可以助我者，则勃然而兴，不可御也。

倘少年乘旺，老在脱局，不惟穷途凄惶，兼且是非纷起。盖财者，起争之端也。若或四柱相生，别带贵格不值空亡，又行旺运，三合财生，是皆贵命。其余福之深浅，皆随入格轻重而言之。财多生官，要须身健。财多盗气，本自身弱，年运又或伤财，必生奇祸。或带刑并七杀，凶不可言也。

又云：正财者，喜身旺印绶，忌官星、忌倒食、忌身弱。比肩劫财，不可见官星，恐盗财之气也；喜印绶者相生，主身弱故也。且如甲日用己为正财，如身弱，其祸立至。凡人命带财多，须出富豪，不螟蛉必庶出，或冲父母，身旺无劫财，无官星为妙。[③]

若命中有官星得地，运行喜财多生官；兼有财星得地，运行忌见官星，恐克其身，怕身弱也。大抵财不论偏正，皆喜印绶，必能发福。如辛丑、丁酉、丁巳、丁未，此命丁日身坐财之地，又见巳酉丑金局，故主财旺。盖金得木库居未，能生丁火，故身旺能任其财。运行东南方，宜乎巨

---

① 主克母。
② 眉批：甲见己为正财，乙见戊为正财，丙见辛为正财，丁见庚为正财，戊见癸为正财，己见壬为正财，庚见乙为正财，辛见甲为正财，壬见丁为正财，癸见丙为正财。
③ 眉批：倒食者，甲见壬之类，以壬水克甲木之食神丙火，谓之倒食。螟蛉，小虫也，蠃珠负之为子，此言自身无子，抱人之子以为子也。

富。丁用壬官，用庚金为财生壬官，身入旺乡，必能发福。

凡用财不见官星为妙。又如庚申、乙酉、丙申、丙申。此命丙日见三申为财，岂不美哉。丙用癸官，用辛为财，见三申一酉为财，故旺。盖缘日弱，火病申死酉，乃为无气，运行西方金乡，身弱太甚，财旺生鬼，败克其身，故不能胜其财，所以贫也。①

又如乙卯、癸未、辛酉、戊子。此命辛日坐酉，年乙坐卯，身与财俱旺，又得癸未食神，戊子印绶助之，宜乎大富贵也。②

又如戊子、丁巳、甲辰、丙寅。此命甲日生于四月下旬，并透出丙丁火生其月中之戊土，时又归禄于寅，故财旺矣，然甲木身亦旺。早年行戊午、己未运，迤逦行辛酉运，乃见官星则凶。壬戌运有壬克丙，伤官食神之中，失官去财，死丧合家。值五十九岁入癸亥身旺运，稍可安逸。六十五岁逢壬辰年死矣。初运伤官见财，格取戊土为财，所以戊午、己未二运大旺，生土故财厚矣。及至庚申、辛酉，西方见官，故凡事费力。虽癸亥为甲木之印绶，然亦忌水冲火，亥中又有元土，壬辰透出壬水，运中命中原有之辰，死无疑矣。凡伤官见财格忌见官星，只喜见财，若财格要见。大忌壬水克火，则火不能生甲木之土财也。③

论偏财

何谓之偏财？盖阳见阳财，阴见阴财也。

然而偏财者，乃众人之财也，只恐兄弟姐妹有夺之，则福不全。若有官星，祸患百出。故云："偏财好出，亦不惧藏，惟怕有以分夺，反空亡耳。"有一于此，官将不成，财将不保。《经》曰："背禄逐马，守穷途而凄惶"是也。

财弱亦待历旺乡而发荣，财盛无鬼往而不妙，且恐身弱无力耳。偏财主人慷慨，不甚吝财，惟是得地，不止财丰，亦能官旺，何以言之？盖财

---

① 眉批：七月庚申也，申以丙日生乃归财旺极。
② 眉批：此言年上偏财自身坐禄，时上印旺，辛又生于子，所以为福。
③ 眉批：论财喜见伤官，伤官又能生财，有化辛之妙矣。

盛自生官矣，为人有情而多诈，盖财能利己，亦能招晦。运行旺相，福禄俱臻，只复被官之克，必多破坏，亦不美。

财多须看财与我之日干强弱相等，行官乡便可发禄。若财盛而身弱，运至官乡是既被财之盗气，复被官之克身，非惟不发禄，亦防祸患。如命四柱中原带官星，便作好命看。若四柱中兄弟辈出，纵入官乡，发禄必渺矣。故曰"要在识其变通"矣。①

论食神

食神者，生我财神之谓也。如甲属木，丙属火，名盗气，故谓之食神，何也？殊不知丙能生戊土，甲食丙生戊财，戊为甲之财，故以此名之也。命中带此者，主人财厚食丰、腹量宽宏、肌体肥大、优游自在、有子息、有寿考。

但不喜见官星，忌倒食，恐伤其食神。

喜财食神相食，独一位见之，此为贵，然终亦无情。却喜身旺，不喜印绶，亦恐伤其食神也。如运得地，方可发福，大概与财神相似。如己未、己巳、丁未、辛丑。丁见己为食神，有一巳一丑合巳金局，得之为财，又喜身不弱，所以有官亦有寿也。

如乙巳、乙酉、癸酉、乙卯。此命三见乙为食神，见巳酉丑合金局为印绶，干有三乙化为伤官，癸用乙为食神，被金局来克乙木，再被三乙并卯旺克我官，所以名利都无成也。②

论倒食

夫倒食者，冲财神之谓也，一名吞陷杀。用财神大忌见之，用食神亦忌见

---

① 眉批：甲见戊为偏财，乙见己为偏财，丙见庚为偏财，丁见辛为偏财，戊见壬为偏财，己见癸为偏财，庚见甲为偏财，辛见乙为偏财，壬见丁为偏财，癸见丁为偏财。

② 眉批：甲见丙为食神，乙见丁为食神，丙见戊为食神，丁见己为食神，戊见庚为食神，己见辛为食神，庚见壬为食神，辛见癸为食神，壬见甲为食神，癸见乙为食神。食神诗诀："凡甲见丙为盗气，丙去生财号食神。心广体胖福食厚，若临印绶主难成。食神有气胜财官，先要他强旺本干。若是反伤来夺食，忙忙辛苦祸千般。"

之。倒食者，如甲见壬之类。如甲见丙为食神，能生土财。然壬克丙火，丙火不能生甲木之土财，所谓甲用食神大忌见之，凡命中带此二者，主福寿浅薄。

又见庚为七杀，得丙丁火制之，怕见水反为祸矣。凡命中犯此者，犹尊长之制我身，不得自由也。做事进退悔懒，有始无终，财源屡成屡败，容貌欹斜，身品矮小，胆怯心慌，百事无成也。

且如丁未、丁未、己亥、丁卯。此命己亥日，己临亥上，身弱于亥，加以亥卯未木局克身，年月时透出三丁倒食，幼年行南方运，赖火生土身犹旺。才交乙巳运，为己之七杀，引出亥卯未木局，岁逢癸亥，所以死矣。此命非但倒食七杀之祸，而癸亥年与生杀坏印之说同义也。

如甲戌、丙寅、甲戌、壬申。此命甲戌日，甲见丙食，生于正月，甲木旺，身与食神俱旺，本是贵命。不合时上壬申，壬水伤其丙火，申金冲其寅木。又申中有庚金七杀，所以名利无成。行己巳运金生之地，见庚子年，庚金为七杀，又见子水，死于非命。①

论伤官

伤官者，其验如神。伤官务要伤尽，伤之不尽，官来乘旺，其祸不可胜言。伤官见官，为祸百端。倘月令在伤官之位，及四柱配合作事，皆在伤官之处，又行身旺乡，真贵人也。伤官主人多才艺，傲物气高，常以天下之人不如己。而贵人亦惮之，众人亦恶之。运一逢官，祸不可言。或有吉神可解，必生恶疾以残其躯，不然遭官事。如运行剥官，财神不旺，皆是安享之人。仔细推详，万无一失。

又云：伤官者，我生彼之谓也。以阳见阴，阴见阳，亦名盗气。伤官若伤尽，不留一点。身弱忌官星，不怕七杀。如甲用辛官，如丁火旺，能生土财，最忌见官星，亦要身旺。若伤官不尽，四柱有官星露，岁运若见官星，其祸不可胜言。若伤官伤尽，四柱不留一点，又行旺运及印绶运，却为

---

① 眉批："食神有气胜财官，先要他强旺木方。若遇反伤有夺食，忙忙辛苦祸千般。"诗诀曰："凡甲见丙为盗气，丙去生财号食神。心慈体广福食厚，若临印绶主难成。"分论倒食："甲木见壬倒有何，壬来倒丙事难过。用母若见相攻战，更事多端成败多。"

贵也。

如四柱中虽伤尽官星，身虽旺，若无一点财气，只为贫薄。如遇伤官者，须见其财为妙，是财能生官也。

如用伤官格者，支干岁运都要不见官星，如见官星，谓之伤官见官，为祸百端。用伤官格局，见财方可用。

伤官七杀，甚如伤身七杀，其验如神。年带伤官，父母不全；月带伤官，兄弟不完；时带伤官，子孙夭传；日带伤官，妻妾不完。其余伤官，务要伤尽则吉，见财方可。

轻则远窜之灾，重则刑夭之难。伤官有战，其命难存。若月令在伤官之位，及四柱相合皆在伤官之处，如行身旺乡，贵命也。伤官之人，多负才傲物，常以他人不如己，君子恶之，小人畏之。逢官运无财救，必主大灾，不然主暗昧恶疾，以残其身，或运遭官刑矣。如四柱虽伤尽官星，身若逢财运发福，是为伤官见财。仔细推详，万无一失。

又云：四柱有官而被祸重，四柱无官而被祸则浅。大凡四柱见官者，或见伤官而取其财，财行得地则发，行败财之地必死。如运支内无财，运干虚露亦不可也。如乙亥、己丑、丁亥、庚戌，丁以壬为官，丑戌本为伤官，只是丑为金库，又时上有庚字作财，此人行申酉限如意，入戌金脱气遂死矣，大抵伤于官星，行官运，则灾重。逢太岁亦然。①

论劫财

亦名逆刃。如乙见甲为劫财。乙以庚为夫，见丙克庚，故克夫，男命则克妻。五阳见五阴为败财，主克妻害子。五阴见五阳为劫财，主破耗，防小人，不克妻。乙以戊己为财，以甲夺己坏戊；丁以庚辛为财，丙能夺

---

① 眉批：甲见丁为伤官，乙见丙为伤官，丙见己为伤官，丁见戊为伤官，戊见辛为伤官，己见庚为伤官，庚见癸为伤官，辛见壬为伤官，壬见乙为伤官，癸见甲为伤官。伤官诗诀："伤官伤尽最为奇，元恐伤多反不宜。此格局中千变化，推寻需要用心机。火土伤官宜伤尽，金水伤官要见官。木火伤官官有旺，土金官去反成官。惟有水木伤官格，财官两见始为欢。"此星遇官，如贫人见财，多贪而致祸。见杀印，必有成。惟带刃，必有凶盗，须中和为贵，无制则祸。有吉神助之则吉，恶煞助之则凶。

辛破庚，类如此也。兄见弟，弟能败兄之财，夺兄之妻；弟见兄，兄能劫弟之财，而不敢娶弟之妻。财者，人之所欲，方令弟兄见之，多有争夺，如夷齐能有几人。男命见劫财多克妻，女命见伤官多克夫，此极论也。①

论羊刃

夫羊刃者，号天上之凶星，作人间之恶杀，以禄前一位是也。②。喜偏官七杀，喜印绶。忌反伏吟，忌魁罡，忌三合。何谓羊刃？甲丙戊庚壬五阳有刃，乙丁己辛癸五阴无刃，故名阳刃。

如命中有刃，不可便言凶。大率与七杀相似，凡有刃者，多主富贵人，却喜偏财七杀。然杀无刃不显，刃无杀不威，刃杀俱全，非常人有之。大要身旺，运行身旺之乡，不要见伤官刃旺运。若命内原有杀刃，岁运又逢之，其祸非常。若命有刃无杀，岁运逢杀旺之乡，乃转生而反成厚福。如伤官财旺，身弱杀旺，最可忌之也。

如庚申、己卯、③甲寅、庚午，此命甲日见卯为刃，庚为七杀。七杀本伤身，却藉卯中乙木以配合，其杀有情，则杀不能伤身，正是甲以乙妹妻庚之义。其身旺行南方运，所以为贵。

又如庚午、戊午、戊午、甲寅。此命刃杀全，而又以午火为卯，所以为贵。《喜忌篇》云："戊日午月，勿作刃看；岁时火多，却为印绶。"

又如辛酉、甲午、戊午、甲寅。此命杀刃两全而有印绶，不合年干伤官透出，运行辛卯，犯伤官原有之辰，壬为财，是壬辰岁因事投水而死。壬水克火印，辰生甲之七杀，谓之生杀坏印。即此命见辛为伤官，运行辛中忌见官，午中丁火为印绶，最忌伤官与财相见，缘水生木克身也。

又如癸未、乙卯、甲子、己巳。此命卯刃癸印不合，时上己巳破印。运行辛亥，亥卯未合起羊刃，辛酉年，辛金又旺于酉，冲起卯刃。二辛则太

---

① 眉批：甲见乙为败财，乙见甲为劫财；丙见丁为败财，丁见丙为劫财；戊见己为败财，己见戊为劫财；庚见辛为败财，辛见庚为劫财；壬见癸为败财，癸见壬为劫财。
② 如甲禄在寅，卯为羊刃。
③ 甲寅。

过，金多见甲，身虽贵亦遭刑也。然虽见辛为贵，所忌羊刃，不可一合一冲也。①

论刑合

刑合者，刑中有带合者是也。如人命犯之，多因酒色丧家成病，至于耽迷不醒，乃神迷之也。如十八格中有合禄合格者，何谓也？是乃癸用戊官，戊禄在巳，不见巳字，但见寅刑，但巳酉丑合，此乃见不见之形，所以贵也。如此者，皆见于前，所以凶也。

且如丙子、辛卯、丙子、辛卯，此命年月日时俱带刑合，为子水冲丙火兼身又弱。二十六交甲午，三十六交丙申年，太岁并在羊刃之上，有二子冲午，其刃刑俱合，所以因酒淫泆而亡也。

又如己巳、己巳、甲寅、己巳。此命身旺财旺，身入长生，故为入格。不合带刑合太岁，交癸亥冲巳，而饮酒耽色，遂患痼疾而死。

又如乙卯、癸未、戊戌、癸丑。此女人命，戊戌日生于六月中旬，岁干透出乙字，戊日见之为官，地支亥卯未木局生戌中之火，为戊之印绶，官印两全。只不合癸丑时，癸水冲戌中之火，丑中辛金伤官兼刑合重为戊用，乙官在岁午旺矣。②

论福德秀气

福德秀气，专用其主也。且如乙巳、乙酉、乙丑是也。乙用庚官，露出杀气，制喜印绶，不喜生于八月之中，恐露其杀。却喜行印绶官旺运，便能发福。苟四柱中露出辛杀须制伏。如丁巳、丁酉、丁丑，是壬为官，

---

① 眉批：诀曰："羊刃劫财莫看凶，身轻父助反为凶。单嫌岁月互相见，莫道生时在旺宫。阳刃之格怕见官，时中见官祸千端。大忌财旺名三合，断指伤杀体不完。"此格在天掌征伐，在地掌刑戮生杀之权。羊刃有杀有印，见伤官无印绶，或恶杀相合，即为盗贼、为屠宰。再加恶煞流行，贯索及诸恶曜，主死牢狱。若倒戈亡羊刃，定主砍头。

② 眉批：四柱干支合到刑，多因酒色丧其身；若临阳刃并鬼杀，定做黄泉路上人。又：癸亥癸丑卯寅时，合去官星未可知；不喜庚金伤甲木，寅申冲破主分尸。此格不喜官星只是暗中同来合去取官为贵。

喜金旺生水，亦不喜生于八月，因火死在酉，却喜行官旺运，便可发福。亦不要露杀杂其官，为寿而不耐久也。己巳、己酉、己丑，是用甲木为官，巳酉丑金局，皆伤其官，亦名盗气，何以为吉？虽然喜得金局，能生水财，亦不要四柱见火，恐伤金局，却喜行财运便发。癸巳、癸酉、癸丑是用金神为印，见巳酉丑金局能生癸水，不喜生于四月，水绝于巳，虽然金生在巳，以金生为水，亦不能绝，得官印运便能发福。最不喜火财，恐伤金也。大抵与印绶相似，各有例于后。①

论杂气②

杂气者，盖谓辰戌丑未之位也。辰中有乙戊癸字，戌中有辛丁戊字，丑中有癸辛己字，未中有乙己丁字，此四者，天地不正之气也。且如甲则镇于寅位，阳木之垣；乙专镇于卯，皆司春令，而夺东方之气。辰为东南之隅乃春夏交接之界，受气不纯，禀命不一，故名杂气也，丑未戌亦然。还看六甲何如以论之，假如日干是甲，而得丑月，贵既在其中，辛则正官，癸为之印绶，己则为正财，不知用何者为福，要在四柱中看透出是何字，随其所出而言其吉凶。

有如前说法，但库中物皆闭藏，须待有以开其肩钥，方言发福。所言开肩钥者，何物也？乃刑冲破害耳，如四柱中原有刑冲破害，复行此等运气，则刑冲破害多反伤其福。大抵杂气要财多，便是贵命。若年时别入他格，当以他格例断之。盖此乃天地之杂气，不能纯一，故少力耳。别格专于时年乃重事，看命须审轻重，以取祸福。先论重者，次言轻者，百发百中矣。其他当以此类言之。③

---

① 眉批：官——乙巳乙酉并乙丑，八月生人人短寿，四柱若见鬼伤官，失职降官凶事有。财：丁巳丁酉并丁丑，八月生人人不久，前程名利两无根，大愁破印只交酉。食——己巳己酉并己丑，福德分气造化有，大怕四柱太相侵，多有功名不畏冬。癸巳癸酉及癸丑，巳月神人人不久，功名成就在晚年，最忌食神并伤官。杂气诗诀："杂气官星在月宫，天干透出始为罡。财多官旺宜冲破，切忌干支压伏重。"

② 辰戌丑未也。

③ 眉批：杂气诗诀，杂气官星在月宫，天干透露始为丰，财多官星刑冲破，切忌干支压伏重。

论日贵

日贵者，即甲戊庚牛羊之类。正有四日，丁酉、丁亥、癸巳、癸卯耳，最怕刑冲破害。《经》云："崇为宝也，奇为贵也，所以贵人怕三刑六害也。"贵神要聚于日，日运行怕空亡，及太岁加会，不要魁罡，主人纯粹有仁德，有姿色，不傲物。或犯前刑，则贫贱。刑冲太甚，贵人生怒，反成其祸，不可不察。有日贵，有时旺，法类同，须分昼夜贵。日要日贵，夜要夜贵矣。①

论日德

日德有五：甲寅、戊辰、丙辰、庚辰、壬戌日是也。其福要多而忌刑冲破害，恶官星，憎财旺，怕临会合其空亡而忌魁罡，此数者乃格之大忌也。大抵日德主人性格慈善。日德俱多福必丰厚，运行身旺，大是奇绝。若有财官加临，别寻他格，方能免非横之祸。若旺气已衰，运至魁罡，其死必矣。或未发福，运至魁罡，体格即好，防生祸患。一说于此，必能再发，终力微矣，不可不知也。②

论日刃

日刃与羊刃同，日刃有戊午、丙午、壬子也。与阳刃同法，不喜刑冲破害，不喜会合，兼爱七杀，要行官乡便为贵命。若四柱中一来会合，必主奇祸。其人目大须长，性刚果毅，无恻隐惠慈之心，有刻薄不恤之意。

三刑，自刑魁罡全，发迹疆场。如或无情或财旺，则主其凶，或有救神，要先审察。如刑害俱全，类皆得地，贵不可言也，安得不举。独羊刃

---

① 眉批：诀曰："日贵支干一位同，空亡大忌带官冲。仁慈积德多姿色，会合财星空不空。"法以丙丁猪鸡位、壬癸兔蛇藏四日为例。

② 眉批：诗诀："空戊庚辰日德宫，甲寅戊丙要骑龙。运进辛丑心慈善，日德居多福自洪。"忌刑冲破害，有损福泽。

以时言之，四柱不要入财乡，怕冲羊刃。且如戊日刃在午，忌行子正财运。午刃在子，忌行午正财运。庚刃在酉，忌行卯正财运。甲日行巳午并辰戌丑未，财运不妨忌酉运。丙日刃在午行，申酉庚辛丑不妨忌子运。大抵羊刃要身旺，喜有物以去之。经曰："人有鬼人，物有鬼物。逢之为灾，去之为福。"

且如葛参政命：壬申、壬子、戊午、乙卯。戊日刃在午，喜得乙卯时，正官制伏去了，所以为福也。①

论魁罡

夫魁罡者有四：壬辰、庚戌、戊戌、庚辰日是也。如日位加临者众，必是福人。运行身旺，发福百端；一见财官，祸患立至。主人性格聪明，文章振发，临事有断，惟是好杀。若四柱有财及官或带刑杀，祸不可测。倘日独处，冲者太众，必是小人，刑责不已，穷必彻骨。运临财官旺处，亦防奇祸。②

论金神

夫金神者，只有三时，癸酉、己巳、乙丑。金神乃破败之神，要制伏，入火乡为胜。如四柱中更带七杀羊刃，真贵人也。大抵威猛者，以强暴为能威，苟不制人得以侮。故必狠暴如虎动，群兽既慑，威德行矣。然太刚必折，不有以制之，则宽猛不济，何以上履中和之道。故曰有刚者，在驯服调致其和，福禄踵至。虽然其人有刚断明敏之才，屈强不可驯服之志。运至火乡，四柱有火局，便为贵命。惧水乡，则非祸矣。③

---

① 眉批：诗诀："日刃还如阳刃同，官星七杀喜交逢。财若弱也无伤劫，支上刑冲立武功。"日刃主克妻，在时上克子，冲运多祸灾，遇恶杀并，必凶死。
② 眉批：诗诀："大凡四柱日多同，贵气即来在此中。日主独逢冲克患，财官显露祸无穷。"
③ 眉批：甲午日若见金神，杀不相居真贵人，火木运中必发福，如逢金水必伤身。金神遇火贵无疑，盖火炭杀全无所，运到火乡自发福，逢官出家富定强。此时上见之为佳，喜火助有功发福。

论时墓

夫时墓者，谓财官之墓时临之也。要刑冲破害以开扃钥，其人必难发于少年。《经》曰"少年不发墓中人"是也。怕有物以压之，如丁用辰为官库，别有戊辰之类制之，则丁不能官矣，如此难作好命。必乃有物以破其戊，虽得之发福亦浅。《经》曰："鬼入墓中，危疑者甚，若独类而长，才亦如之。"此是秘言，不可轻泄也。①

内十八格

正官格

月内有官星者是也。时上兼有财星者，真贵人也。怕相冲，忌见伤官七杀，大运亦然。喜印绶，喜身旺，喜财星，岁运同。

官星宜露，岂可藏之。似乎为官者，显扬威德，则用之国家者，方为大丈夫。岂受人之压伏者，则为臣下之臣，岂非小人。②。

正气官星，切忌刑冲，多则论杀，一位名真。

官藏杀浅，露杀可升。今则为破，事恐不成。③

杂气财官格④

《经》曰："财官印绶全备，藏蓄于四季之中。"辰戌丑未是也。

---

① 眉批：诗诀："水宫岁者论时时，年少刑冲可发身。运行冲刑压伏，定然不发少年人。北方上癸遇河魁，帝或加临大吉时。财宁推载金玉满，优游处世福相随。"

② 按：本版原书该段文字在上章之后，但该段文字属"论正官"的内容，今据其他版本调整于此。

③ 眉批：王知府正是八月官星，无卯丁克破。陈寺丞乃辛日戊子时无官星，作六阴朝阳。年上官星为岁德，喜逢财到此身宫，不逢七杀偏官位，无刑无冲大吉昌。

④ 辰戌丑未是也。

如官露、印露、财露则不妨也。如辰宫则有乙木、癸水、戊土；戌宫则有辛金、丁火、戊土；丑宫则有癸水、辛金、己土；未宫则有乙木、丁火、己土也。①

月上偏官格

喜身旺，怕冲多，为人性重，刚执不屈。时偏官多者亦然。喜见阳刃杀，月上偏官用地支，只要一位，要行偏官运。若有申子，年时上又有之，却要行偏官旺运，亦不要行官乡，岁君亦然，为太过而反成其祸。须要行制伏得地之运方发，与时偏官相似。②

时上偏财格

如时上偏财与时上偏官相似，只要时上一位，不要多。而三处不要再见财，却怕冲，与月上偏官一同。偏财要行财旺运。③

　　月偏财是众人财，最怕干支兄多来。
　　身强财旺皆为福，若归官星足为灾。④
　　时正财与正官同，不逢破害与相冲。
　　柱中不见财官杀，时旺来寻此格中。⑤

---

①　眉批：辰、戌、丑、未为四季，财官印绶居杂气，干头透出格为真，只用财多为尊贵，杂气从来自不纯，下逢透出始为宗，身强财旺生官禄，运见冲刑装宝珍。

②　眉批：即七杀也，只要日干生旺方可，任当得住为福，身弱当不住则为祸。论命不问是何格，但见上杀不攻用神，虽有煞有可发福。帖木丞相命，杀官太重，喜逢寅时相冲，化杀生身，更得行运得力，所以贵也。

③　眉批：时上偏财一位佳，不逢冲破享荣华，败时劫刃运无马，富贵双全比石家。

④　眉批：侯知府命中干支重见，兄弟分夺，只是财多财旺，原干辛弱不堪任之，所以分去却得中和。

⑤　眉批：诗诀："月偏则是众人财，最怕干支兄多来。身强财旺皆为福，若归官星足为灾。时正财与正官同，不逢破害与相冲。柱中不见财官杀，防时来寻此格中。"

时上一位贵格

夫一位贵者，惟只时上只见一位方为贵，或年月日又有，反为辛苦劳役之人也。如时上一位七杀，要本身自旺。而三处有制伏多则行七杀旺运，或三合得地可发。若无制伏，则要行制伏之运以发。或遇杀旺而无以制之，则祸生矣。月上偏官却怕冲，与羊刃同。时上偏官不怕冲，与羊刃同。又要本身生日自旺，如甲乙日在正二月生是也。时偏官为人性重，刚执不屈，月偏官多者亦然。①

詹丞相，壬午、庚戌、甲午、庚午（庚金为贵）。史魏王，甲申、丙寅、乙卯、辛巳（辛金为贵）。李丞相，己巳、丁卯、丙午、壬辰（壬水为贵）。郑尚书，庚寅、壬午、戊寅、甲寅（壬水为贵）。宋尚书，庚辰、丙戌、戊戌、甲寅。庄尚书，辛巳、辛丑、己卯、乙亥（乙木为贵）。俞侍郎，壬寅、癸丑、己丑、乙亥（时上乙木为贵）。刘都统，丁亥、乙未、乙巳、辛巳（时上辛金为贵）。娄参政，己巳、壬子、癸卯、己未。何判局，庚辰、丁亥、癸亥、己未。②

偏官妙喜食神逢，印绶身强福禄浓。
若见正官并枭用，却逢死绝祸重重。
偏官有印化为权，运助身强福禄全。
切忌身弱并刑害，一生灾病祸连绵。

飞天禄马格

此格以庚壬二日，用子字多冲午中丁己为官星。要四柱中有寅字，并未字或戌字，得一字可合为妙。如六庚日，六壬日以子字冲午字。庚日以子冲午中丁火为官星，若四柱中有丁字并午字，则减分数，岁君亦忌。如

---

① 眉批：《四言独步》云："杀重身轻，终身有损，一见制伏，却为贵本。"
② 眉批：詹丞相命，甲木死午，况生于九月，日主又弱，何以取之。行北方得水以资生，行东方用木之能，地支无杀则得以中和之气，贵亦在其中矣。其余当以生旺推之，其中妙理不可不知。

六壬日以子冲午中己土为官星，若四柱中有己字并午字，则减分数。岁君大运亦须忌之。①

又　格

以辛癸日用亥字冲巳中丙戊为官星，要四柱有申字，并酉字或丑字，得一字可合为妙。假令六癸日以亥冲巳，若四柱有戊字，则亥水不能去冲矣，岁君大运亦忌。如六辛日以辛冲巳中丙字为官星，若四柱中有丙字并巳字，则减分数，岁君大运亦忌。运连太岁轻，再见巳字有祸矣。②

倒冲格

凡四柱中原无官星，方用此格。以丙日为主，用午字冲子中癸水，丙日得官星。不论合，若四柱中有未字，则午不能去冲矣。大忌癸字并子字，则减分数，岁君大运亦然。

丙日须逢午字冲，午能冲子吉相逢。
不须论会干嫌水，子癸相逢再见凶。
午冲子癸是官星，功名荣达显神京。
最忌未宫相伴合，平生虚利又虚名。③

又　格

此以丁日为主，用巳冲亥宫壬水为丁之官星，不论合。若四柱中有辰字，则巳不能冲矣。大忌四柱中有壬字并亥字，则减分数，岁君大运亦同。运重岁君轻，再见亥辛，则祸作矣。

丁日多逢巳字迟，局中无水贵和同。

---

① 眉批：诗诀，庚午日主重逢子，倒冲禄马号飞天，何如金木多清贵，运入南方虚有逆。庚午鼠队来冲马，辛癸寻蛇要众猪，丙日马群冲子午，丁逢蛇众见双鱼。
② 眉批：诗诀："辛癸之运古有言，宜逢合巳号飞天。除是天罡逢小吉，灾消福众利自绵。"
③ 眉批：此格要四柱中全无官星合，是用合时中官来取贵，若实见之不入此格。

伤官此格宜伤尽，见亥刑冲数必空。①

乙巳鼠贵格

此格如月内有官星则不用之，大怕午字冲之。丙子时，丙字为妙，谓之聚贵也。或曰：柱中有庚字、辛字，并申字、酉字、丑字内有庚辛金则减分数，岁君大运亦然。又曰：四柱中原无官星，方用此格。②

六乙鼠贵格

此格以子暗合巳，巳动合申，庚禄居申，则用庚官，得引出庚金用事。喜于亥卯时为妙，忌巳与寅，无冲害伤破子乙二字及无财官，即六乙日子时。原有官星论官，忌寅午戌冲，见庚申辛酉丑字，有一位则减分数，岁君同。亦忌月通财官，六格不用，大运同。

合禄格

此格以六戊日为主，以庚申时合卯中乙木为戊官。四柱有甲乙字，丙字、巳字，刑坏子申，丙伤庚字，则减分数，岁君大运同。

戊日庚申时上逢，如无官印贵秋冬。
甲丙卯酉无忌害，因营岁破怕同宫。

又合禄格

六癸日为主，喜逢庚申时，用申时合巳中戊土，癸日得官星。若四柱中有戊字并巳字，刑坏了申时，或丙字及伤庚申时，则减分数。岁君大运

---

① 眉批：诗诀，阴木天干丙午时，乙巳要贵富为奇，无冲官杀方为美，年少声名达凤池。以日干为主，取贵在时。

② 眉批：此格取秋冬生者为妙，李武翼命虽是多庚，却被年干出丙字伤了秀气，行乙巳运不合，流年再见壬戌失职矣。

亦然。

日干癸水时庚申，生在秋冬富贵人。
大忌寅来伤秀气，若生春夏惹灾迍。

子遥巳格

此格以二甲子，子中癸水逢合巳中戊土；戊来合丙，丙来合酉中辛金，甲子日得官星，则巳酉丑三合官禄；要行官旺乡运，忌四柱中有庚申七杀，辛字官星，并申酉丑字绊住，则子不能去遥矣。若有午字冲子，则减分数，岁君大运亦然。

甲子生逢甲子时，子来遥合巳中戊。
戊能动丙丙合酉，甲得辛官贵可知。
不喜庚申辛酉出，丑来相绊亦非宜。
更无午字相冲害，运入官乡运必奇。

丑遥巳格

此格只有辛丑、癸丑二日，用丑字多遥巳中丙戊，辛、癸日得官星。丑字多为妙，若四柱中有子字绊住，则丑不能去遥矣。要四柱中有申字并酉字，得一字为妙。如辛丑日，若四柱中有丙丁字并巳字、午字，则减分数，岁君大运同。癸丑日亦不要见戊字、己字、巳字、丁字。[①]

壬骑龙背格[②]

此格以辰多者贵，寅多者富。壬日坐辰土上，以丁为财，以己为官。壬日以辰冲戌中丁戊，壬辰日得财官。而寅午戌三合，或壬日至寅，却要

[①] 眉批：此格若有亥字亦不得，有官星可也，谓巳亥相冲也。
[②] 眉批：经曰，阳水叠逢水位，是壬骑龙背之乡。经又云，壬骑龙背遇戊无情，寅多则富，辰多则贵。

年月时上多聚辰字方可用。若壬辰日有年月时上皆在寅字，只为富命，以有午戌为财得地。若年月时上辰字多冲，则冲出财来，所以贵也。

　　壬骑龙背喜非常，寅多辰少转发扬。
　　大忌官星来破格，刑冲须见寿元伤。
　　壬骑龙背怕官居，重叠逢辰贵有余。
　　假若寅多辰字少，须应高富比陶朱。①

井栏叉格

　　此格庚子、庚申、庚辰，三处须要四柱申子辰三位全，不必三个庚字，若有三庚尤妙。只要庚日生申，年月时或戊子、戊辰不妨，但得支是申子辰全也。若是遇丙子，则是偏官；若时是申时，则是归禄格，而非井栏义矣。此格四柱怕见寅午戌三字，则冲坏矣。庚用丁为官，以申子辰三合冲寅午成火局，庚日得官星。行运如正气，若行东方财地或南方皆好。若四柱中有巳字、丙丁字则减分数，岁君大运亦然。②

归禄格

　　此格假令六甲日生人，得寅时为之归禄。盖甲禄在寅，余皆仿此。但四柱全，不见官杀，见之则难归矣。

　　喜行身旺运，兼行食神伤官财运，亦可发福，怕冲破。③

六阴朝阳格

　　喜行西方，东南次之，最忌北方。
　　此格以六辛日为主，用丙火为正官，喜逢戊土，戊来动丙，辛日得官

---

① 王巨富命，正谓寅多，故多发财也。
② 眉批：取庚日申子辰水局，庚金能生水，申子辰合水局有情，若井栏并井中积水，故曰井栏格也。
③ 眉批：日禄归时格最良，怕官嫌杀喜身强，若见比肩分劫禄，刑冲破害更难当。

星。子字则要一位，多则不冲。若四柱中有丙字、丁字、午字，则冲子不中，减分数，大运亦同。①

刑合格

此格以六癸日生人为主，用戊土为正气官星，喜逢甲寅时，用寅刑巳中戊土，癸日得官星。如庚寅刑不成②，惟甲寅时是，行运与飞天禄马同。若四柱中有戊字、巳字则减分数。又怕庚寅伤甲字，刑巳字，忌申字，则减分数，岁君大运亦同。

阴水寅时格正清，又愁庚克不能刑。

运行若不逢蛇地，方得清高有利名。

拱禄格

此格只有五日，忌填实，最怕冲了日时拱位，又怕四柱中有伤日干。七杀皆拱不住，则减分数，岁君大运同。《经》云："拱禄拱贵，填实则凶。"

此格有五日，丁巳日见丁未，己未日见己巳，戊辰见戊午，癸丑见癸亥，癸亥见癸丑。③

拱贵格

以日干甲寅取贵人，甲戊庚牛羊是也。

贵人大忌填实贵位，怕刑冲了日时拱位，又怕四柱有官冲身及七杀之类，皆拱不住，则减分数，岁君大运亦然。

此格有六日，甲寅日见甲子时，壬辰日见壬寅时，甲申日见甲戌时，

---

① 眉批：辛逢戊子最相宜，名利高登折高枝，四季秋生无亥子，荣华富贵正为奇。

② 整理者按：癸日不可能得庚寅时。

③ 眉批：两绊本身非是我，拱藏一位虚中好，不宜填实见官星，更忌官星来克破。

戊申日见戊午时，乙未日见乙酉时，辛丑日见辛卯时。①

印绶格

此格大要生旺，忌死绝，要四柱中有官星为妙。月上印绶最紧，行官印运便发，见财运破印，反为贪财坏印，不利也。

杂气印绶格

辰戌丑未也，亦忌财，要行官运。②

外十八格

六壬趋艮格

且如壬水日主，多见寅字，则用寅中甲木，暗邀己土为壬日之官星。丙火邀辛金为壬日印绶，怕午字、申字冲之，忌财官填实。喜身旺地，岁运同。

寅为艮土之方，故曰趋艮。谓壬禄在亥，寅与亥合，又谓之合禄，亦忌破害。运行申冲坏寅字，不吉。③

六甲趋乾格

乾为亥宫，六甲日生亥，余者是有官杀非此格。

且如六甲日生，柱中要亥字多，乃为天门之位，北极之垣，甲木赖之以长。如人以甲日生亥字多者，自然富贵矣。忌巳冲之。

---

① 眉批：有印无财方是福，喜逢官位怕临财，主人囊括文章秀，一举丹墀面帝来。
② 眉批：此统言之，亦忌财运。
③ 眉批：壬寅壬寅壬寅壬寅，此趋艮之格。

此论甲禄在寅，寅与亥合，谓之合禄。忌见财星及寅巳二字，岁运亦同。

勾陈得位格

此格以戊己日为勾陈，遇亥卯未木局为官、申子辰水局为财地是也。正是戊寅、戊子、戊申；己未、己亥、己卯日是也。忌刑冲，杀旺则反生灾矣，岁君大运亦然。①

玄武当权格

且如壬癸二日生，值寅午戌火局为财，辰戌丑未为官是也。正是壬寅、壬午、壬戌；癸巳、癸未、癸丑是也。忌冲破，身弱则不吉。壬癸属水，故为玄武。但得火局，故曰当权，无非水火既济之理而已矣，夫何异哉。得斯道者，主人性格温和，有智慧，有礼貌，面带赤黑，威而不猛。遇刑冲或岁运见之，则不利矣。

炎上格 即火有焰。

且如丙丁二日，见寅午戌全或巳午未全亦是。但忌水乡金地，喜行东方运，怕冲，要身旺，岁运同。

炎上者，火之势急，又得火局，浑然成势。火为文明之象，值此者当为朱紫之贵，非寻常之命也。②

润下格

且如壬癸日，要申子辰全或亥子丑全是也，忌辰戌丑未官乡，喜西方

---

① 眉批：戊己勾陈得局清，财官相遇两方面分明，假令岁运无冲害，富贵双全佐圣明。
② 眉批：火多炎上气冲天，只此无侵富贵全，一路东方行好运，金冠头顶带腰悬。

运,不宜东南,怕冲克,岁运同。此命得申子辰,全亥子丑,水手浑然,庚辛又生湛然,福量广阔,真富贵之人也。

润下者,天干地支浑是水,如湖海汪洋,望以无际,主人清秀量宏。倘遇土运,必主淹滞,若生于冬月者,又为奇特者也。①

从革格②

此格以庚辛日见巳酉丑金局全,或申酉戌全者是也。忌南方火运,喜庚辛旺运。见亥卯未者,为之金水间革也。忌冲刑库破,岁运同。③

稼穑格

以戊己日生,值辰戌丑未者也。必东方运及北方财运。此格喜行西南,惟忌东北。所谓稼穑者,俱从于土,支干重见则为土之一类,深有培养之功。主人多信,人品重厚丰肥,生财有道,斯为富贵人矣。④

曲直格

一曰仁寿,二曰青龙。

此格以甲乙日干取地支寅卯辰或亥卯未木局。要不见庚辛之气,见庚辛即官杀,非此格也。只从木运论,故曰曲直。运喜东北,北方有水,木赖水生,故从其类,主人多仁,忌西方运。⑤

---

① 眉批:壬癸生临水局中,汪洋一会向流东,若然不遇堤防土,金紫荣身位至公。
② 又名阴从革格。
③ 眉批:秋月金居从头看,名为从革便相亲,外无炎帝来临害,定作当朝宰相官。
④ 眉批:戊己生居四季中,辰戌丑未要全逢,喜逢财地兼官杀,运到东方定有凶。
⑤ 眉批:甲乙生人寅卯辰,亥卯未全嫌白帝,但从木类正为奇,得此清高仁且寿。

日德秀气格

要天干三个乙字，地支巳酉丑全，更有丙子、壬子、辛卯、丁酉日亦是秀气，怕冲克，大运同。

福德格

此格只要己丑日主，地支巳酉丑全者是。忌火乡官乡，嫌冲破。

福德非独己，至五阴皆有。阴土己巳、己丑、己酉；阴火丁巳、丁酉、丁丑；阴水癸巳、癸丑、癸酉；阴金辛巳、辛丑、辛酉；阴木乙巳、乙丑、乙酉。忌刑冲破害，岁运同。①

弃命从财格

假如乙日见辰戌丑未，财神极旺，乙木四柱无依，则舍而从之。其人平生惧内，为填房、赘继之人。财者妻也，身无所托，倚妻成立，故为此论。②

伤官生财格

且如乙日生，地支见寅午戌局全，则自以戊己为财。要行火乡，财运身旺，运怕官乡，忌刑冲，冲则不吉。

弃命从杀格

且如乙日，支见巳酉丑，金局大胜又无制杀，身主无气，只得舍身而

---

① 眉批：阴土逢蛇鸡与牛，名为福德号魏貅，火来侵克非为美，名利空空一旦休。
② 眉批：日主无根财犯重，全凭时印旺身宫，逢生必主兴家业，破印纷纷总是空。日主有根则不可弃，主贫。无根弃之则富。

从之。要行杀旺及财乡，忌日主有根及比肩之地。

伤官带杀格

且如甲乙日生，寅午戌地支全，若干头有庚辛，则藉庚辛为权。火制之为福，最要行旺运，忌见财，得中和为贵。①

岁德扶杀格

且如甲日见庚年是也。正如年为君位，日为臣位，臣得君权。然又以年为祖，日为己身，七杀有制，则祖上曾有要职也。②

岁德扶财格

且如甲日见戊己年是也。若财命有气，则主其人得祖上物业。身弱者，则不能继业也。③

夹丘格④

此格用日支与时支共拱其财。且如甲寅日、甲子时，虚拱申宫己土为财库。又如乙卯日、丁巳时；甲午日、壬申时；癸酉日、癸亥时是也。要虚拱，不要填实及有牵绊，则拱不得。更要日主自旺或财旺运亦吉。歌曰：

　　挟丘之格少人知，拱夹休填塞库中。

---

① 眉批：经云"伤官带杀，不跋则瞎"，故忌见之，终为贫夭，有制反贵。
② 眉批：甲为东方岁星，居一岁之首，故曰岁德，主人有仁有寿也。
③ 眉批：凡身弱虽有祖业，不能任之，皆主花费不存，缘命不及也。
④ 亦名拱财。

不犯柱中官杀位，一生清贵显当时。①

两干不杂格

此格乃谓年月日时连占两干，纯一而不杂也，取两字不乱之类是也，又谓之两干连珠格。经云"两干不杂利名齐"，其斯之谓矣。

五行俱足格

此格取年月日时胎，带金木水火土全者是也。

此二格亦不论官杀，只取五行为全，自有生生不绝之义，化化无穷之理，是亦罕有矣。

支辰一字

此取年月日时支辰不杂为贵。

天元一气

此取干辰年月日时。

凤凰池

干支皆同。

---

① 眉批：金丞相命虽夹财，不合年上戌字填实不吉，当坐癸禄财字见禄而论方任此贵，术衔者宜参详明而取之。

新刊合并官板音义评注渊海子平卷三

六亲总论

夫六亲者，父母、兄弟、妻财、子孙是也。用日干为主，正印正母，偏印偏母及祖父也。偏财是父，乃母之夫星也，亦为偏妻。正财为妻，偏财为妾，为父是也。比肩为兄弟姐妹也。七杀是男，正官为女①。食神是男孙，伤官是女孙及祖母也②。妇人命取六亲与男命不同，取官星为夫星，七杀是偏夫，食神是男，伤官是女。《经》云："男取克干为嗣，女取干生为子息及奴婢"也。

年为祖上，月为父母、伯叔兄弟门户，日为妻妾己身。且如六亲受克如何？印绶见财，克母及祖母也；见比劫羊刃，克妻妾及父也；官杀多者，难为兄弟；伤官食神多难为子息；枭印伤孙克祖母也。譬如正印作合母不正，财作合妻不正，偏财作合妾不正，比肩作合姐妹不正，伤官作合祖母不正，食神作合孙女不正。假如甲日为主，见癸为母，见戊辰，戊为父及妾，见己丑未午字则与戊字相争夺，又伤癸水，克母之义明矣。见甲寅字，克父及妾；见庚申字，主克兄姐也；见乙卯字，克弟妹；见丙巳字，克子女也，余仿此。此必以岁运见何字则克何人。更将冲克衰旺向背，将来者进，功成者退。兼有孤神，寡宿，旬中有空亡者忌，二三反吉。金空则鸣，火空则发，水空则流③；木空则朽，土空则崩④。当以本生

---

① 阳为男，阴为女。
② 以上有图，必详其图说方可知。
③ 此三者止吉。
④ 二者主凶。

年起，克害无疑也。①

六亲捷要歌

分禄须伤主馈人，比肩重叠损严亲。
正财克母偏财父，夫妇相刑值退神。
食神有寿妻多子，偏官多女少麒麟。
乘旺伤官嗣必绝，中和印绶自荣身。②

男命六亲取用图

横看	甲	乙	丙	丁	戊	己	庚	辛	壬	癸
	兄姊弟妹	兄姊弟妹	偏母正母	正母偏母	男女	男女	正妻	父偏父	男孙女孙妻	男孙女孙父
	寿星	女婿	兄姊弟妹	兄姊弟妹	偏母正母	正母偏母	男女	男女	正妻	妻
	孙女	外孙	妻妾	女婿	兄姊弟妹	兄姊弟妹	偏母正母	正母偏母	夫	子女
	父伯叔	正妻	男孙	男孙	夫	妻	兄姊弟妹	兄姊弟妹	偏母正母	正母偏母兄姊弟妹
	正妻	父伯叔	女孙	女孙	正妻	偏妻	男孙女孙	男孙女孙	兄姊弟妹	

---

① 眉批：《子平渊源六亲论》生我身者为父母，克我母者为父；我生平克他者为我妻，已所生者为我子也，我同类比肩者为我兄弟姐妹，生我妻者为我外母，克我外母者为我外父。若女命，则以我生之干为子息，以来克日干为夫，以生夫者为姑，以克姑者为公，其余兄弟父母皆与男命同之。

② 眉批：以上八句皆主男命刑害之言。有比有刃者过旺无制，主克父母刑妻。月令印绶格者，八字中财多克母，印多克子，大运遇财亦然。

女命六亲取用图

癸壬辛庚己戊丁丙乙甲 横看

甲	乙	丙	丁	戊	己	庚	辛	壬	癸
兄	姐	偏	偏	兄	正	夫	夫	父	姑	女
弟	妹	祖	祖	弟	母	兄	偏	姑	父	男
	男	母	公			弟	夫			姑
	女	正				正				父

（表格内容复杂，按原图大致排列）

论　父

偏财是父，乃印绶之官星也。如甲日以戊为父，再见甲寅字或木局金，或临死绝冲刑之地，主克父也。不然主离异、不睦或疾病伤残。若得庚字、申字救助，无大害。

如甲旺戊衰，亦主有疾少靠。如戊临生旺贵人、天月德地，亦主有贵。更得丙丁生助，享父之福无穷。

如临杀地，父死他乡。如居衰败受制之处，墓绝之地，主父平常，不得父力也。①

---

① 眉批：此以甲木为主，故以戊为父也，癸乃甲之母，戊乃癸之夫，甲以戊为偏财，财旺则父旺，财败财衰则父衰，所以论命之荣枯，则以父之兴散察其理，余皆仿此。

论 母

正印者，乃生我之身也。如甲日以癸为母，遇己丑未学主克母①。见多主母嫁二夫。

一戊失地②或被克，主母伤前夫。戊字受生或印临桃花沐浴，母有外情。

如印长生，主母慈淑寿长益和。

母如临羊刃杀地，或值墓绝，孤寡，主母不贤，或有残疾不睦。须以理推，无不验矣。③

论妻妾

正财为正妻；偏财，妾也。甲木见己土为正财，戊土为偏财。

又见乙卯木局④伤妻，甲寅克妻也，更主妻不正⑤。

财衰败墓绝，主妻有疾不贤，否则年高再嫁。

见癸字则妾不正⑥，见己土丑未字，则主自安。

比肩分夺，财临沐浴桃花，主妻妾私通。

日下月下坐财者，主妻多内助，更得妻财。

偏财得位，妾胜于妻；正财自旺，妻不容妾。

官杀重见，妻招干蛊可畏。财官并美，为人怕妻，见杀尤忌。

财多身弱，妻反胜夫；财命有气，妻妾和顺，是得妻力。

日坐空亡，难为妻妾。又看孤鸾之日，阳错阴差，主克妻或因妻致

---

① 癸为印，逢己丑未乃是土克水，故云克母。
② 戊乃癸之夫也。
③ 眉批：癸水生甲木，甲以癸为母。桃花即咸池煞，主淫，于子午卯酉见之。
④ 亥卯未。
⑤ 不正谓淫贱也。
⑥ 癸乃戊之妻也。

眷，寒房冷娶，入赘填房。女人犯此，主母家凌替或致讼事。余仿此例。①

论兄弟姐妹

比肩者，兄弟也。且如甲见甲为兄，乙为弟妹，寅卯亦然。见庚则克兄，见辛则伤弟。

甲木旺，主兄姐争财。甲寅乙卯既多，则兄弟姐妹夺财不和，争斗是非。

见己合甲，兄姐不正；见庚弟妹不正。

如见杀多，乙木得局，是杀合会乙木而伤甲。此兄不若弟之福，借弟之力而加恃。甲木寅月，乙木受制，主兄旺弟衰。其余和顺不睦，但以八字休旺死绝断之，无不应验矣。②

论子息

七杀者，子也。如甲见庚申是子，辛酉是女。若见丙火午寅，或杀临羊刃杀宫，主克子，不然疾病不肖。遇戊己得令，则子得力和顺。

见丙巳字，女不正。官临沐浴桃花，更兼暗合食神多者，其女私通。

若杀临长生、月德、天德，所临之地，贵人禄马，食神财乡，言有强父贵子，要禀中和。

阳日阳时男见重，阳日阴时，先男后女，阴日阴时女见重，阴日阳时，先女后男。伤官见官，子孙凶顽。时上伤官及空亡，难为子息。

女命取伤官是子，食神是女，若见印绶、枭神，难得子也。

男命官杀得地而禀中和者，言其有子，将生成之数断之。生旺倍加，死绝减半，太过不及，不以此断。太过有子而多克夭或凶顽，不及则少生养。官杀得地而有扶助，吉曜多者，其子忠孝贤明。居休囚死绝、破败衰

---

① 眉批：甲与己合，己为正财，正财即正妻。沐浴为遇水，更带桃花见漂流，故谓主妻妾私通。干蛊，谓妻有能，特见使人可畏。甲戌、己亥日为日坐空亡。

② 眉批：阳见阳为兄弟，阴见阴为姐妹。阴见阳为兄，阳见阴为妹。

病、勾绞、元凶、空虚之地，则子当不肖，贫贱疾病之子。更兼孤神寡宿，主孤苦伶仃之子。且如甲子之日、甲子之时，庚死于子，死中至老没儿郎。入墓之时难保双，受气绝中一个子，胎中头产有孤娘，养中三子只留二，长生之位旬中半，合主七个之子也。沐浴一双保吉康，冠带临官三子位，旺中五子自成行，衰中二子病中一。自巳数至亥病，申子依此推之。且如八字中若无子星，时上又不生旺，运行官杀旺乡主有子，运过却无。如柱中有官杀而行伤食、休衰绝弱之运，伤损其子，运过方存。八字有一杀一子，二杀二子，无杀无子。如柱中身杀两停，而杀逢旺乡就作多子断之。亦看财神何如，逐时增减，多寡推之，无不验矣！①

论妇人总诀

推妇人之命与男命大不同，草堂丁进士先生作元神趣八法"照返鬼伏属类从化"。女命八法"纯和清贵浊乱娼淫"。取官为夫，财为福星，财旺生官，则夫纳福。印绶、食神为名贵，有称呼。生气印绶，难为子息。印绶财官，必生于富贵之家，才貌贤淑。

甲日见辛酉是正夫，丁午字伤正夫。庚申是偏夫，如庚申辛酉重见，乃伤夫再嫁。若财太多，官杀太旺，乃明暗夫集，多淫而且滥。财多而淫，故女人要财薄，旺夫益子。如官得地，七杀受伤，食神干旺印绶，天月二德，夫荣子贵，封赐之命。

妇人八字，伤官、官杀混杂，食神财旺身衰，为人妒害好色，贪淫凶顽可畏。

伤官见官，克夫再嫁，身心劳役，虽不伤夫，亦有病患。平生欠福，多主不安，大忌年上伤官，主产厄带疾，否则伤寿。伤官主人聪明、貌美秀气。伤官见杀者富，无财者贫。劫财败财，伤官身旺，贫贱下格。以上十五格皆是。冲官逢合，俱有伤官之忌，虽是富贵，不免淫滥之风。

---

① 眉批：男取克干为子，以甲木为主，庚为七杀，从甲至庚第七，故谓之七杀，阳见阳之类。甲丙戊庚壬为阳日阳时，乙丁己辛癸为阴日阴时。吉曜者，天月德、天福、天官贵人之类。空亡对宫为孤虚之地。甲以土为财，若土不旺则妻不旺。

七杀正官，只要一位者良，杀多则夫多，官杀被合，乃婢妾姐妹争权，且如甲用辛官，丙合是也；乙用庚官，见丁是也；戊用乙官，见辛是也。此乃被合取之，余依此。主妇人招嫁不定。

八字中伤官及官星死绝、孤神、寡宿，日时空亡，乃孤克之命。如天干透出官杀，地支无官杀，更兼休囚死绝，退气之地，乃女绝其夫之气，当作偏房、婢妾推之。命若有天月德，无产厄血光之患。亦元淫滥之气。

女命只要身弱，主性纯粹而温柔，能奉公姑，助益夫主。身强欺夫，不孝公姑，是非生事，性多躁。身弱为病，身强亦然。

八字喜贵，不宜驿马、咸池。要纯和柔弱，不宜刚健太强，岁运亦同。有阴差阳错，孤鸾之日，不利嫁娶，皆无花烛，成亲因亲至眷，寒房孝娶、婚姻转折。《孤鸾煞》云："木虎孀无婿，金猪岂有郎，赤黄马独卧，黑鼠守空房。"主女寡而男孤。时日并冲，女则难为夫嗣，加以空亡，时日孤克，不待言而可知。

八字官杀俱无，却行官杀财运，乃夫星得地而，不孤。八字财官俱有，运行伤官劫财之地，难为夫宫，运过方嫁，细推甚验。①

阴命赋②

凡见阴命，先观夫主之盛衰。次论身荣，要见子息之强弱。夫荣子旺，定知富贵荣华。子死夫衰，只是穷孤下贱。

有夫有子而贫寒者，盖因身在衰乡；无夫无子而昌盛者，亦是身居旺地。

若贵人少者不富亦昌；合贵神非妓即尼。

论淫贱者，四柱伤官，暗招财损。

---

① 眉批：凡妇人身无所倚，惟夫是托，以寄一身，故取官贵为夫主，夫贵则妻荣，如女梦折长松之谓。丁午乃阴火而克辛金，故曰伤正夫。如夫星旺，伤官不能伤之，主自己少福多病之断，如人害其夫则其妻亦不安乐之故。官，一夫也，杀，一夫也，不宜重见，重见则主二夫出。官星死绝犹夫死绝。咸池即桃花煞，主淫，更带驿马，主私奔远逃。赤谓金生人，黄谓土，黑谓水生，犯者主此。

② 女命为阴命。

招婿者，夫显于门户之中；偏夫者，夫旺于日时之上。

夫衰身旺，主为廉洁之人；鬼旺身衰，必作孤寒之妇。凡观阴命之五行，要精详于明辨矣。①

女命富贵贫贱篇

欲推女命，先看官星。官带杀而贫贱，官得令以安荣。

伤官太重必妨夫，且是为人性重。

倒食重逢须减福，那堪更犯孤神。

杀重须奔贵室，合多定损贞名。

坐禄乘舆而稳厚，冲身动步以轻浮。

若乃桃花浪滚，淫奔之耻不堪言。

日禄归时，贵重为人所敬。

天月二德坐本命，如逢印绶，贵当两国之封。

时日羊刃，本是凶神，既不利于夫主之宫，兼损坏乎平生之性。身干主祯祥，时犯金神健旺，要观八字之强。

专食子荣，忌偏印窃身之盛。

守闺门而正静，必有阴日守中和；待夫婿以经营，此乃阳干支旺甚。

大抵欣逢正禄，怕犯咸池，清贵得长生之辅，杂浊以败气之归。

四柱败多，大忌冲身而犯合。一生忙甚，若非娼妓即为媒。

印坏与公姑相妒，食专得子嗣之宜。

官杀重逢，须防淫乱；姐妹透出，便见争夫。

魁罡有灵便之机，日贵有安常之福。即以干支分定。官杀盛而无制伏，不为娼妓，定作尼姑。②

---

① 眉批：女人取食神为子，甲人食丙、乙人食丁之类，食神生旺有气则言子有贵或富之断。

② 眉批：奔者，不得其正。《礼》曰，聘则为妻，奔则为妾，犹卓文君夜奔司马相如之类。身干即日主也。金神，辛丑辛巳辛酉，巳酉丑金局时上犯之谓金神时。食神为子，若专旺，主其子有福。日贵，癸卯、癸巳、丁酉、丁亥四日是。

女命贵格

正气官星，财官两旺，印绶天德，独杀有制，伤官生财，坐禄逢财。

官星带合，日贵逢财，官贵逢官，官星坐禄，官星桃花，食神生旺，食神生财，杀化印绶，二德扶身，三奇合局，羊刃有制，拱禄拱贵，归禄逢财。①

女命贱格

官杀混杂，官杀无制，杀星太重，伤官太重，贪财破印，比肩犯重，无官见合，无印见杀，伤官带杀，带合桃花，八字刑冲，财多身弱，羊刃冲刑，金神带刃，多官多合，倒插桃花，身旺无依，伤官见官，财官遇印，印绶遇劫。②

滚浪桃花

女命用官为夫或杀，只喜一位，多者克夫。如命满盘官星为忌，满柱杀星为福反吉。

女命伤官不为贵，伤官运后行克夫，伤官有制身绝。女命伤官，刑子克夫，为次女命。

女命官星多者，伤夫主贱。伤官桃花，为妓女命，或主克子息。

若见贵人一位，或带荣神，或犯绝地，多富贵贞节。

禄马相随，桃花带贵，咸池遇马多淫，妨夫破家。有辰无戌命孤，晚景寂寞；有戌多无辰，初年劳碌，中主好，不妨夫，不克子，风流而淫。辰戌全则淫乱破家，伤夫克子，夭寿残疾。③

---

① 眉批：官星要合，只喜一位为贵，合多不贵反为下贱。
② 眉批：倒插桃花，如申子辰生酉见之，若酉生人遇壬见申，主极淫，又为凤凰桃花，主为娼妓。
③ 眉批：如伤官有制身绝，又犯桃花又逢水，定作滚浪之说。

女命总断歌

择妇须沉静，细说与君听。
夫星要强宫，身主要强甚。
官星若不合，夫主无所依。
合绝莫合贵，此法少人推。
专以日为年，此法少人传。
带禄日生旺，产死教人谤。
驿马带贵人，终久落风尘。
有辰休见戌，有戌休见辰。
辰戌若相逢，多是淫破人。
有杀不怕合，无杀却怕合。
合神若是多，非妓亦讴歌。
贵人一座正，两三作宠定。
羊刃带伤官，驳杂事多端。
满盘都是印，损子必须定。
二德坐正财，富贵自然来。
四柱带休囚，封赠福寿增。
金水若相逢，必招美丽容。
寅申巳亥全，孤淫口便便。
子午逢卯酉，定是随人走。
辰戌逢丑未，妇道之大忌。
两贵一位杀，权家富贵说。
财官若藏库，冲破岂不富。
天干一字连，孤破祸绵绵。
地支连一字，两度成婚事。[1]

---

[1] 眉批：辰戌天罗地网魁罡恶煞神之地，魁罡者恶煞也，故女忌见之。日下羊刃带伤官，其人必主恶死。寅申巳亥全，驿马多犯，故女命忌之。子午卯酉桃花煞不宜全见。

论小儿

凡小儿命见财多必庶出、螟蛉，克父母也。若幼年行运于财旺之乡亦然。

印侧生，顶不正，有胎衣遮。丁偏生，双顶，乾生有依，应有克刑。辰复生背，父易生易养。申有声，寅迟滞，未吉。辰有胎衣包，仰生有惊。夫小儿命大要身旺，最喜印绶生之，无财克之，则易生灾少。不要官星、七杀、羊刃、伤官太旺。身旺亦多灾，身弱则难养。如见所畏之辰，切不要行运岁君助之。大畏财旺，不庶出，必螟蛉，克父母也。也不要行运早，盖气难敌也。

庚子、戊寅、戊子、丁巳，生月中之后，月逢七杀，赖有丁火为印绶，寅为长生之地，能生戊土。不合见庚子，巳字，金长生，其二子之水为克丁火生气，反生月中七杀，七杀来克身，身弱难敌，故当年十一月，其子死矣。此为生杀坏印之祸也。

又如癸酉、癸亥、己丑、乙亥，此命四柱财重，自分娩几乎俱亡，未岁余，父母亦亡，乃过房继养。其他仿此，无疑也。①

论小儿关杀例

小儿之命，当论时辰为主，先看关杀，次看格局。日主强，财官旺，有关无杀；日干弱，财官少，常病可养；日干弱，财官多，有关有杀。又有三合聚杀者难养，不见刑冲者声音响亮，夜啼急性。八字有财官，生于富贵之家，偏官生于平常之家，伤官劫财生于贫贱之家。

偏官、偏印、偏财，主偏生庶出，不然第三、四胎。

子平之法，偏官为关，偏财为杀，取生辰之数断之。水一、火二、木三、金四、土五。且如甲日庚杀，乃四、九岁；丙见壬杀，一、六岁；于戊日甲杀，三、八岁；庚日丙杀，二、七岁；壬见戊杀，五十岁见之。至

---

① 眉批：小儿惟得中和，旺则不能任，弱则不能禁，只待至年十五，可以分别贵贱。

于阴干亦如此，无不验矣。①

论性情

性情者，乃喜怒哀乐爱恶欲之所发，仁义礼智信之所布。父精母血而成形，皆金木水火土之关系也。且如木曰曲直，味酸主仁，恻隐之心，慈祥恺悌，济物利民，恤孤念寡，恬静清高。人物清秀体长，面色青白，故云木盛多仁。太过则折，执拗性偏。不及少仁，心生妒意。

火曰炎上，味苦主礼，辞让之心，恭敬威仪，质重淳朴。人物面上尖下圆，印堂窄，鼻露窍，精神闪烁，言语辞急，意速心焦，面色或青赤，坐则摇膝。太过则鞠恭聪明，性躁须赤。不及则黄瘦，奸巧妒毒，有始无终。

金曰从革，味辛辣也，主义。羞恶之心，仗义疏财，则勇敢豪杰，知廉耻，主人中庸，骨肉相应，方面白色，眉高眼深，高鼻耳仰，声音清响，刚毅有决。太过则有勇无仁心，好斗贪欲。不及则多三思，少果决，悭吝，作事挫志。

水曰润下，味咸主智，是非之心，志足多谋，机关深远，文学聪明，谲诈飘荡，无力倾覆，阴谋好恶。不及则胆小无谋，反主人物瘦小。

土曰稼穑勾陈，味甘主信，诚实之心，敦厚至诚，言行相顾，好敬神佛。主人背圆腰阔，鼻大口方，眉目清秀，面如墙壁，面色黄，处事不轻，度量宽厚。太过则愚朴固执如痴。不及则颜色似忧，鼻低面偏，声重浊，朴实执拗；太过则孤介硬吝，不得众情，沉毒恨戾，失信颠倒。且如日干弱则退缩怕羞；日干强则妄诞，执一自傲。以上自以轻重言之，万无一失。②

---

① 眉批：关杀之说，术家多不明也，但有一杀为关、一财为杀，于年时见之，总为关杀。在日月者，俱不准。无关无杀、有关有杀俱不准，若有准验，小儿之命十中不存一，若依天罡之说，其谬甚矣。

② 眉批：大凡观人之性情，皆以五行金木水火土取象，如取本性，则要四柱不要相犯，若多则杂，人物不清秀。受克多则疾病。若只以日主所属为主以分形体，则其主有是也，若得当令，果然有验。若是秋木凋零，主其人有不足。其余火土金水，仿此断之。

论疾病

夫疾病者，乃精神血气之所主，各有感伤。内曰脏腑，外曰肢体。八字干支，五行生克之义，取伤丙者而断之。五行干支太旺不及俱病。金主刀刃相伤，水乃溺舟而死，木乃悬梁自缢，虎唊蛇噴；火则夜眠颠倒，蛇伤烧焚；土乃山崩石压、泥陷墙崩。

且如生命，天干内腑所属，诗曰：

甲肝乙胆丙小肠，丁心戊胃己脾乡。

庚是大肠辛属肺，壬是膀胱癸肾藏。

天干外肢所属：

甲头乙项丙肩求，丁心戊胁己属腹。

庚系人脐辛为股，壬胫癸足自来求。

子疝气，丑肚腹，寅臂肢，卯目手，辰背胸，巳面齿。

午心腹，未脾胸，申咳疾，酉肝肺，戌背肺，亥头肝。

肝乃肾家苗，肾乃肝之主，肾通于眼，胆藏魂，肝藏魄，肾藏精，心藏神，脾藏气。

木命见庚辛申酉多者，肝胆病。内则惊精、虚怯痨疾、呕血、头晕目眩、痰喘、头风脚气、左瘫右痪、口眼歪斜、风症、筋骨疼痛。外则皮肤干燥、眼目之疾、发须疏少、颠扑手足损伤之患。女则堕胎、血气不调。小儿急慢惊风，夜啼咳嗽。《经》云："筋骨疼痛，盖因木被金伤。"[①]

火命见水及亥子旺地，主小肠心经之患，内则颠哑、口心痛疼、急缓惊风、秃舌口咽哑、潮热心烦。外则眼暗失明、小肠肾气、疮毒脓血。小儿痘疹、癣疮。妇女干血淋漓。火主燥，面色红赤。《经》云："眼暗目昏，多是火遭水克。"[②]

土命见木及寅卯旺乡，主胆胃经受伤，内主膈食，翻胃气噎，蛊胀泄

[①] 眉批：此以木命见金克之，主有此病。克之多者则重，少者则轻。若生一木旺而逢一金，亦无此病。

[②] 眉批：目乃金木水火土俱备，五行之情聚之会合而为情，故明。若在受克之地，则情伤故损明也。

泻，黄肿不能饮食，吃物拣择呕吐，脾伤。外则左手，口腹有疾，皮肤燥涩。小儿疳病，脾黄。土主温，多淹滞，面色痿黄。《经》云："土虚乘木旺之乡，脾伤定论。"①

金命见火及巳午旺处，主大肠肺经受病，咳嗽喘吐，肠风痔漏，魑魅失魂，痨怯之症。外则皮肤枯燥，疯鼻赤疸，痈背脓血之咎。《经》云："金弱遇火炎之地，血疾无疑。"

水命见土及四季旺月，主膀胱肾经受病。内则遗精白浊、盗汗、鬼交、虚损耳聋、伤寒感冒。外则牙痛、疝气、偏坠、腰痛、肾气淋漓，吐泻疼痛之病。女人主胎崩漏白带。水主寒。面色黝黑。《经》云："下元冷疾，且缘水值土伤。"②

论大运

夫大运者，以天干曰五运，地支曰六气，故名运气。子平之法，大运看支，岁君看干，交运同接木，何也？且干支二字，六十花甲子之说用花字，若天干地支得其时则自然开花结子盛矣。月令者，天元也，行运就月上起。譬之树苗，树之见苗则知名，月之用神则知其格，故谓交运如同接木。命有根苗花实者何？正合此意也，岂不宜矣！

出癸入甲，如返汗之人。且如甲戌接癸亥，此乃干支接木。丑运交寅，辰交巳、未交申、戌交亥，此乃转角接木。东南西北，四方转角谓之接木格局，凶者死，格局善者灾。寅卯辰一气，申酉戌一气，亥子丑一气，气之相连，皆非接木之说。

且如甲乙得寅卯运，名曰劫财、败财，主克父母及克妻，破财争斗之事。行丙丁巳午运名伤官，主克子女，讼事囚系。庚申辛酉，七杀官乡，主得名，发越太过则灾病恶疾。行壬癸亥子生气印绶运，主吉庆增产。辰戌丑未戊己财运，主名利皆通。此乃死法，譬如命须随格局喜忌推之，不

---

① 眉批：土属脾，旺则能消食，弱则不能进食。凡土命人见木多主有是病，有金则能克之，可解矣。

② 眉批：水主肾经，见土多克之则有是病，木多制之则免，不然天下人尽死矣。

可执一，妙在识其通变，其说如神。干旺宜行衰运，干弱宜旺运，正乃"干弱则求气旺之籍，有余则喜不足之营"。须要通变，更兼孤寡、空亡、勾绞、丧门、吊客、宅墓、病死、官符、白虎诸杀推之，其验如神。

又一法。羊刃、桃花、伏吟、反吟、休囚、死绝、衰败者凶运。帝旺、临官、禄马、贵人、生养、冠带、库者吉，如空亡者凶，空者反吉，吉者反凶。大运不宜与太岁相克相冲，相冲者凶，更刑冲相克者亦忌。岁冲克运者吉，运克岁者凶，格局不吉者死。岁运相生者吉，禄马贵人合交互者亦吉。宜审细推之，无有不应验者矣。①

论太岁吉凶

太岁乃年中天子，故不可犯，犯之则凶。《经》云："日犯岁君，灾殃必重，五行有救，其年反必招财。"且如甲日见戊土太岁是也，克重者死。甲乙者，寅卯亥未日时者，犯克岁君，决死无疑。有救则吉，乃八字庚辛酉巳丑金局也。《经》云："戊己愁逢甲乙。"干头需要庚辛或丙丁火局焚木，有灾勿咎，效此推之。或得己合甲亦解之。大抵太岁不可伤之，相生者吉，乃五行有救，其年反必为财。犯岁君者，其年必主凶丧，克妻妾及破财是非，犯上之悔。加以勾绞、空亡、咸地、宅墓、病符、死符、白虎、羊刃诸杀并临，祸患百出。神煞加临，轻重推之。日干虽不克岁，犹恐运克岁君，若加岁运冲刑，羊刃冲合，主破耗丧事，倘有贵人禄马解之，稍吉。八字有救无虞。故云："太岁乃众杀之主，人命未必为灾。若遇战斗之乡，必主刑于本命。"②

---

① 眉批：所谓以年为根，以月为苗，以日为花，以时为实，实能结果者之谓也，以人一生喻之。用神者，月中所藏之字，如子取癸水之类。转角交运如同接木，倘接木所忌大风摇动，则损其根枝必断折，宜护守之可也。行运比之，若遇恶杀或流年相克亦主凶。假如寅交卯、卯交辰，此乃东方一气，谓之移花，虽遇风雨亦不损之。以命比之，虽遇恶星相克亦不伤命。若运气好，东柏松茂西倾秀，南国花盛北中成。若运气不好，则曰接木移花，主凶。

② 眉批：假如甲日生遇流年戊年，木克土，故谓之曰犯岁君主凶祸，柱中原有庚金制其甲，甲受制则不能克戊土，谓五行有救。戊乃甲之偏财，则反招财。故言五行仿此。凡日犯岁君，即君臣相战，必有一死，臣犯刑君之罪必重，故云刑于本命。

论运化气

夫五运化气者：甲己化土乙庚金，丁壬化木尽成林，丙辛化水分清浊，戊癸南方火焰侵。

甲己化土，中正之合，辰戌丑未全曰稼穑，勾陈得位。乙庚化金，仁义之合，巳酉丑全曰曲直从革。戊癸化火，无情之合，得火局曰炎上。丙辛化水得申子辰水局曰润下。丁壬化木，得亥卯未全曰仁寿。

天干化合者，秀气。地支合局者，福德。化之真者，名公巨卿；化之假者，孤儿异姓。逢龙即化，变作飞龙在天，利见大人。月令生旺，养库临官之地方化。阴阳得合，夫妇匹配，中和之气而化，太过不及皆不能化。有夫从妻化，妻从夫化，正化、偏化、日下自化。转角化，乃未坤申，丑艮寅。《经》云："东北丧朋，西南得朋。"甲日见己字化土，己见甲亦然，乃化之真谓之正化。化之真者名公巨卿，乃富贵之格。化之假者，孤儿异姓，或为僧道之类。十干效此推之。但戊癸化火，南不化午，北不化子。午乃少阴君火，所以不化。寅申乃少阳火，乃化。《经》云："化之格局，玄中又玄。妙中又妙，不可俱述。"常观天元神趣八法：返、照、鬼、伏、类、属、从、化，仔细推详。①

化气十段锦②

甲从己合，赖土所生。遇乙兮妻财暗损。逢丁兮衣禄成空。贵显高门，乃因辛金之力；家殷大富，皆因戊土之功；见癸兮平生发福，逢壬兮一世飘蓬。月遇庚金，家徒四壁；时逢丙火，禄享千钟。

己能化甲，秀在于寅。逢丁兮他人凌辱。遇乙兮自身迍邅。阳水重重，奔走红尘之客；庚金锐锐，孤寒白屋之人。丙内藏辛，必得其贵；戊

---

① 眉批：其法亦从甲己起庚寅丁卯戊辰，逢龙便化，余仿此。诗诀见卷五，此处略。
② 其一。

中隐癸，不致于贫。若要官职迁荣，先须见癸；家殷巨富，务要逢辛。①

乙从庚化，气禀西方。塞难兮生逢丙位，荣华兮长在壬乡。丁火当权，似春花之笑日；辛金持世，若秋草之逢霜。最喜己临，满堂金玉。宜偏甲向，麻麦盈仓。日日劳神，只为勾陈作乱；时时费力，玄武为殃。

庚从乙化，金质弥坚。最忌辛金暗损，偏嫌丙火相煎。遇丁官兮，似蛟龙之得云雨；逢巳卯兮，若鹏鹗之在秋天。癸水旺兮，田园漂荡；壬水盛兮，财禄增迁。遇戊相侵兮，不能巨富；逢壬助力兮，永保长年。②

丙为阳火，化水逢辛。有福兮戊土在位，成名兮乙木临身。官爵荣迁，生逢癸巳；家门显达，长在庚寅。强横起于甲午。祸败发于壬辰。屡遇庚金，纵富贵难有几日；重逢己土，虽荣华一似浮云③。

辛能化水，得丙方成。四柱最宜见戊，一生只喜逢庚。见己兮何年发福。逢壬兮何日成名。癸水旺兮，纵困而不困；甲木旺兮，虽荣而不荣。富贵荣华，重重见乙；伤残穷迫，叠叠逢丁。④

丁属阴火，喜遇阳壬，见丙兮百年安逸，逢辛兮一世优游。富贵双全，喜甲临于天秤；禄财双美，欣己共于金牛。活计消疏，皆因戊败；生涯寂寞，盖为癸因。乙木重重，财禄决无成就；庚金灿灿，功名切莫妄求。

壬从丁化，秀在东方。遇甲兮多招仆马，逢辛兮广置田庄。丙火相逢，乃英雄之豪杰；癸水相会，为辛苦之经商。佩印乘轩，己临官位；飘蓬落魄，戊带杀官。皓首无成，皆为庚金乘旺；青年不遇，盖因乙木为殃。

戊从癸合，火化成功。见乙兮终能显达，逢壬兮亦自丰隆。众禄拱持，喜丁临于巳位；六亲不睦，缘甲旺于寅宫。丙火炎炎，难寻福禄；庚金灿灿，易见亨通。妻子损兮皆因己旺，谋为拙兮盖为辛雄。

---

① 眉批：甲己中央化土神，时逢辰巳晚埃尘，局中岁月逢炎地，方显名富贵人。甲己干头生遇春，平生做事漫劳神，有杀折朽反成拙，孤苦伶仃走不停。

② 眉批：乙庚金局旺于西，时奇从克是月奇，戊辰丑木如相克，此是名门将相儿。二庚最怕火炎伤，志气消糜主不良，寅午重逢为下格，重添奔走卒无常。

③ 水以火为财，以土为官，如重见之，必有伤害矣。

④ 眉批：丙辛化水生冬月，阴日见时须有情，有土局中须破用，得金相助发前程。

癸从戊合，火化当临。丙内藏辛，一世多成多败；甲中隐己，百年劳力劳心；仓库丰肥，欣逢丁火；田财殷实，喜得庚金。官爵升荣，连绵见乙；赀财富贵，上下逢壬。财源得失兮，皆辛金之太旺；仕途蹭蹬兮，盖己土之相侵。①

神趣八法②

类象者，乃天地一类也。如春生人，甲乙天干，地支寅卯辰金，无间断破坏，谓之夺东方一片秀气。最怕引至时为死绝之乡，谓之破了秀气。运至死绝则不吉。或时上、年上引生旺，谓之秀气加临，十分大美。③

属象者，乃天干甲乙木，地支亥卯金者是也余皆行此。

从象者如甲乙日主无根，地支纯金，谓之从金；四柱纯土，谓之从土；四柱纯水，谓之从水；四柱纯木，谓之从木；只有秀气者吉，无秀气者不吉。或天干有甲乙字者不吉，或有根者不吉。其从火者，火旺运吉，死绝地凶。④

化象者乃甲乙日生人，在辰戌丑未月，天干有一己字合甲字，谓之甲己化土，喜行火运。如逢甲乙木生旺运，化不成反为不吉。己字中露出二甲字谓之争合，有一个乙字露出为之妒合，均破格不成。

照象者如丙日巳午未年月日，遇时上一位卯木，谓之木火相照，甚吉。如壬癸日，申子辰全属象者，遇时上一位金，谓之金水相照，大吉。年干有照者亦吉。

返象者乃所谓值月令用神，引至时上一位为绝之乡，谓之用而不用，皆为返运。又遇返之太甚者，则不吉。

---

① 眉批：戊癸南方火焰高，明光照上显英豪，局中无水伤干月，跳跃龙门夺锦袍。天元戊癸支藏水，败破门庭事更多，得运更逢生旺地，伤妻克子起风波。
② 有类、属、从、化、反、照、鬼、伏。
③ 眉批：《神趣八法》云："看八字先明从化为本，化不成方论财官，财官无取，方论格局。"从化成局则富贵。《赋》云："火虚有焰，金实无声，木盛多仁。得从得化，定显身名之士。"惟甲木则无从化之理。春以甲乙，夏以丙丁，秋以庚辛，冬以壬癸，季以戊己，月亦如此，谓之类象，金火水土同此。
④ 眉批：其法以从化必得遇龙才化，以甲子起丙寅，丁卯，戊辰，方止。

鬼象者乃秋金生甲乙日，地支四位纯金，谓之鬼象。只要鬼生旺运皆吉。怕见至死绝之乡，而又身旺则不吉。①

伏象者乃寅午戌三合全，又值五月生，逢壬日而天干无丁字透露，壬水又无根，乃取月支午中有丁火合壬水而伏之。所谓伏象，运至木火之乡皆吉，只愁水旺之乡，则不利也。

论格局生死引用

夫格局者，自有定论，今略而述之。

印绶见财行财运，又兼死绝，必入黄泉，有比肩庶几有解。

正官见杀及伤官，刑冲破害，岁运相并必死。

正财、偏财见比肩分夺，劫财羊刃又见岁运冲合，必死。

伤官之格，财旺身弱，官杀重见，混杂冲刃，岁运又见必死，活则伤残。

拱禄拱贵填实，又见官空亡冲刃，岁运重见即死。

日禄归时，刑冲破害，见七杀官星，空亡冲刃必死。杀官大忌，岁运相并必死。

其余诸格，并忌杀及填实，岁运并临必死。会诸凶神恶杀，勾绞、空亡、吊客、墓病、死官诸杀，十死九生。官星太岁，财多身弱，原犯七杀，身轻有救则吉，无救则凶。金多夭折，水盛漂流，木旺则夭，土多痴呆，火多顽愚，太过不及作此论。一不可拘，二须敢断，必须理会推之，求其生死决矣。②

---

① 眉批：甲乙生春遇金为官，生秋遇金为鬼，身旺为官，身衰为鬼。
② 眉批：拱禄拱贵见官必无官，当消断填实见官者，只为下贱贫薄，亦不至死，或官运恶杀相并，可以死断之。此节要详从化成者为贵，化不成者要如此说。

论征太岁

征者，战也。如臣触其君，乃下犯上之意。日干支冲克太岁曰征，运干支伤冲太岁亦曰征，太岁干支冲日干支者亦曰征。但看八字有无救助，仔细推详，百发百中。

日干支合太岁干支，曰晦，岁运合岁干者亦然。遇此主晦气一年反复，欲速不达。假如乙丑、乙亥、壬申、乙巳。运行辛未、丙寅年，日子之壬克太岁之丙，日支申庚克太岁之寅甲，又且寅刑巳，巳刑申，申刑寅。行辛未运会太岁木局之伤官，皆为不吉。其年甲午月火旺，战克己土，乙木生所为战，故死于非命矣。[1]

杂论口诀

看子平之法，专论财官，以月上财官为紧要。发觉在于日时，要消详子强弱。论官星不论格局，论格局不论官星。入格者非富即贵，不入格者非夭即贫。

官怕伤，财怕劫，印绶见财，愈多愈灾。

伤官见官，为祸百端，若非疾病伤躯，必当官讼囚系，子丧妻伤。伤官见官，元有者重，元无者轻。伤官见官，重则迁徙，轻则刑责。伤官见官，心地勾曲、诡谲多诈、傲物气高，常以天下之人不如己，贵人惮之，小人恶之。伤官用财者富，伤官劫财者贫。

年上伤官，富贵不久；月上伤官，父母不完；日上伤官，难为妻妾；时上伤官，子孙无传。岁月伤官劫财，生于贫贱之家；日下时中有财官，先贫后富。岁月财官印绶，生于富贵之家。故日时伤官劫财，先富后贫，伤损子息，无晚福。伤官见官，官杀混杂，为人好色多淫，作事小巧寒贱。

---

[1] 眉批：征者如两君相持不能比和，故谓之征。得胜者吉，不得胜者凶，此只以一年之事断之。《经》曰："太岁乃众煞之主，人命未必为灾。若遇战斗之乡，必主刑于本命。"

乙木巳上为太乙，亥上登明，男好色女淫滥。官杀混杂，有财者吉，无财印者凶。

但看财命有气，纵背禄而不贫；财绝命衰，纵建禄而不富。劫财败财，心高下贱，见者主贪婪。鬼中逢官须逼迫，彼克我兮贵，我克彼兮富。彼生我兮以仗母力，长我精神；我生彼兮，常怀逼迫。财入月令，勤俭悭吝。柱有劫财，比刃多者，刑父伤妻，不聚财也。路伎商贾，须观落地之财；宰相须看得时正禄。

七杀枭重，走遍他乡之客；伤官劫财，瞒心负赖之徒。

重犯财官者贵，重犯亡神者夭。

七杀宜制，独立为强。明杀合去，五行和气春风；暗杀合来，刑伤害己。时杀喜冲喜刃，无制女多产厄，男犯刑名。二德无破，女必贤良，男多忠孝。伤官用印去财，方可驰名；伤官用财，伤官处须当发福。

入格清奇者富，入格不成者贫。一格二格，非卿即相，三格四格，财官不纯，非隶卒多是九流。

六阴朝阳，季月只当印看。吉神惟怕破害，凶神不喜刑冲。财官印食，定显慈祥之德；伤官劫刃，难逃寡恶之名。冲天无合，乃飘流之徒；六壬趋艮，逢亥月者贫。马落空亡，操心落魄之人；离祖月令逢冲，过房杀带三刑。母明父暗，多是偷生。财印偏官，庶出已定。

干头威烈，盖伯牛怨于苍天；时日冲刑，难免卜商庄子之叹。刑多者为人不义，合多者疏者亦亲。合多主晦，冲多主凶。辰多好斗，戌多好讼，辰戌魁罡，多凶少吉。时日空亡，难为妻子。交驰驿马，别土离乡。食神干旺，胜似财官。顺食者，食前方丈；倒食者，箪食豆羹。食衰枭旺，不死也灾。

水润下兮文学显达，土稼穑兮富贵经商。金水双清而为道，火土混杂而为僧。子午最嫌巳亥，卯酉切忌寅申。巳入亥宫见阴木，终为损寿，时逢丙寅则冠带簪缨。

五行绝处，即是胎元；生日逢之，名曰受气。化者有十日：甲申、乙酉、庚寅、辛卯、壬午、癸未、丙子、丁丑、戊午、己丑。八字虽不入格，富贵亦是盈余。

另有福德秀气，各有天地神祇论化之格，化之真者名公巨卿，化之假者孤儿异姓。逢龙即变化，飞龙在天，利见大人。又有冬逢炎热，夏草遭霜，阴鼠栖水，神龟宿火。有合无合，后学难知；得一分三，前贤不载。且夫论格局者，明有定例；撮口诀者，略举一二。当谓诸贤经旨，无合取用，庶可易运，道合无穷，学无止法。《经》云："更能绝虑忘思，鉴命无差无误矣！"①

群兴论②

夫人生有秉富贵之荣而当兴，富贵而且能享福，而保其终身，其何故也？盖四柱中身主专旺，而其所用吉神或为财，或为官，或为印绶，或为食神，俱各带禄权得令，不偏不杂，又无刑冲伤损克害，方为富贵，本源不杂也。他日能成才，振耀前人之基业，成当代之功名，不招谗谤，不致伤害，又在运上，步步皆吉，四柱益加吉利，是谓源清流洁，故能享福以过人，保其中而无悔也，皆由命运一路滔滔生旺而然，非幸也，乃命也，可不辨乎。③

夫人之生又有穷饿其身，愁苦孤寒，颠倒无何。一旦逢时，兴然而起。或当盈财满屋，白手庄田；或致君泽民，独步台鼎。斯人也，前后异见，其故何也？盖因柱中日主生气未旺，所用贵神，悉皆得位而成旺，又且合格，奈何日主无力，不能胜任其福，亦劳困偃蹇。忽逢运扶，其日干得其强健，用神出呼啸风生，元命用神方为我用。我其乘之，则勃然而兴。是偏气乘合，衰以遇旺，故迎吉而能崛起。若夫建业创功，有大小之不同，当于所遭命之轻重，辨之可也。

又有日主强，则四柱五行杀纯不杂。身杀俱旺，则根本元无制伏，富贵不成，惟待运来制伏杀神，则化为权，方能崛兴。才德动公卿，功名显

---

① 眉批：年为祖基，犯伤官则虽富贵不久。月为父母并兄弟，犯伤官则主父母不全。日为妻妾，犯伤官则伤妻妾。时为子女，犯伤官则子孙无传。伤官不可犯，或有犯者，亦富贵，子孙昌盛者，其法要有制伏。入火土又喜见之，不可拘泥而论，全在活法。

② 一当兴，二崛起，三聚兴，四中兴，五末兴。

③ 眉批：身主者日干，用神者月中所藏之神以之为用。命为本，运为流。源者命也，流者运也。

达，出类超群，是其身旺杀神逢制化为权也。制神力旺，发福非常，安得其人不显达，以至极品之尊贵乎？实有其命。又要行其运以扶，方见崛兴也。如苟运不至，即常人耳。①

又要四柱中日主健旺，用神亦旺，各相停均，为富屋制朱门贵命之贤子也。及其长大，成立丰隆，一逢恶曜运，加临元命，见其财而夺之，因其官而伤之，临其印而坏之，逢其食而损之。遭逢此运，祸不胜言，所以胜年见倾而不发。如其恶运一去，又逢好运扶身，使我用神一新。譬如枯苗得雨，勃然而兴；鸿毛遇风，飘然而举，不可御也。②

又有人生五行身旺，羊刃比肩俱各争旺，惟有财官杀神等物虚浮轻少，无力成功名矣。出门行运，又非作福之地，所以一生饥寒，劳苦落剥，有志无成。或至中年晚景，顿逢杀运，假杀为权，制伏羊刃，或得权贵以显扬，或招财资而发福。当随五行清浊，以遇其运而别之，是一生穷困，忽然兴起于中晚景也。故知此命元用财官，平生无气，即至运到，方成富贵，一一兴利。故未兴者，乃得运而然也，学者可不勉乎。③

论兴亡

夫人生柱中有纯杀为用也。杀神无制则为白屋穷途之人，或作豪门营干之士。故要逢制杀运，假杀而起，进用朝廷，操权威福，而不可脱制伏运。一入财乡，财能党杀，便兴祸患。如此官旺杀旺，运元恐失计，所以命党杀运倘来生凶。偶然遇流年财杀皆旺，杀神相党，并合兴殃，身主孤寒克害，轻则倾家徒配，重则刑弃其身，故其杀神并合，凶亡之可畏也。有如此杀刃者，一一难免祸焉。④

又有柱中月令正气官星，为一生贵气，惟逢印运则利。盖官星喜逢财旺以生之，印旺以护之，故令其人能行仁布德，纬国经邦，权重爵高，所

---

① 眉批：经曰，以杀化权，定显寒门贵客，有此者，为用杀得制之是也。
② 眉批：此假如苗再遇雨，喻命之遇好运，忽然而发，便不知觉也。
③ 眉批："权贵"，当令之辰，莫非财官印食而已。
④ 眉批：白屋言寻常白丁非仕宦之家途言出路而行无依倚之人。"徒配"，谓犯徒罪，发配充馆驿站之罪。

以贵也。后遇杀神旺乡，杀神禄位，岁杀并临，官化为鬼，丧身必矣。不行杀运或逢伤官运，又无印绶治之，伤官得地，禄遭伤损，丧妻克子，剥职生灾，立可见矣。更遇流年傥地，损官受克，必致亡为惨恶。故欲官禄逢伤，而免剥戮者，不甚难之乎？如有高见明识，知进退存亡之机，而保其身者，官禄逢伤，六亲免祸，亦当自己受恶疾而终者矣。①

又有四柱中所专用神，无官杀气，惟偏财、正财当旺而已。财神当道隐隐兴隆，积财聚宝，但少贵矣。欲知且看行运如何，若财逢官禄旺之乡，又成富贵之局。设有不幸，财神脱局，羊刃相逢，财倾福败，多患其凶。及流年冲合羊刃，财神伤尽，元命衰绝，羊刃生凶，败亡极矣。②

宝法第一

夫禀阴阳而生天地间，故造化之赋于人也。禀造化而生，物亦如之，莫不由阴阳变化。是故推人吉凶休咎，斯理昭著。然术家之法固多，究征索子平之外未有矣。子平一法，专以日干为主，而取提纲所藏之物为令，次及年月时支以表其端。凡格用月令提纲，勿于傍求年日时为格。今人多不知其法于此，百发百失。譬如月令以金木水火土为要，但有一事而定言之，若于傍求则有失误。取其月令实事，则以遍求轻重深浅，格局破冲可也。西山易鉴先生得其通变，将干格分为六格为重。曰官、曰印、曰财、曰杀、曰食神、曰伤官而消息之，无不验矣。其法曰：逢官看财，逢杀看印，逢印看官，斯有奥妙不传之法。取四者不偏不倚，生克制化，而遇破休囚为下运。有生有去为福，有助有剥为祸。其理深长，最宜消详，且常不昧庸术，宜熟读幸加免焉。③

---

① 眉批："岁杀"，流年地支得出，一太岁、二太空、三丧门之类。
② 眉批：财官乃纯善之星，好善而不恶，无冲害，所以生财遇印旺可言贵，恶杀相并则休，如今之良善或遇恶人，其时当遇贵人和解矣。
③ 眉批：取月令宫中所藏之物，如子宫单取癸水之类。

宝法第二

子平之法以日为主，先看提纲为重，次用年日时支合成格局，方可断之。皆以月令为用，不可以年取格。凡看子平之数，取格不定，十有九差。惟易鉴先生之法：月令用金只用金，用火只用火。八字水多却取水，不来取火，况此差矣。以法断之，误其大半。是西山易鉴参透玄机十八格，内取六格为重，用相生定格合局。仍用年日下以推轻重浅深，万无一失。六格法曰：逢官看财，逢财看杀，逢杀看印，逢印看官。如用印不怕杀，是杀拘印，印拘身，还作上格取之。如四柱逢印看七杀，但有官杀在，运行官杀乡亦作贵格。月令通官，柱中遇财，财生官妙矣，乃富贵之格。柱中见财，要人财旺兴发福矣。但见一杀，则以杀为重，不可又行财旺之乡，乃财生杀旺，当作贫贱之格。凡格当以杀官言之。①

寸金搜髓论

造化先须看日主，后把提纲看次第。
四柱专一论财官，身旺财官多富贵。
若还身旺财官损，只是朝求暮讨儿。
财官旺时日主强，紫袍金带有何疑。
财官旺而日主弱，运行身旺最为奇。
日主旺而财官弱，运入财官名利驰。
日主坐下有财官，月令相逢贵不难。
富贵财官为总论，早年富贵禄高攀。
身旺无依更迁祖，不迁居死在外地。

身旺无依，损财伤妻，或是外家冷落，或过房入舍。身旺印旺，破财不聚，有财只好善破。或置物创屋，或门大而仓廪虚，内不足而外有余。

---

① 眉批："提纲"，月令也。"浅深"者，如命中有丙午甲寅之类，则当取二三日生，当取丙火在中旬之八日，当取甲木，余皆仿此。

官喜露，露则清高；财要藏，藏则丰厚。杀藏官露，恶隐善扬。人若遇此，名振乡邦。

官杀太重身更强，一逢制伏作贤良。

杀官拱印贵非轻，煊赫威扬定振名。

身居九夏火土多，相逢水济贵中和。

水火原来要既济，一教名利振山河。

生居三冬，水冷金寒。得火相扶，莫作等闲。

火势炎炎如无水，运行水乡亦是美。

水势滔滔若无火，运入火乡亦为奇。

南方火炎，利人北方水运；北方水寒，利人南方火运。东方木多，宜人西方金运；西方金旺，宜人东方木运。水火有既济之功，金木有成名之论。五行得其相济，威名荣振九天。

三丘五墓，辰戌丑未。若是重见，骨肉刑悲。

父母不足，兄弟异离。亲戚情疏，更亏妻子。

冲破提纲，多亏父母。或是刑克，或是离异。

身旺比肩坐驿马，兄弟漂蓬好潇洒。

八字四马总交驰，身荣劳碌任东西。

倘有身闲心不定，动则风流静则悲。

财星入库主聚财。

财星入库妻悭吝，谨守财赀不作人。

若是财星至四马，妻贤无处不欣欣。

官杀重重不带财，妻能内助不和谐。

公姑不敬妻无礼，夺却夫权命所排。

官星若也逢生旺，更得长生旺在时。

子息聪明多俊秀，儿孙个个着绯衣。

比劫伤官旺，伤妻更损儿。

养子多不孝，乞养总非宜。

日主七杀带枭神，妻主虚胎小产多。

血气不调成血疾，更看行运又何如。

男子枭食重重见，身弱多因痨病随。

女人枭食非为吉，产难惊人病亦危。
女人官旺兼财旺，招得贤夫更好儿。
若是财官俱受损，伤夫克子守空帏。
印绶旺身身更旺，为人刑克主孤贫。
若得官显财又显，亦为超迈贵人扶。
惹是招非，只缘水火相克，或是目昏眼暗。
女命若也伤官旺，坐下伤官会骂夫。
朝暮喃喃口不绝，百年终见带刑孤。

且如乙巳、戊辰、庚午、辛未，日干带之，权贵之妻也。

更主贤妻，亦主贵，更看四柱又何如。又如丙子、丁丑、戊寅、己卯生人，遇此皆因前道。辛巳、壬午、甲申、乙酉俱是坐下财官，逢之富贵不少。

丁亥戊子并庚寅，日主逢之命不轻。
辛卯丙申丁酉位，财官内隐显声名。
己亥甲申见庚戌，印绶财官内里藏。
更得丙辰壬戌至，四时符印不非常。
甲子丙寅与丁卯，己巳壬辰癸巳同，
虚名虚利任飘蓬。
乙亥庚申并己巳，坐下财官并无有。
妻官子女带虚花，东西南北是身家。
甲午戊戌并庚子，女克丈夫男克子。
乙巳丙午丁未同，重重壬子主孤穷。
甲寅乙卯与戊午，支干同类子不足。
己未庚申及癸亥，月令更旺成祸害。
月主财官印绶全，月时符合福为绵。①

---

① 眉批："提纲"，月令，领君之命而行之，故曰月令。"四柱"，年月日时也。"身旺无依"，如五行旺相无相济之理。日主为身，甲日生于寅，又亥卯未木局逢之，身旺无金制之，必为僧道之流。"三冬"，十月十一月十二月。"驿马"好出游四方潇洒，若无栏，主流落他方。寅申巳亥为四马之方。命中取财为妻，又为马，即以论财及妻及马统而相连以论之。"枭神"，偏印也，乃不仁之鸟，能食母。"坐下伤官"，乃日坐下犯之。

干支同类并身旺，克子刑妻破祖田。
好将四柱分强弱，莫犯阴阳执一言。
此是五行真妙诀，不逢智者莫虚传。①

论命细法②

过房七杀带三刑，母明父暗是偷生。
我明我暗从他象，父死之时不守灵。
庚金化成火相助，父亡见血不须疑。
比肩三合族人害，三刑零落及离妻。③
比肩暗损及门房，兄弟无情被罔欺。
如带比肩成别象，弟兄不睦报君知。④
妻带三合及坐妻，妻曾认得是亲支。
坐妻透妻成别象，定主离妻再娶妻。
多透妻财须怕妇，妻归绝地不生儿。
生成别象克正夫，必主欺夫礼义疏。⑤
身旺食强亦如此，食明旺相憎然殂。
阳母专位主伤儿，母来父上受其惊。
天时地利生过月，七杀兼刑顶上偏。
印归杀地母有病，丙丁双者顶双灵。
日禄归时须应梦，小儿无乳食冲刑。
壬子乙酉对偏生，丙戌丁丑妻护灵。
背父而生甲乙卯，此时须要记分明。⑥

假令申子辰从水也，不然五月无水有火，不从也。戊癸化火，巳午地

---

① 此印净禅师之造也。
② 荀僧判《正传歌》，印净禅师传也。
③ 眉批：此段论小儿之歌。
④ 眉批：比肩以喻兄弟。
⑤ 眉批：此段论夫妻。
⑥ 眉批：甲木见壬水为阳母。

天干支从火也，①，又将坐日甲木论。《珞琭子》云："学释则离宫修定，"是如此取用也。杜老先生教镜钟僧判将此为例，日日参详，朝暮苦想，似此半年，忽然间得此时入处。公云初学，进退了几番，后获此法，非与他阴阳也，此别家幽微之经也。②

又论心印口诀：双顶者，只可言八字有双丙丁者是也，若只一丙一丁，下有刑冲者，可言歪顶无失也。又一法：言人儿女麻面者，是戊己被甲乙克之，不然主面有疤痕，戊己见乙亥、乙巳、乙卯是矣。如此递相贯穿，天干地支往来相克，化合之气，死生破败，皆此所主也。其干支万变，如此化病源，此中出成败，此中出命之幽微，莫不由于此而假外来哉。更于此看得到处，不须归家多说。

四柱支中元有忌者，切忌运中透出病。运中忌财作凶，财岁战便为灾。凡坐杀者，不可行杀旺运。身旺又加旺运，岁运并来伤杀与我无情者是。印绶怕行财运，主恶死或血疾。印绶多母众，或食众乳，或寄养外人家。如四柱有官星，流气太岁冲官星，必因官讼。如遇比肩助者，言比肩之人救助无事，流年转生财官者。③凡识生财伤官有三。伤之不尽，多出吏道，元有物气，伤官运及印绶，岁复见官星者多凶。④

化气怕逢返本，不化有变局，如化不成者，可只用本日干断。

且如己土用癸水为妾，运逢辰库，主妾与自家人私通。丙用乙为母，遇庚申母多外情。丙用庚为父，遇寅丙多主父弱。戊用癸为妻，若坐酉宫或主好酒。本元无财官，运逢财官者主凶，他人发财发官。

火入水乡主血疾。壬癸引归寅卯主阳不兴，时归败绝，老后无成。日干与流气合主晦气入门。假令六甲日以偏财阳土为父，阴土为妻，阳金子，阴金女，阳木阴木同法，余仿此。妻星入败地，主妻不正。如己酉、庚午、癸酉、丁丑是财入败地也。寅申巳亥乃四长生，必得聪明妻。财官印得气为妙。元见财官，商旅农家。财多印陷，少年克母，母不贞洁，必重嫁。

① 按：应是巳午地支，天干从火，原书误。
② 眉批：此论从化之理。
③ 眉批：此段论行运之旺衰。
④ 眉批：此段论伤官。

女人之命，日干同者，若我旺他衰，我为正；他旺我衰，他为正。

壬癸之水盛者聪明多智，女多淫滥。时上见财者，必须入舍。支中有官无刑破者，因妻发官；局中有杀无制，因妻致祸。

假令壬癸日运逆行者，生于正月、二月，取戊己土为官，故为禄绝，此为背禄；取丙丁为财，四柱不透出财神，此为背禄不贫也，寅卯暗藏三阳、四阳之火为财。如行子丑运，遇比肩分夺，交亥运木长生而助火，主发财，戌运亦然。酉运火死水败，主破败。如壬癸生寅卯月顺运者，巳午运发财福，亦忌财神透露，岁运亦然。如遇财神透出，四柱原有比肩、羊刃，因妻制祸，忌申酉二运。如四柱原有印者，百物更改，革故鼎新。如流年遇杀者凶，酉运裸形沐浴，劫杀主死。如丙子、丁丑、戊寅、辛卯、壬辰、癸巳、丙午、丁未、戊申、辛酉、壬戌、癸亥，时犯之多因孝病中成亲。

如用子女之法，不喜入墓库。如子女入库，主无子女库。日用甲为偏财为父，坐申行酉地为财临杀位，父死不归家。阳干女命食神多者为娼，阴干女命伤官多者为妓，有物去之为良。火至天干多主瘰疬，地支多时生疮。用杀反轻，多为僧道之首。①

伤官说

伤官若伤尽，却喜见官星②；伤官若论财，见祸不轻来。

伤官若用印，克杀不如刑；伤官若论财，带合有声名。

伤官用财，不宜印乡；伤官见官，印运不妨。

杂气财官，印运不忌。

两戊合一癸，得再嫁。妻财受克，生子不育。印绶比肩，不忌财乡。③印绶多根，身旺必贫。印绶被伤克父母，官杀混杂克父母，财多身弱克父母。

---

① 眉批：裸形乃脱衣见其形体。五行乃子午卯酉见之为五行沐浴之地。
② 眉批：凡四柱有伤官不宜见官星，若伤尽无一点，方可见官星，则吉。
③ 眉批：印绶本怕财，若行财乡，则比肩分其财而反不能伤印。

干与支同克妻，辛卯、戊寅不怕杀多。女命比肩即姐妹，贪合多谎诈。财有劫不怕露，火命人最好，月支属火，干头有木，火出火矣。癸酉弱格，见杀必凶。富贵太盛，旺处必倾。土命不论胞胎，只论日时，不怕官杀混杂。阳干方论，阴干不取。

子怕寅午火，不怕水；寅木不怕金，巳金不怕火，己土不怕木，午火不怕水。未同申金不怕火，己土戌土不怕木，卯木怕酉金，辰土怕寅木，乙日五月不怕杀，四柱元有病，要去病，不去病不发。

心镜歌

人生富贵皆前定，术士须详论。天上星辰有可知，此论更无差。
时加月建逢命位，正是福元取。寿元合处是其真，此说不虚陈。①
官禄贵马见合刑，一举便成名。日逢贵地见禄马，壮岁登科甲。
时日若逢禄马位，为官必清贵。五行时日无相杂，为官多显达。
羊刃重重又见杀，大贵登科甲。若逢三奇连禄马，名誉满天下。
日坐食支又合干，九卿三公看。甲子己巳有一说，天地德合诀。
丙子癸巳与前观，官职三公卿。木若逢金主不伤，两府坐中堂。
火若逢水主将权，为将镇戌边。金若逢火主大权，方面刺史官。
水若逢土入官局，宜作侍从职。土若逢木为正禄，八座三台福。
年得月禄不为喜，日贵取为主。生逢贵人值孤寡，决定为僧也。
空亡官禄遇贵人，淡服作高僧。五行无气守孤寡，必定作行者。
空亡刑害又逢囚，为僧及裹头。欲知人命主有权，食神旺必全。②
相冲羊刃并杀伤，必主上法场。的杀若逢盘足坐，恶鬼死刑狱。
夹角相逢共岁星，徒流定分明。六害当权多夭折，少年逢刃杀。③
日逢官鬼见重刑，恶死甚分明。刃神劫杀两头居，早岁梦天衢。
禄马俱逢行绝地，劳困难逃避。月若逢时与刑冲，根基定一空。

---

① 眉批：甲乙以金为寿元，丙丁以水为寿元，戊己以火为寿元，壬癸以木为寿元，庚辛以土为寿元。
② 眉批：年庚四柱中惟取其中旬空惟定。
③ 眉批：寅以丑卯拱之为例。大害即子午相冲之例。

时遇官星生旺位，子孙成行序。向禄临财官更期，贵显有家资。
日月纯官无财位，反主无官贵。卯刑子位子刑卯，癸乙相刑贵。
子来冲午未刑戌，甲乙逢申贵。禄马与绝又发财，人元克出来。
得一分三缘何议，禄马飞天是。岁合时日分两头，切须仔细求。
君子若逢主奏对，常人主灾晦。心怀退悔成何事，重阳剥官位。
柱中有禄运逢财，金玉自天来。言前能说贵与贱，亦须看大运。
大凡行运逢禄马，发迹为官也。天月二德为救解，百灾不为害。①
向禄临财甚稀奇，贵显主官赀。命中禄马同贵人，福禄进珠珍。
贵人君子坐刑杀，名成少年发。阴阳贵贱宜消详，熟晓在胸臆。
日时身命许多般，一诀通变看。

络绎赋

参天地之奥妙，测造化之幽微，别人生之贵贱，取法则于干支；决生死之吉凶，推得失之玄妙。甲乙之木，最喜春生。壬癸之水，偏宜冬旺。丙丁火而夏明，庚辛金而秋锐。戊己两干之土，要旺四季之期。

日乃自身，须究强弱。年为本主，宜细推详。年干父兮支母，日干己兮支妻，② 月干兄兮支弟，时支女兮干儿。后杀克年，父母早丧；前杀克后，子息必亏。马入妻宫，必得能家之妇；③ 杀临子位，必招悖逆之儿。禄入妻宫，食妻之禄；④ 印临子位，受子之荣。枭居子位，破祖之基；财官月旺，得父赀财。

所忌财伤禄薄，最嫌鬼旺身衰。原其克彼为财，生我为印。食神暗见，人物丰肥；枭印重生，祖财漂荡。咸池财露主淫奢，凶杀合年防自刃。⑤ 土克水而成腹脏之疾，火锻金以患痨疾之灾。桃花会禄，酒色亡身；

---

① 眉批：有天月二德星在日时，主能获自己之福，主人年早自为、晚景昌盛，在日月者只得祖及父母余福，在年亦不验。
② 眉批：日干为自己之身，宜旺不宜弱，日下支辰为妻。
③ 眉批：马者，财也，若在妻宫与妻同位，必主妻有才。
④ 眉批：甲寅日，甲禄在寅，乃是禄入妻宫。
⑤ 眉批：咸池，桃花杀也，合则主淫。

财旺身衰，因财丧命。观乎财生官者，用贿求官；财坏印者，贪财卸职。财旺生官，自身荣显；财生杀党，夭折童年。

独杀冲破废贤人，诸杀逢刑凶狠辈。天干多杀见财年，须防夭折；地支多兮见支年，必见凶灾。财生官，官生印，印生身，富贵双全；干党财，财党杀，杀攻身，凶穷两逼。①

酉寅刑害继伤婚，丑卯风雷多性急。

杀官混逢，乃技艺之流；财禄坐马，为经商之客。②马落空亡，迁居漂流；禄遭冲破，别土离乡。阴多利于女人，阳盛宜于男子。阴盛于阳，主女兴家；阳盛于阴，男当建府。纯阳则男必孤寒，纯阴则女必困穷。

官贵生年，化凶杀而名垂万古。贵忌乎多，禄宜乎少，绝虑忘思，无差无误。

妖祥赋

命理深微，子平可推。先要取其日干，次则详其月令，年时共表其吉凶。妖样不忒于岁月。通参于成败，祸福无遗。或有不见之形，须当审究；更有分抽之绪，后学难知。天清地浊，自然禀一气之生；五行正贵，忌刑冲克破之乡。四柱支干，喜三合六合之地。寅申巳亥，乃财官印绶长生；③辰戌丑未，系禄马印星奇库。日贵时贵，大忌刑冲克破；拱禄拱贵，最怕填实刑冲。观无合有合，逢凶不凶。伤官之于年，运到官乡不喜；羊刃冲合岁君，运临而祸至。辰戌魁罡，忌官星怕逢七杀；金神日刃，喜七杀而忌刑冲。时上偏官要制伏。弱身强官，专杀莫逢鬼旺，亦要制伏为强。④但看本有本无，遇而不遇，要禀中和。辛亥多逢丑地，怕填实，不喜官星。甲子日再逢甲子时，嫌丑午亦畏庚辛。壬癸亥子，禄马飞天。离巽丙丁聚巳午，倒冲天禄。壬骑龙背，辰多冲戌官星。乙用丙子，聚贵声

---

① 眉批：干党财官，食神党财而生杀，杀又攻身，如甲以丙为子，子生财，财又生杀克甲以招祸。
② 眉批：经商之客，多带驿马。
③ 眉批：火生寅，金生巳，水土生申，木生亥。
④ 眉批：庚日生于午丁火旺临之怕官，若生在秋冬为衰，官印杀旺甚无制伏者。

名。嗟夫！财命有气，背禄而不贫；财绝命衰，纵建禄而不富。癸到艮山，①怕庚辛忌逢戊土；壬逢丑地，忌戊己怕见庚辛。庚遇申子辰乃井栏叉，又谓之入局，忌丙丁，愁巳午。戊见申时，怕甲丙亦忌寅卯。辛金己土若遇，谓之从格，名为秀气，四柱火伤又无救，是灾祸连遇。辛日戊子时，忌子多，怕相冲。阳水逢辰见戊己，灾临难避。甲见己时，偏身运喜财乡。丁日辛年号岁财，运逢戊贵。乙逢申位，忌见刑冲；日禄归时，官逢有福。另有天冲地击，阴错阳差，②贪合忘官，劫先财后，名须成贵。贪合忘杀，身旺时福禄增加。官藏杀见，有制伏亦自辉煌。官见杀藏，身弱后终见被查。身弱喜逢旺运，身强最爱杀乡。将来者进，功成者退，富贵喜重犯奇。宜通变而推，无差矣。

相心赋

人居六合，心相五行。③欲晓一生，辨形察性。官星恺悌，贵气轩昂，性优游而仁慈宽大，怀豁达而和畅声音，丰姿美而秀丽，性格敏而聪明。印绶主多，智慧丰身，自在心慈；食神善能，饮食体厚而喜讴歌。偏官七杀，势压三公，喜酒色而偏争好斗，爱轩昂而扶弱欺强，性情如虎，急噪如风。枭印当权，使心机而始勤终怠，好学艺而多学少成。偏印劫刃，出祖离家，外象谦和尚义，内实狠毒无知，有刻剥之意，无慈惠之心。偏正财露，轻财好义，爱人趋奉，好说是非，嗜酒贪花，亦系如此。伤官伤尽，多艺多能，使心机而傲物气高，多诡诈而侮人志大，颧高骨峻，眼大眉粗。日德心善，稳厚而作事慈祥。魁罡性严，有操持而为人聪敏。日贵月贵，朝荣暮乐，为人纯粹而有姿色，性仁德而不骄奢。金神贵格，火地奇哉，有刚断明敏之材，无刻剥欺瞒之心。乙巳鼠贵，遇午冲贫如颜子。壬骑龙背，逢丁破欲比申怅。井栏飞天，其心傲物；刑合趋艮，智足多仁。六甲趋乾，主仁慈而刚介心平。五阴会局，为人佛口蛇心。二德印

---

① 眉批：艮山，寅宫也。
② 眉批：阴错阳差：丙子、丁丑、戊寅、辛卯、壬辰、癸巳、丙午、丁未、戊申、辛酉、壬戌、癸亥日是也。
③ 眉批：东西南北上下谓之六合。

生，作事施恩布德。五行有化，看何气而推之；四柱无情，取元干而论也。且火炎土燥，必声宏而好礼；水清兑下，主言语而施仁。金白水清，质黑肥圆；土气厚重，信在四时。汇合如然，四时反此，事则举其大略，须要察其细微，欲识情理，学者用心于此。

玄机赋

太极判为天地，一气分有阴阳。① 日干为主，专论财官；月支取格，乃分贵贱。有格不正者败，无格有用者成。有官莫寻格局，官印财食，无破清高；杀伤劫刃，用之最吉。善恶相交，喜去恶而从善；吉凶混杂，忌害吉以化凶。

有官有杀，宜身旺制杀为奇；有官有印，畏财与助财为祸。身强杀浅，杀运无妨；杀重身轻，制乡为富。身旺印多，喜行财地；财多身弱，畏入财乡。

男逢比劫伤官，克妻害子；女犯伤官偏印，丧子刑夫。幼失双亲，财星太重；为人孤克，身旺无依。年冲月令，离祖成家；日破提冲，断弦再续。时日对冲，伤妻克子；日通月令，得祖安身。

是以木遇春长，遇庚辛反假为权；火归夏生，见壬癸能为福厚。土逢辰戌丑未，木重成名；金坐申酉之中，火乡发福。水居亥子，戊己难侵；身坐休囚，平生未济。身旺喜逢禄马，身弱忌见财官。得时俱为旺论，失令便作衰君。四柱无根，得时为旺；日干无气，遇劫为强。身弱喜印，主旺宜官。财官印绶，破则无功；杀伤枭劫，去则为福。

甲乙秋生金透露，水木火运荣昌；丙丁冬降水汪洋，火土木方贵显。戊己春生，西南方有救；庚金夏长，水土运无伤。壬癸逢于土旺，金木宜荣。身弱有印，杀旺无伤，忌行财地。

伤官伤尽，行官运以无妨。伤官用印宜去财，伤官用财宜去印。是或伤官财印俱彰，将何发福？身旺者用财，身弱者用印。用财去印，用印去财，方发弥福。正所谓喜者存之，憎者去之。财多身弱，身旺运以为荣；

---

① 眉批：天地未分之初名曰太极。

身旺财衰,财旺乡而发福。重犯官乡,只宜制伏。食神叠见,须忌官乡。

顽金无火,大用不成;强木无金,清名难著。水多得土财多富,火焰逢破禄位高。

有官有印,无破为荣;无官无印,有格取贵。羊刃格喜偏官,金神最宜制伏。杂气财官,刑冲则发;官贵太盛,旺处必倾。身太旺喜见财官,主太柔不宜禄马。旺官旺印与旺财,入墓有祸;伤官食神并身旺,遇库兴灾。

运贵在干支取,岁重向乎官求。印多者,行财而发;财旺者,遇比何妨。格清局正,富贵荣华;印旺官旺,声名特达。合官非为贵取,合杀莫作凶推。桃花带杀喜淫奔,华盖逢空多克剥。平生不发,八字休囚;一世无权,身衰遇鬼。身旺则宜泄宜伤,身衰则喜扶喜助。禀中和莫令太过不及。若遵此法推详,祸福验如影响。①

幽微赋

天地阴阳二气,降于春夏秋冬,各生其时,有用者则吉,无用者则凶。是以泄天机之妙理,谈大道之玄微,天既生人,人各有命。所以早年富贵,八字运限咸和;中主孤单,五行逢死绝败。过房入舍,年月中分;随母从夫,偏财空而印旺。早岁父亡,偏财临死绝杀宫;幼岁母离,只为财多印死。

比肩多而兄弟无情,羊刃多而妻宫有损。官逢死气之方,子招难得;若见伤官太盛,子亦难留。如遇冲破提纲,定主离于祖业,再见空亡,三番四废。② 印绶逢生,母当贤贵;偏官归禄,父必峥嵘。官星临禄旺之乡,子当荣显;七杀遇长生之位,女招贵夫。自身借宫所生,必是依人过活。妻星失令,半路抛离;若乃借宫所生,亦是他人义女。酒色猖狂,只是桃花带杀;慈祥敏慧,天月二德聚来。印绶旺而子少息稀,正官旺而女多男

---

① 眉批:偏印即枭神。身主者日干也。金神,辛巳辛酉辛丑。鬼即官也,如身衰者变官为鬼。秋金遇土多生太旺也。

② 眉批:年为祖业,月为提纲,月冲年则伤祖基,日冲月则伤父母及妻,日冲时必主妻子暗损。

少。枭神兴早年折夭，食神旺老寿而高。偏财逢败，父主风流。子曜若临，破家荡产。自身逢败，早岁兴衰。① 妻入墓不得妻财，父临库父当先死。比肩逢禄，兄弟名高。食神多而好饮食，正官旺而受沾滋。身临沐浴之年，恐愁水厄；② 生入冲克之年，必逢火晦。女带桃花坐杀，定主淫奔；伤多而印绶被克，母当淫荡。年月冲者，难为祖业；日时冲者，妻子招迟。若见天元刑战，父母难靠；如遇地支所生，凶中成吉。日主弱，水火相战而招是非。甲木衰，逢金旺而无仁无义。③ 此乃男命之玄机，略说女人之奥妙。

纯粹在于八字。纯有富贵者，一官生旺。四柱休囚，必为贵者。浊淫者五行冲旺，娼淫者官杀交差。命主多合，此为不良；满柱杀多，不为克制。印绶多而老无子，伤官旺而幼伤夭。荒淫之欲，食神太过。四柱不见夫星，未为贞洁。官星绝遇休囚，孤孀独宿。清洁源流，金猪相遇，木虎相见，四柱二夫，土猴重叠。水火逢蛇，夫宫早丧。食神一位逢生旺，招子须当拜圣明。父母之宫，男命同断。若见此书，藏之如宝，若遇高士，对镜分明，依其此法，万无一失。④

五行元理消息赋

详其往圣，鉴以前贤。论生死全凭鬼谷，推消息端的徐公。阳生阴死，阳死阴生，循环逆顺，变化见矣。

夫阳木生亥死午，虽存亡易见。阳木跨马逢猪、则吉凶可知。艮生丙而遇鸡死，兑生丁而逢虎伤。戊藏寅而西方没，己生酉而艮中亡。庚逢蛇而峥嵘，运见鼠亦难当。辛生子死在巽地，壬生申藏于震方。兔生癸水衣禄足，运行猴地见灾殃。十干生死同断，造化依此推详。⑤

---

① 眉批：自身败在沐浴之地。
② 眉批：自身败，在沐浴之地。
③ 眉批：木主仁金主义，故曰仁义。
④ 眉批："孀"者，妇人夫亡曰孀妇。
⑤ 眉批：鬼谷姓王名诩，隐居乐道于清溪之鬼谷，故号鬼谷先生。徐公居钱塘，名升，曾著《李虚中论命》论人生克，取以子平为主，分六神，世人宗之号徐子平。

又赋：权刃双显停均、位至侯王。中途或丧或危、运扶干旺；平生为富为贵，身杀两停。大贵者用财而不用官，当权者用杀而不用印。印赖杀生，官因财旺。食居先、杀居后，功名两全；酉破卯、卯破午，财名双美。

享福五行归禄，寿弥八字相停。晦火无光于稼穑，阴木绝气于丙丁。火虚有焰，金实无声。水泛木浮者活木，土重金埋者伤金。水盛则危，火明则灭。阳金得炼太过、变革奔波；阳水归垣失令、终为身弱。土重而掩火无光，逢木反为有用。水盛则漂木无定，若行土运方荣。五行不可太甚，八字须得中和。土止水流全福寿，土虚木盛必伤残。运会元辰，须当夭折。① 木盛多仁，土薄寡信。水旺居垣须有智，金坚主义却能为。金水聪明而好色，水土混杂必多愚。遐龄得于中和，夭折丧于偏枯。

辰戌克制并冲，必犯刑名；子卯相刑门户，全无礼德。弃印就财明偏正，弃财就杀论刚柔。

伤官无财可恃，虽巧必贫。食神制杀逢枭，不贫则夭。男多羊刃必重婚，女犯伤官须再嫁。贫贱者皆因旺处遭刑，孤寡者只为财神被劫。②

去杀留官方论福，去官留杀有威权。逢伤官反得夫星，乃财命有气；遇枭神而丧子息，福薄无后而孤。③

三戌冲辰祸不浅，两干不杂利名齐。④

丙子辛卯相逢，荒淫滚浪。⑤ 子午卯酉全备，酒色昏迷。⑥

天干杀显，无制者贱；地支财伏，暗生者奇。因财致富，羊刃与岁运并临；贪食乖疑，命用枭神因有病。侄男为嗣，义女为妻。日时相逢卯酉，始生必主迁移。平生敬信神祇，造化因逢戌亥。阴克阴，阳克阳，财神有用。官多无官，太旺倾危；⑦ 杀多无杀，反为无害。⑧ 财多无财，运逢

---

① 眉批：月干甲子又行甲子运，会之运合元辰。
② 眉批：劫者，劫杀也，劫与羊刃同。
③ 眉批：劫财阳刃枭神在儿女宫当从此说。
④ 眉批：两干不杂，如甲子、己亥、庚戌、乙丑之例。
⑤ 眉批：丙子辛卯，无礼之刑。
⑥ 眉批：子午卯酉，桃花杀之例。
⑦ 眉批：官多或合去或制，谓之无官。
⑧ 眉批：杀多或合去或制伏不当令，谓之无杀。

化杀生灾。

八字得局失垣，平生不遇；四柱归垣得令，早岁轩昂。

木逢类象，荣贵高迁；命用枭神，富家营谋。财官俱败者死，食神逢枭者亡。龙藏亥卯，经商利赂丝绵；丁巳孤鸾，合作聪明诗女。日犯裸形沐浴，浊滥淫娼，日禄归时见财，则清高富贵。① 归禄有财而获福，无财归禄必须贫。财印混杂，终为困穷；偏正浊乱，必致伤残。太岁忌逢战斗，羊刃不喜刑冲。

癸从戊合，少长无情。多有不仁，庚逢丙扰。岂知遇正官却无俸禄，盖禄逢七杀乃有声名。不从不化，淹留仕路之人；从化得从，显达功名之士。化成禄旺者生，化成禄绝者死。

处僧道之首，用杀反轻；受宪台之职，偏官得地。生地相逢，壮年不禄；时归败绝，老后无终。丁逢卯木遇己土，枭食之人；亥乃神浆，遇酉金嗜杯之客。②

财逢旺地人多富，官遇长生命必荣。丁生酉金，丙辛遇之绝嗣；财临杀地，父死而不归家。八字日支同类，杀年杀运生灾。若能观览熟读详玩，贵贱万无一失。

---

① 眉批：甲子、庚午之日，谓之日犯裸形沐浴。
② 眉批：神浆乃人面上部位，以口为水星，口下为子宫，亥宫连子与口所在谓之神浆，位有痣者，主人好饮。

新刊合并官板音义评注渊海子平

新刊合并官板音义评注渊海子平卷四

金玉赋①

数体洪范,② 法尊子平。命天地之奥妙,听空谷之传声。一气流行,则冬寒而夏暑;三阳生发,自春长以秋成。窃闻既生有灭,若亏则盈。造化归源,尽返寅申巳亥;五行藏蓄,各居四季丘陵。③

生长有时,自春夏秋冬之属;旺衰有数,察贫贱富贵之机。搜寻八字,专论财官;次究五行,须详气候。论财官之轻重,察气候之浅深。推向背财官之得失,论当生格局之高低。

他来克我为官鬼,身旺当权;我去克他为妻财,官强则富。年伤身主,乃父与子而不亲;时克日辰,是子不遵于父命。年克日今上能凌下;日克年今下去犯上。④ 若得有物制日子,则可化恶为祥。⑤ 更要本主逢喜神,则将凶而变吉。

喜神庆会,当知资产丰隆;四柱无情,定见祸端并作。或见本主相冲,三刑重叠,岁运欺凌,必招横事。纯粹五行入格,台阁风清;身强七杀降伏,藩垣镇守。⑥ 无财官而有格局,青云得路;无格局而有财官,黄门成名。⑦ 财官格局俱损,不贫寒而功名蹭蹬之夫;日干月令俱强,非穷

---

① 同《渊源》。
② 眉批:"洪范"箕子所衍,即河洛大衍之数五十。
③ 眉批:"四季",辰戌丑未土有墓库之方,故曰藏蓄。
④ 眉批:时为子息,日为自身,年为祖,月为父,克之乃犯上。
⑤ 眉批:言七杀有制伏,化作偏官,当有兵权之任。
⑥ 眉批:言财官印当为儒官,逢伏言杀有制伏当有兵权之官。
⑦ 眉批:黄门,侍御之臣。

困必草茅永逸之士。

丙丁坐南离而无制，是不遵礼法凶暴之徒；壬癸遇戊己之相应，乃怀德抱才聪慧之士。辛逢乙木于南墓，须富而不仁；丙逢辛金于北镇，纵贫而有德。

年时月令有偏印，凶吉未明；大运岁君逢寿星，灾殃立至。幼年乏乳，食神遭刑克之宫；壮岁峥嵘，乃财官居纯粹之位。阳日①食神得地无冲损，则暗合官星；阴日②食神无破亏，虽契合则自亲。

印绶偏财，能益寿延年；羊刃七杀，善夺财化鬼。财星有破，废祖风别立他乡；印绶被伤，失宗业抛离故里。人命以贵神为福，遭克陷则凶祸不祥；五行会凶曜为灾，喜合杀并食神为贵。③ 命亏杀旺，要天赦二德呈祥；身弱财丰，喜羊刃兄弟为助。月令值食神健旺，善饮食而姿质丰满；四柱有吉曜相扶，堆金积玉。五行无凶杀侵犯，名显声扬。寅申巳亥迭犯，有聪明生发之心；④ 子午卯酉重逢，有酒色荒淫之志。

女人无杀，一贵何妨。喜逢天月德神，忌见官杀混杂。贵众则舞裙歌扇，合多则暗约偷期。五行健旺，不遵礼法而行；官杀互逢，定是风声之配。迴眸倒插，泛水桃花；沐浴裸形，螺蛉重见。⑤ 多为奴妾娼妓，少有三贞九烈。双鱼双女号淫星，不宜多犯；官星七杀曰夫主，忌见重逢。寅申互见性荒淫，巳亥相逢心不已。或有伤官之位，不远嫁定主克夫；临冲枭印之神，非孤离终须死别。四柱官鬼⑥入墓，使夫星早入黄泉；岁运临天绝之宫，俾鸳配飞分异路。要知女命难婚，运入背夫之位；欲识男儿早娶，定是运合财乡。

子克重重，杀没官衰；伤妻重重，伤官叠叠，财轻身旺，弟兄多，若不如斯，定是刑冲妻妾位。暗合财星妻妾众，虚朝财位主妻多。财星入墓，⑦必定刑妻；支下伏神，偏房宠妾。妻星明朗，乔木相求。大运流年，

---

① 眉批：甲丙戊庚壬。
② 眉批：乙丁己辛癸。
③ 眉批：食神能制杀，故善之甲见乙为弟，乙见甲为兄，五行同此。
④ 眉批：寅申巳亥四生之局，故曰有生发之心。
⑤ 眉批：申子辰生以酉为桃花，巳酉丑生以辰为倒插桃花。
⑥ 眉批：官鬼即女人之夫，旺为官衰为鬼。
⑦ 眉批：辰戌丑未为五行墓库。

三合财乡，必主红鸾吉兆；或临财败之宫，家赀凌替，伤妻损妾，婚配难成。妻星失位在何宫，要求端的；官禄天厨居甚位，须察根源。

有格局纯粹，忽遇恶物相冲，亦主死亡；无财禄或逢财禄旺相，亦当骤发。日求升合，气神旺处劫财多；或逢偏印，克日神非贫夭寿。① 须知乞化，要审荣枯得失，当究轻重深浅。官禄杀强，无制则夭；日衰财重，党杀则穷。更看岁运，何凶何吉。

身宫冲破无依倚，不离祖必出他乡；乾坤艮巽互换朝，好驰骋则心无定主。柱中若逢华盖，② 犯二德清贵之人；官星七杀落空亡，在九流任虚闲之职。五行克战，非伤日主不为灾；岁运并临，若损用神皆有祸。③

木逢金克，定主腰肋之灾。火被水伤，必是眼目之疾。三合火神旺盛，克庚辛损头面及脓血之疾。如伤日干及财官太盛，折肢体有眷恋之灾。心肺喘满，亦本金火相刑；脾胃损伤，盖因土木克战。支水干头有火，遭水克必主腹胚心朦。支火干头有水，遇火旺则内障睛盲。火土烦焦蒸四曜，则发秃眼昏；润下纯润元气返，神清骨秀。荧惑乘旺临离巽，风中失音；太白坚利合兑坤，兵前落魄。④

财星入墓，少许刑冲必发；伤官伤尽，或见官星则凶。十有八格，当从善恶推求；总系五行，各取衰旺消息。身旺何劳印绶，⑤ 身衰不喜财官。中和为福，偏党为灾。但见贵神、朝拱、禄马、飞天、遥合、虚邀⑥不得冲格，逢合皆忌；七杀官星，各嫌羁绊，填实则凶。忽然运到官乡，当以退身避职。马瘦官破，困守穷途；禄旺财丰，峥嵘仕路。如临喜处以得祸，是三合而隐喜星；或逢凶处而反祥，乃九宫⑦而露吉曜。要知职品高低，当求运神向背。清奇则早岁成名，玷缺则晚年得地。运行则一宫十载，流年乃逐岁推移。津路⑧通亨，权高爵重；程途偃蹇，禄薄官卑。

---

① 眉批：食神主人之饮食，受克主乞儿。
② 眉批：华盖星者，宝盖之状，主翰苑，若逢空亡主僧道。
③ 眉批：凡用神月支所藏行君之令者。
④ 眉批：荧惑火星，太白金星。
⑤ 眉批：印绶，生身之母也，身旺者不必印来生身。
⑥ 眉批：虚邀言禄马不在月令之中，在四柱中虚邀成格。
⑦ 眉批：迁宫也。
⑧ 眉批：运限也。

推寻子位，先看妻宫。死绝者嫡庶难存，太旺者别门求觅。妻星显露，子息必多；刑害嗣宫，男女罕得。若问兄弟多寡，细检四柱干支。月令虽强，更看运神向背。死绝刑伤，雁行失序；相生喜庆，棠棣联荣。① 兄弟身旺，父命有亏；② 财帛旺多，母年早克。若见官鬼出见，母反长年；如逢脱气排运，父还有寿。

壬临午位，癸坐巳宫，禀中和兮禄马③同乡，遇休囚也胎元绝地。丙临申位，庚坐寅宫，巳入巽乾，乙临双女，金乘火位，甲坐坤宫，名曰休囚，最嫌克制。七杀忌逢言丧魄，寿星欣遇曰还魂。

天命能施，智力难出。罗网造化幽微，乃除功妙。贫寒将尽，能令白屋出公卿；奢侈太过，反使朱门生饿馁。家赀将废，定生不肖之儿男；婚媾多刑，必娶无寿之妻妾。四宫④背禄，不可妄求，官将不成，财当见废。八字无财，须求本分；越外若贪，必招凶事。甘贫养拙，非原宪之不才；鼓腹吹箫，使伍员之挫志。⑤ 顺则行，逆则弃。知命乐天，困穷合义，洪范数终，渊源骨髓。

碧渊赋⑥

尝谓分二气以定三才，播四时而成万物，皆由命令也。⑦ 斯令者，寓四时而立四极，专以日主以定三元。命乃无令而不行，令乃无命而不立。信知命令之相参，犹知天地之全体也。⑧

或云："子罕言命，皆天命而非人命欤？"天命关乎气数，人命禀乎五行。气数五行何以殊？天命人命何以异？诚哉是理，可得而议矣。然而人命荣枯得失，尽在五行生克之中；富贵贫贱，不出八字中和之外。先看节

---

① 眉批：棣萼言兄弟荣贵。
② 眉批：言五行比劫多者伤父。
③ 眉批：禄马财官也。
④ 眉批：四宫田宅宫也，此句以宫分立论。
⑤ 眉批：原宪，春秋时人，困而且贫。伍员，子胥也，时不遇吹箫乞食于市。
⑥ 即《捷驰千里马》，同《渊源》。
⑦ 眉批：年岁君也，令者月令也，行君之令故曰命令。
⑧ 眉批：命之理微，故夫子亦罕言之。

气之浅深,后看财官之向背,① 人之命内,皆不离乎财官诸格。局中只要虚邀禄马,先贤已成矜式,后学须要变通。

太过无克制者贫贱,不及无生扶者夭折。宜向之而运背,决之贫贱;宜背之而运向,断之困穷。喜生而逢生,② 贵而堪断;爱克而值克,吉亦可言。逢官而看财,见财而富贵;③ 逢杀而看印,遇印以荣华。逢印看官而遇官,十有八贵;逢财忌杀而有杀,十有九贫。

盖木盛逢金,造作栋梁之器;水多遇土,修防堤岸之功;火煅秋金,铸作剑锋之气;木疏季土,培成稼穑之禾;火炎有水,名为既济之文;水浅金多,号为体全之象。甲乙运入西方,身旺功名可许;壬癸路经南局,主健财贵堪图。劫杀不须逢旺地,食神最喜劫财乡。

亥卯未逢于甲乙,富贵无疑;寅午戌遇于丙丁,荣华有准;庚辛局全巳酉丑,位重权高;④ 壬癸格得申子辰,学优才足;戊己局全四季,荣冠诸曹;更值德秀三奇,⑤ 名扬四岳。木全寅卯辰之方,功名自有;金备申酉戌之地,富贵无亏;水归亥子丑之源,荣华之客;火临巳午未之域,显达之人。

木旺宜火之高辉,秋闱可试;金坚爱水之相涵,文学堪夸。用火愁水,用木愁金。春木重重,休为太旺无依;夏火炎炎,莫作太刚有厌。秋金锐锐最为奇,冬水汪汪真可美,削之剥之为奇,生我扶我为忌。⑥ 丙丁生于冬月,贵乎戊己当头;⑦ 庚辛产于夏天,妙乎壬癸得局。

甲乙秋生,贵宜玄武;庚辛夏长,妙用勾陈。⑧ 丙丁水多嫌北地,逢戊己反作贵推;庚辛火旺怕南方,遇戊己反成荣断。甲乙秋生透丙丁,莫作伤看;戊己夏产露庚辛,当为贵论。火带水多,贵行木运;土逢木旺,荣入火乡。庚逢水重,水冷金寒喜炎热;戊遇酉多,身衰气锐爱荧煌。不

---

① 眉批:顺为向,逆为背。
② 眉批:喜生,乃五行长生之地,寅申巳亥。
③ 眉批:财乃官之禄,有官必用禄以养之方有贵,无禄养则为假官。
④ 眉批:庚申辛酉为身旺,兼巳酉丑为式。
⑤ 眉批:三奇乙丙丁也,乙为日丙为月丁为星,要在戌亥为天门者贵,若犯丑寅卯者贱。
⑥ 眉批:巳酉为风声云雨,混乱者贱。
⑦ 眉批:火弱不宜水多。
⑧ 眉批:勾陈戊土也。

及喜生扶，① 太过宜脱剥。

官杀混杂，身弱则贫；官杀相停，合杀为贵。年月官星，早年出仕；日时正贵，晚岁成名。胞胎逢印绶，禄享千钟；② 财气遇长生，肥田万顷。秋冬官星逢刃伤，存金去火贵无疑；腊月伤官喜见官，破印重伤祸而死。财旺生官者，乃贵少而富多；伤官见贵者，又官高而财足。

无伤不贵，有病为奇。理明于后，何必他求。虽始用之为奇，终宜去之为美，审其轻重，勿取一途。如水少火炎遇庚辛，休作身旺官轻而取；或木绝而坐金，重逢杀印，难为身弱气旺之断。

财轻勿经劫地，顿见妻灾；劫财羊刃有官杀，台阁③之臣。归禄倒冲行刃伤，廊庙之士；身旺有杀行印绶，权断之官。官强主弱无印绶，遇财星寻常之辈；羊刃偏官有制，应职掌于兵权。正官正印无伤，出仕牧于庶士。④ 润下、稼穑，给赏之官。⑤ 子午为尊位，黄门之客。癸日癸时兼亥丑，魁名及第入翰林。壬日壬时叠壬辰，高爵承恩登御阙。日德见魁罡，遇刑冲贫寒之士；魁罡⑥见财星，总得地禄食之人。伤官见官，妙入印财之地；财星破印，宜逢比劫之宫。命逢财运逢杀，吉亦堪陈；命逢杀运逢财，凶而可决。女遇伤官，归禄得之极贵；男逢羊刃，身弱随之为奇。金神、飞禄、伤官，女命逢之最忌；羊刃、伤官、七杀，男命值之得权。金神入火逢刃杀，贵而无疑；归禄无官逢食伤，荣而有权。正印无官，居官不显；⑦ 羊刃七杀，出仕驰名。

身旺无依，僧道之命；桃花滚浪，⑧ 女妓之流。金弱火绝，土木消磨之匠；身强财浅，金火陶冶之流。

伤官逢财而有子，七杀有制亦多儿。

---

① 眉批：生是父母，扶是比肩。
② 眉批：盛米之容器。
③ 眉批：宰辅之官。
④ 眉批：府官之职。
⑤ 眉批：运粮官。
⑥ 眉批：辰为魁，戌为罡。
⑦ 眉批：正官正印无杀为之用，则官无威，故云不显。
⑧ 眉批：桃花杀，女人大忌，若官星带桃花主贵，惟比劫带之主淫贱，时上见之为墙外桃花，娼妓之断。

印绶被伤，早年丧母；财源被劫，父命先倾。男命伤官恐损子，女命伤官防克夫。年月财官身旺，公显父荣；日时禄马长生，妻贤子贵。月中归禄无财官，父丧他邦；年逢禄马被冲破，公亡外郡。日逢财时逢劫，妻妾产亡；太岁值杀月值伤，兄弟不睦。① 专禄若遇阴错，外家零落；逐马如逢阳差，公姑真假。② 岁月值杀有刑害，公父连伤；日时背禄无财助，妻儿离散。正财偏财见和合，妻妾奸淫；伤官正官有克破，夫妻刑并。

旺妻伤子，必因食宿遭伤；旺子丧夫，乃是官主失位。女逢财旺生官，夫权必夺；男遇财多身弱，妻话偏听。差错居日，外家冷淡；羊刃伏年，祖基微浅。生时逢财旺生官，助国兴家之子。正官重见，多生女子少生男；出现偏财，少爱正妻偏爱妾。财星得位，因妻致富成家；官禄归垣，显己增荣祖业。年正官，月伤官，公强父弱；日值财，时劫财，父兴子败。③

青龙全从革之金，且贫且贱；白虎备润下之水，曰富曰贵。④ 春木荣而水浅，补衲之僧；夏火炎而金衰，簪冠之道。勾陈全备润下，奔流之辈；朱雀三合玄武，穷窘之徒。金刚木弱，行商坐贾之人；土凝水竭，破祖离乡之客。金生秋月土重重，贫无寸铁；火长夏天金叠叠，禄有千钟。春木水多，贫贱之辈；冬水金盛，颠弱之人。

辰戌丑未遇刑冲，无人不发；⑤ 子午卯酉带刑合，多主淫讹。

夏金叠火，秋木重金，非贫即贱；季木盛金，春金多火，不夭则贫。季木无根从妻福，禄位高崇；夏火失色配夫荣，功名显达。火向春林逢水旺，好去求名；土临季地⑥见金重，将来出仕。甲乙夏荣土气厚，功名半许足田庄；丙丁冬旺水源清，爵位全备荣锦绮。

专禄带食伤，权掌关外；羊刃入官杀，威镇边疆。拱禄夹禄拱贵，爵禄丰荣；倒冲遥巳栏叉，功名显达。壬趋乾，甲趋艮，清庙之士；辛朝

---

① 眉批：月干支为兄弟。
② 眉批：阳日为阳差，阴日为阴错，辛卯、壬辰、癸巳、丙午、丁未、戊申、辛酉、壬戌、癸丑、丙子、丁丑、戊寅日是也。
③ 眉批：年为公，月为父，日支为妻，时为子息。
④ 眉批：甲乙木为青龙，庚辛金为白虎。
⑤ 眉批：辰戌丑未为四墓，如财官入墓喜冲开。
⑥ 眉批：辰戌丑未月也，以上系外格。

阳，乙鼠贵，文学之臣。局全风虎，良将之才；柱备云龙，大人之德。四库全备龙变化，逢大海为九五之尊；三奇局秀凤腾翔，遇天门乃三六之主。① 旺财官而致富，暗禄马以荣华。入格以贵而推，破局以贫而断。究一理而察万端，明片言而通万物。后学术士，勿怠于斯。

造微论

渊源古本已载有②，今本删去，今增补。

两仪肇辟，六甲攸生。③ 将三元而作三才，建四时而为四柱。干为禄本，定一生职位高低；支作命基，布三限寿元终始。年生为根，月建为苗。日管经营，断中年之休咎；时为结果，定晚岁之荣枯。先推胎息之由，次入变通之化。④ 为官为贵，缘上下以咸合；多滞多危，本根元而相克。是故格清局正，当为台阁之臣；印旺官生，必为钧衡之任。⑤ 马头带剑，镇压边疆；印绶逢华，尊居翰苑。

禄虽多而有害，福不为祥；杀虽重而无伤，刑当不祸。三奇忽遇，才高立解成名；六合正逢，家富又能增业。空亡亲于寡宿，孤独龙钟；长生陷于空亡，贫寒偃蹇。桃花临帝座，因色亡身；咸池更会日宫，缘妻致富。根源浅薄，逢生旺而不荣；本主兴隆，遇休囚而反吉。

羊刃临于五鬼，定须重配徒流；勾绞叠于三刑，应是频遭编配。是以登仕途者莫逢吞啖，爵禄亏停；⑥ 当兵权者勿遇天中，身权退失。

胸襟澄澈，盖因水济江湖；学问渊博，本是水居壬癸。慈祥恺悌，木乘甲乙之乡；焦燥炎阳，火盛丙丁之地。名高禄重，乾金⑦早会庚辛；贯朽粟陈，镇土重亲戊己。木繁而无金斫削，纵荣而末岁孤穷；火炎而无水

---

① 眉批：此二段言帝王之命。
② 按：指造微论。
③ 眉批：两仪，日月初分之时。
④ 眉批：卷一有起胎法，起息法，起变法，起通法。
⑤ 眉批：钧是秤钩，衡是秤杆，用以称天下之物，如国家大臣主此，钧衡之任如称物一般意思。
⑥ 眉批：吞啖杀名天中羊刃杀。
⑦ 眉批：乃亥宫巳卦，以乾为金。

淘溶，纵发而早年夭折。奥若水之浮泛，惟凭土以堤防；土重而无木疏通，速归愚浊。金坚而无火锻炼，终是凶顽。至若金脆火炎，多则损己；木柔金重，利则伤身。水清而不假土多，土弱而不禁木盛。火强燥而微眇，水既济以宽和。须将匀配为佳，亦以均调为上。

大显者贵守深隐，大屈者贵守卑伸。寿极年高，皆是禄临帝旺；职崇位显，为缘马会官星。华盖①逢空，偏宜僧道；学堂遇贵，惟利师儒。五行若也萧索，五命因而低弱；日逢空寡，其妻多致生离。时值孤虚，其子多饶不肖。绝宫为鼓盆②之杀，胎宫③为白虎之神。天空临嗣息之宫，末岁损成家之子。运逢吉宿无本主，则未足欢娱；限守凶神有根苗，则不须畏惧。

岁君若临恶曜，一岁迍邅；生时若值休囚，一生愁叹。源清者其流必远④，本浊者所作无成。

八字超群，不贵即当大富；五行驳杂，居安可不虑危。休囚者身性卑微，旺相者名位壮实。先强后弱，必先吉而后凶；始弱终强，亦始凶而终吉。若乃运限所临之地，凭流年⑤星辰凶吉以定祸福。

人鉴论

洪蒙肇判，甲子攸生，幽显而变通莫测，沉潜于二理尤深。二十四字之精神妙用，亿千万人吉凶灼知。⑥ 日生为主，年长为君。先论根本，察贵贱之由易见。假使粗识深藏之体，孰得而知。盖贵若难言，贱由不易。森列三才，⑦ 势有权衡轻重；包罗八卦，自存规矩方圆。天道尚有盈亏，人事岂无反复。或先贫而终富，或先败而后兴，当舍短而从长，勿取彼而舍此。四柱俱嫌其一字，大醇亦求其小疵。详察其言，勿轻以断。

---

① 眉批：寅午戌见戌，巳酉丑见丑，申子辰见辰，亥卯未见未。
② 眉批：鼓盆主克妻。
③ 眉批：胞胎之宫也。
④ 眉批：源为命，流为运。
⑤ 眉批：当年太岁，参看方可断一年之吉凶。
⑥ 眉批：二十四字乃十干十二支及运限计二十四字，其富贵贫贱吉凶祸福尽在其中。
⑦ 眉批：三才即天元、地元、人元是也。

官在禄乡，伊尹负阿衡之位；时居贵地，傅严兴作相之臣。① 生逢贵格，入仕为台阁之尊；重遇鬼生，乐道有山林之兴。是知居官居贵，五行醇而不疵；多滞多忧，八字杂而又战。② 根甘裔苦，贾谊屈于长沙；源浊流清，太公兴于渭水。禄马同乡而会登台阁，杀印重旺而早入科名。兄多逢弟，宜嗟范子之贫；③ 印绶重叠，可比老彭之寿。

夹官夹贵，日时值而峻宇雕梁；劫财夺马，岁时逢而蓬门瓮牖。嗣位克绝，鹊之巢而鸠占之；妻位犯伤，鸾之孤而凤无偶。运行背禄，昔日富而今日贫；命遇旺财，昨日悲而今日笑。四柱坐学堂④之上，回也不愚；三元助墓库之中，子之好学。年逢官贵，才高立解成名；时值偏财，家富又添好业。庚行丙地，祷尔于祗；壬入戊乡，胡不遄死。⑤ 伯牛有疾，缘战克以交差；司马何忧，盖比和而无位。身中衰弱，逢吉运以为凶；命坐坚牢，遇祸年而反福。杀虽重而多合，何伤日月之明；禄虽多而有破，难际风云之会。遇而不遇，庚辛在壬癸之乡；忧而不忧，甲乙行丙丁之地。

或若生逢败绝，郑谷归耕；禄马病衰，冯唐皓首。九宫旺相，难逃致意桑中；四柱和合，未免题诗叶上。西施貌美，自身多带长生；绿珠坠楼，凶恶又逢七杀。

孤鸾入命，妻哭夫而夫哭妇；烟花绊身，女求男而男求女。头目陷而肢体相亏，财有耗而田宅有害。生时若遇相冲，一生屡乏；岁月若临劫夺，百岁孤寒。财入财窠，不贵即当大富；杀居太岁，居安可不虑危。

乃若官星透露，未可便作贵推；杀星下攻，曷不便为凶断。大抵归禄喜逢于印绶，刑杀宜值于济和。是以当忧不忧，闻喜不喜。考其根而明其实，论其始而究其终。⑥ 故知失其本而忘其末，⑦ 不救其实而义有余。是以妻宫有克，少年无早娶之人；鬼位逢伤，末岁损成家之子。生平不已而寿

---

① 眉批：伊尹传说中的隐贤，不愿为官。
② 眉批：五行生克谓之战。
③ 眉批：范子：即范丹，燕亡后，甘愿为燕太子守贫而不作他朝之臣。
④ 眉批：五行以长生为学堂，如木生人以亥为学堂，见己亥为是，余同此。
⑤ 眉批：壬生人行戊运，遇戊土之克，故有此说。
⑥ 眉批：根为年，实为时；始为生，终为死。
⑦ 眉批：本为日干，末为时运。

算松椿；财禄带多而福姿蒲柳。① 源清者其流必远，本壮者其叶必荣。三命冠群，不贵即当大富；九宫弱陷，怕凶运大忌凶年。千条万绪，当求不见之形；百派一源，贵得弥身之地。详陈本末，备察盈亏，澄神定虑，深略沉机，可考而知，不言而喻。后之君子，鉴以前贤，言术者十常八九，称首者百无一二。辞简而意微，言近而指远，为之贤乎已，鉴命无忽诸。

爱憎赋

富莫富于纯粹，贫莫贫于战争，② 贵莫贵于秀实，贱莫贱于反伤。

文辞备辨，贵马会于学堂；③ 锦绣文章，木火合于性情④。深谋远虑，德性居沉静之宫；术业精微，帝座守文章之馆。吉福生旺，禄马全要精神。魁罡有灵变之机，离坎乃聪明之户。贵人禄马宜逢，劫刃空亡可远。长生招君子之可爱，衰败遇小人之憎嫌。四柱斗乱兮不仁不义。五行相生兮为孝为忠。印绶在刑冲之内，心乱身亡；日时居墓库之中，忧多乐少。日干旺而灾咎寡，财命衰而惆怅多。衣食奔波，旺处遭刑；利名成败，贵地逢伤。平生祸福，赖于四时；一岁吉凶，凭于气运。福星有气而变通升迁；岁克运凶无气而人离财散。大运凶而生百祸，流年吉而除千殃。无绝至绝，财命危倾；本主得生，利名称遂。三合六合，逢之吉重祸轻；七杀四凶，遇之祸深福浅。⑤

加官进职，定因禄会之年；广置根基，必是合财之地。岁君冲压主凶灾，大运受伤殊少吉。岁宜生运，运喜生身，三位相生，一年称意。财官俱旺，应显达于仕途；财食均荣，岂淹留于白屋。禄入聚生之地，富贵可知；马奔禄旺之乡，荣华可断。欲取交易利息，须寻六合相扶。财官带禄朝元，定主安然获福。⑥ 月衰时旺，早岁丰肥；木重土轻，终身漂荡。惯

---

① 眉批：松椿寿之长，蒲柳寿之短。
② 眉批：五行相克谓之战争。
③ 眉批：五行以长生为学堂，如木生人以亥为学堂，见己亥为是。余同此。
④ 眉批：木火通明，有文章之象。
⑤ 眉批：甲至庚数七故曰七杀，甲至丁数四故曰四凶。五行同此。
⑥ 眉批：如寅生火，月月时上有甲字者，甲禄在寅，谓之朝元神，五行同此。

取市廛之利，必因旺处逢财；忽然显达成家，定是刑冲见贵。主本当时，得女以扶持。贵禄有情，因男子而升吉。南商北旅，定因马道之通；① 东贩西驰，必是车运之利。日干困弱，伯牛敢怨苍穹；禄马衰微，颜子难逃短命。凶莫凶于劫刃，吉莫吉于刚强。官微马劣，男逃女走；天罗地网，非横之灾。脱命夭亡，遇之必不得实而死。穷途逢劫，危疑必犯于自刑；绝处逢财，妻子应难谐老。大耗小耗，多因博戏亡家；② 官符死符，必主狱讼时有。

或行四柱遇绝，三命刑伤，未免徒绞之刑、难逃黥面之苦。若逢五鬼，雷伤、虎咬无疑。更值群凶恶殃，横死定断。女多淫贱，男必猖狂。

或问人之情性贤愚善恶，先推贵贱旺相之由，衰败方究机巧灵变。心高者魁罡为祸，性顺者六合为祥。观幽闲潇洒之人，遇华盖孤虚之位。③ 好持势霸道之辈，犯偏官劫刃之权。劫刃生鄙吝之悭，更出机关之凶险。谋略大因于壬癸，威风气猛于丙丁。甲乙顺而仁慈大量，庚辛强而果断气刚。孤囚遇之无精神，破败遇之多疏坦。燥败火盛须疑，隐忍金多定论。

刑战者愚顽，安静者贤俊。金水司令而相生、火土逢时而相助，不劳心而衣食自足，不费力而家计自成。更若得神扶持，定是权尊乡里。禄贵拱位者，台省扬名。其所忧者福不福，其所虑者成不成。福不福者吉处遭凶，成不成者格局见破。伤其格者伤福，破其格者则祸。譬如苗逢秋旱而冬廪空虚。花被春霜而夏果无成。智谋思虑，措用无成，纵有回天转轴之机，而无建功立业之遂。岂不见郦生烹鼎，范生背癰，渊明东归，子美西去，孟轲不遇，冯衍空回，买臣负薪而行歌，江革苦寒而坐读。盖苗而不秀者有之，秀而不实者有之。更值伤败太过，一福不过刍荛，纵有百艺多能，难免饥寒苦疾，困于沟壑，命使其然尔。淹滞无成，何劳叹嗟。

欲问富贵全仗财官，何由得之？大莫大于镒基，奇莫奇于秀异。达圣达贤者，无时不有；至富贵者，自古皆然。或生申月之中，文高武显；或

---

① 眉批：马若破栏，主走东西南北，如寅午戌马在申，用酉字以栏之方好，无栏主此说，余同此。
② 眉批：大耗乃鼠忌羊头上，牛嗔马不耕，虎嫌鸡嘴短，兔怨猴不平，龙嫌猪面黑，蛇惊犬吠声。
③ 眉批：空亡对宫是孤虚。

居冠带之下，业大财奇。若此玄微，如何推测？先论学堂之内三奇四福，次察格局之外一吉二宜。若己未见甲午为祥，壬申见丁巳为瑞。壬子、丙午主光风儒雅之人，辛酉丙申，乃俊秀荣华之士。

阴阳全凭纯美，造化最喜长生。难辨者日精月华，莫测者金堂玉匮，得之者荣，遇之者贵。若遇贤愚显晦，无非造化钧陶。万物既有荣枯，为人岂无成败。假若凤生于雉，蛇化为龙，芳兰不断于蓬蒿，枯木犹生于山野。少贵老贱，初迍后亨，盖由大运之衰旺，以致富贵之变更。格局纯而反杂，惆怅残春；运行老而得时，优游晚景。防不测运之艰危，是以时有春秋，月有圆缺。尝观资荫之子，亲一丧而无聊；复见耕钓之人，运一通而殊显。

多年爵禄，一旦俱休；时运至者，片时而兴。值生旺者，未必为凶。有情者通，无情者滞；有合者吉，有冲者凶。官印岁临，仕途定知进擢；食财运遇，庶民亦喜荣昌。或有少依祖父之荣，长借儿孙之贵。又有垂髫难苦，至老无依。盖因四柱之旺衰，所由大运之亨否。岂不见枯槁之木，纵逢春而不荣；茂盛之标，虽凌霜而不败。时日更亏，年月定无下稍；生时旺气朝元，① 必有晚福。古有琢磨之玉，值价连城。世有正直之人，自成家计。如烹炼之余而不朽，如岁寒之后而不凋。消息妙在变通，祸福当察衰旺。庶几君子，其鉴是幸。

万金赋②

欲知五行生死诀，轻易岂与凡人说。
星中但以限为凭，子平但以运为决。
运行先有十二宫，看来何格堕时节。
财官印绶与食神，当知轻重审分明。
官星怕临七杀运，七杀犹畏官星临。
官杀混杂当寿夭，去官留杀仔细寻。

---

① 眉批：朝元如甲日又四柱有寅字，寅中甲禄在寅之例。
② 同《渊源》。

留官去杀莫逢杀，留杀去官莫逢官。
官杀受伤人必夭，更宜财格定前程。①
日时偏正问何财，生怕干头带杀人。
劫若重逢人夭寿，就知偏正甚为灾。
有财官运须荣发，财地官乡是福胎。
只怕日干元自弱，财多生杀或身衰。
财多身弱行财运，此处方知下九台。②
官不逢伤财不绝，寿山高耸岂能推。
第一限逢印绶乡，运生身旺必荣昌。
官乡会合迁官职，死绝当头是祸殃。
若是逢财来害印，堕崖落水恶中亡。
为官在任他乡死，作客逢丧在路傍。
印不逢财人不死，如前逐一细推详。③
财官印绶分明说，莫道食神非易诀。
食神有气胜财官，只怕残伤前外截。
却分轻重细推详，大忌财官为死绝。
伤官命运莫逢官，斩绞徒流祸百端。
月德日贵逢克战，此命危亡立马看。
飞天拱禄嫌填实，最怕绊神来犯干。
子运行年来甲子，壬寅申地见丙申。
巳丙一同推祸福，卯宫乙木怕相逢。
巳宫戊丙庚相会，午丁年上午戌凶。
丑未年中须是祸，但宜迁运而搜寻。
同官同运如逢禄，逢禄刑祸来相侵。
外逢仍远逢内敌，其余宫分外方寻。

---

① 眉批：官乃纯善之人，行七杀运会其恶星，必害其官。七杀见官，官旺则杀降，官弱则被杀欺。
② 眉批：财多身弱主财不任，又行财运则死。
③ 眉批："若是逢财来害印"，甲用癸为印，用己为财，己土能克癸水，所以言死，五行依此。

外逢内敌为灾重，内逢外敌祸微侵。
戊己土皆分四季，杂气之中难又易。
逐一依定数中推，受制受刑随运气。
只定其凶此运中，何年何月灾刑重。
此是石金玉匣诀，只此泄漏与君知。①

挈要捷驰玄妙诀②

以日为主，专论财官。盖官乃扶身之本，财为养命之源。③故推天时，察地利，忌太过与不及，以中和而为用。去留舒配而中理，轻重强弱而表正。④先观节气之深浅，后论财官之向背。人之命内，皆不离乎财官；诸格局中，总要虚邀禄马。先贤已成矜式，后学须自变通。⑤宜向之而运背，决之贫贱；宜背之而运向，断之困弱。喜生以逢生，贵而可取；爱克而值克，吉尔亦堪言。逢官而看财，见财富贵；逢杀而看印，遇印荣华。逢印看官而遇官，八而七贵；逢财看杀原有杀，十有九贫。

甲乙运入西方，身旺功名可许；壬癸路经南域，主健为贵。印财不宜身旺地，⑥食神最喜劫财乡。官杀混杂，身弱则贫；官杀两停，合杀而贵。年月官星，早年出仕；日时正贵，晚岁得名。胞胎逢印绶，禄享千钟；财气遇长生，田肥万顷。⑦秋冬官星逢刃伤，存金去火贵无疑；腊月伤官喜见官，破印重伤而祸死。⑧财旺生官者何？贵少而富多；伤官见官者何？官高而富足。无伤不贵，有病为奇。宜当弃之，理妙于斯，何必外取。如火炎木少遇庚辛，休作身旺官轻而取；或土重木绝逢壬癸，难作身旺官轻而决。财轻莫逢劫地，印多最妙财乡。财旺生官，用禄取贵；杀星制刃，

---

① 眉批：此段以下言行运相犯吉凶。
② 此篇募集诸家口诀。
③ 眉批：财者，本也，人命赖之以滋生。
④ 眉批：去者，去而不用；留者，留而用之；舒者，屈而抑之；配者，合而成对。
⑤ 眉批：变通者，或命中有无禄、马、财、官而贵者，但有一格无破者也。
⑥ 眉批：如印绶劫财，不宜又行印绶劫财之运。
⑦ 眉批：财遇长生者如庚见申木逢亥，余仿此。
⑧ 眉批：腊月十二月也，己土用事，己生庚金伤官。

劫实图名。① 身旺偏财何取，必取横财；主捷正财偏劫，频见妻灾。

劫财羊刃入官杀，台阁之臣；归禄倒冲逢刃伤，廊庙之贵。身旺有杀逢印绶，权断之官；主弱逢印见财星，寻常之客。阳刃伤官有制，膺职掌于兵刑。正官正印无伤，出仕牧其士庶。财旺稼穑，给饷之官；② 飞禄朝阳，侍廷之相。

乾坤本清气，几国之荣；子午为极尊，黄门之贵。癸日癸时兼亥丑，魁名及第入翰林；壬日壬时叠寅辰，高爵承恩登御阁。日德见魁罡，纵吉运贫寒之士；魁罡见财官，得地衣禄之人。伤官见官，妙入财印之地；财星破印，贵行比劫之中。

命逢财，运逢杀，吉而堪言；命逢杀，运逢财，凶而可决。女多伤官，归禄得之极吉；男逢羊刃，身弱遇之为奇③ 金神归禄栏叉，女命逢之最忌；羊刃伤官七杀，男子值之得权。金神入火逢杀刃，贵而无疑；杀重有印逢食伤，荣而自有。正官正印，居官不显；羊刃七杀，出牧驰名。身旺无依，僧道之例；桃花滚浪，娼妓之流。金弱火强，土木销溶之匠；土多水浅，行商针线之工。五湖云绕，始荣终辱己身贫；④ 遍野桃花，一世风流多酒色。⑤ 亡神拱杀，盗贼之徒；秀气失时，清名之士。

印旺身强多嗜酒，丁壬妒合犯淫讹。身印俱强，平生少病；天月德助，处世无殃。食神生旺，胜似财官。贵全官杀，有弃命就财、就杀、就官者富贵有余；无依专旺，绝食、绝财、绝官者无限贫穷。身弱弃命要无根，官居宰辅；⑥ 主衰身化得其时，位近天廷。男命类属从化照反鬼伏；女命纯和清贵，浊滥淫娼⑦宜细详之。

---

① 眉批：有羊刃遇劫制，当打劫谋生，故名劫宝图名。
② 眉批：稼穑言土多，给饷乃官之职。
③ 眉批：阳刃者不可便言凶，身弱喜逢之妙。
④ 眉批：壬为云，癸子为湖。五湖云绕，言命局中水气强盛。
⑤ 眉批：子午卯酉多者谓之遍野桃花。
⑥ 眉批：弃命要弃尽，不尽则贫夭。
⑦ 眉批：神趣八法，有类属从化照返鬼伏之类，以分贵贱。女四纯则清贵、四浊则淫贱。

渊源集说

最贵者官星为命，时得偏正财为福；最凶者七杀临身，逢天月二德为祥。官星若遇劫财，虽官无贵；七杀如逢资助，其杀愈重。三合六合，① 运至逢而必荣；七官八官，月逢官而为喜。四合四刑，合刑当为偏正；七冲七击，冲击喜得会藏。夹贵夹丘为暗会，财库官库要正冲。官星在生旺之方，逢则何须发见；印绶临孟仲之下，见而不见。露形印绶，得劫财为贵。财源喜伤贵为奇。伤官要见印绶，贵不可言；归禄若见子孙，禄无限妙。年月立有阴阳羊刃，刑罚重犯。官杀混逢天月德，寿位高迁。飞刃② 伏刃，会刃多凶；伤官见官，剥官见祸。羊刃若逢印绶，纵贵有疾病在身；七杀并制，逢官为祸而寿元不长。三偏三正，官居一品之尊；四柱四合，福坐众人之上。

杀化为印，早擢登科；财旺生官，少年承业。官杀同来，要知扶官扶杀；偏正混合，须知合正合偏。福禄若逢羊刃，世事不明；③ 金神运入水乡，身衰夭折。暗中藏杀，须凭月下刑神；见处无财，必受空中祸患。羊刃兼会七杀，千里徒流；月财若透劫夺，一生贫困。入生前定，穷富已明，如要识其消长，亦多究其始终。或有前贫后富，或有骤发卒倾；或有白屋之公卿，或有朱门之饿莩；或一生长乐，或一生失所；当视流运之源，要察行年之位。身弱徒然入格，纵发早亡；福转若遇休囚，卒发倾夭。是以用神不可妄求，形踪自然发见。有福必当用彼，无时必是用身。祸患在于五行，福崇在于运气。福源人所同具，如或伤终困。此中消息，阴阳在我；通明理智，荣辱两端，媸妍一断，自古相传，非贤勿授。

子平百章歌

魁星岁驾五经首，甲旺提纲榜眼清。

---

① 眉批：三合即申子辰之类，六合即子与丑之类。
② 眉批：羊刃对宫为飞刃。
③ 眉批：福禄官禄二星之名。

火明木秀绶魁日，金白水清甲第新。①
重叠土金登紫阁，调和木火贯黄金。
木生春令逢食伤，甲宿文场义理深。
财印两轻官杀足，甲第连科一举成。
根苗天乙俱榜眼，为魁木火定详英。
相涵金水亲黄榜，递互丙丁待紫宸。
金水秋气炎方取，魁星官杀贵分明。
杀重身轻休道弱，如逢印绶作魁星。
虽知识此分高下，熟记何须问子平。

四言独步

先天何处，后天何处；要知来处，便知去处。
四柱排定，三才次分；年根为本，配合元辰。
神杀相绊，轻重较量；先观月令，谁格推详。
以日为主，专论财官；分其贵贱，妙法多端。
独则易取，乱则难明；去留舒配，论格要精。
日主高强，月提得令；用财为物，表实为正。②
年根为主，月令为中；日生百刻，时旺时空。
干与支同，损财伤妻；身支年同，破荡祖基。
月令建禄，不住祖基；一见财官，自然发福。
用火愁水，用木愁金；轻重能分，祸福能真。③
五行生旺，不怕休囚；东南西北，数尽方休。
寅申巳亥，四生之局；用物身强，遇之发福。
辰戌丑未，四墓之局；人元三用，透旺为真。
子午卯酉，四败之局；男犯兴衰，女犯孤独。④

---

① 眉批：如子年生子日未岁驾，子属土，土星是也。余仿此。
② 眉批：日主高强，五行生克，赖印绶旺之。
③ 眉批：今见有四壬日，生于秋初之申枭神，而反发财。
④ 眉批：子午卯酉为沐浴之地与化杀之方。

进气退气，命物相争；进气不死，退气不生。
财官临库，不冲不发；四柱支干，喜行相合。①
提纲有里，最恨刑冲；冲运则缓，冲用则凶。
三奇透露，日主专处；其格有用，福禄荣昌。
十干化神，有影无形；无中生去，福禄难凭。
十恶大败，格中大忌；若遇财官，反成富贵。
格格推详，以杀为重；化杀为权，何愁损用。
杀不离印，印不离杀；杀印相生，功名显达。
官杀连逢，制伏有功；如得帝旺，遇之不凶。
时杀无根，杀旺取贵；时杀多根，杀旺不利。②
八月官星，大忌卯丁；卯丁克破，有情无情。
印绶根轻，旺中显达；印绶根深，旺中不发。
印绶比肩，喜行财乡；印绶无肩，忌见财伤。
先财后印，反成其福；先印后财，反成其辱。
财官印绶，大忌比肩；伤官七杀，反助为权。
伤官用财，死宫有子；伤官无财，子宫有死。
时上偏财，怕逢兄弟；月印逢财，比肩不忌。
伤官见官，格中大忌；不推用神，何愁官至。③
拱禄拱贵，填实则凶；提纲有用，论之不同。
月令财官，遇之发福；禄位高强，比肩夺福。
日禄居时，青云得路；庚日申时，透财归禄。
壬骑龙背，见戌无格；寅多则富，辰多则荣。
天元一气，地物相同；人命得此，位列三公。
八字连珠，支神有用；造化逢之，名利必重。④
日德金神，月逢土旺；虽有轻名，祖业漂荡。

---

① 眉批：日干吉有支冲则凶。
② 眉批：时杀乃时上带杀干或支旺者，皆谓之时上一位贵。
③ 眉批：用神，月支所用之神，如子宫取癸水为用。格中如伤癸水，则为用神受伤，若不用癸水，则虽有伤亦不为害。
④ 眉批：连珠者如甲乙丙丁之例。

金神带杀，身旺为奇；更行火地，名利当时。
甲日金神，偏宜火制；己日金神，何劳火制。
六甲生春，时犯金神；水乡不发，三重名真。
甲乙丑日，时带金神；月干见杀，双目不明。
甲寅重寅，二巳刑杀；终身必损，遇火难发。
六甲寅月，透财时节；西北行程，九流立业。
乙日卯月，金神刚烈；富贵比肩，旺横死绝。
天干二丙，地支全寅；更行生运，死见福临。
火旺二寅，月令水金；火乡有救，见壬刑身。
己日月戌，火神无气；多水多金，眼昏目闭。
年干会火，日时会金；己干用印，官彻名清。
秋金生午，二庚火丙；到丑伤情，逢离顺境。
庚金生午，辛金生未；透杀两停，冬生最贵。
辛金月辰，庚金丑库；逆数清孤，顺行豪富。
辛逢卯日，年月见酉；时带朝阳，为僧道丑。①
辛金亥日，月建临戌；水运初行，须防目疾。
辛金生酉，时官用印；顺行南方，名利必振。
辛金生巳，官印用月；顺行南方，贵显荣福。
酉金逢离，透土何处；无土伤身，寿元不住。
月生四季，日生庚辛；何愁主伤，旺地成名。
辛金逢火，见土成形；阳金遇火，透土成名。
壬生午位，禄马同乡；重重遇火，格局高强。
壬癸多金，生于酉申；土旺则贵，火旺则贫。
癸向巳官，财官抱印；运至南方，利成必振。
癸日巳亥，杀财透露；地合伤官，有劳无福。
癸日中提，卯寅岁时；年煞月劫，林下孤恓。
癸日干己，阴杀重逢；无官相混，名利必通。
伤官之格，女人最忌；带印带财，反为富贵。

---

① 眉批：时带朝阳谓见子时也。

杀多有制，女人必贵；官星重犯，浊滥淫类。
官星桃花，福德堪夸；杀星桃花，朝劫暮巴。
庚日申时，柱中金局；支无会合，伤官劫妻。
癸曰寅提，寅时亥月；莫犯提纲，祸福难推。
甲日乾提，见杀喜比；金水杀根，忌行卯未。
戊己丑月，比肩透出；宜金入局，忌逢午未。
壬癸坎宫，支逢戊戌；干头比肩，东行为吉。
甲乙震宫，卯多须夭；逆顺运行，子申发福。
庚辛巳月，金生火旺；比劫栽根，西行成象。
丙丁酉月，比肩不忌；火入离宫，比肩一例。
曲直丑月，带印多金；壬癸丑月，土厚多金。
食神生旺，胜似财官；浊之则贱，清之则垣。
此法玄玄，识得成仙；学者实授，千金莫传。

身弱论

阳木无根，生于丑月；水多转贵，金多则折。
乙木无根，生临丑月；金多转贵，火多则折。
丙火无根，子申全见；无制无生，此身贫贱。
六甲坐申，三重见子；运至北方，须防横死。
丙临申位，阳水大忌；有制身强，旺成名利。
己入亥月，怕逢阴木；月逢印生，自然成福。
己日逢杀，印旺财扶；运转东南，贵高财足。
壬寅壬戌，阳土透露；不混官星，名崇显禄。
阴水无根，火乡有贵；阳水无根，火乡即畏。
丁酉阴柔，不愁多火；比肩透露，格中最忌。
戊寅日主，何愁杀旺；露火成名，水来漂荡。
庚午日主，支火炎炎；见土取贵，见水为贤。
辛壬身弱，卯提入格；癸酉身弱，见财成格。
癸巳无根，火土重见；透财名彰，露根则贱。

弃命从杀论

甲乙无根，怕逢申酉；杀合逢之，双目必朽。
甲木无根，生于丑月；水多转贵，金土则折。
乙木酉月，见水为奇；有根丑绝，无则寅危。
乙木坐酉，庚丁透露；二库归根，孤神得失。
丙火申提，无根从杀；有根南旺，脱根寿促。
阳火无根，水乡必忌；阴火无根，水乡有救。
阴火酉月，弃命就财；北方入格，南则为灾。
戊己亥月，身弱为弃；卯月同推，嫌根劫比。
庚金无根，寅宫火局；南方有贵，须防寿促。
辛巳阴柔，休囚官杀；运限加金，聪明显达。
壬日戊提，癸干未月；运喜东方，逢冲则绝。
弃命就财，须要会财；弃命从杀，须要会杀。
从财忌杀，从杀喜财；命逢根气，命殒无猜。

五言独步

有病方为贵，无伤不是奇。格中如去病，财禄两相随。
寅卯多金丑，贫富高低走。南地怕逢申，北方休见酉。
建禄生提月，财官喜透天。不宜身再旺，唯喜茂财源。
土厚多逢火，归金旺在秋。冬天水泛泛，名利总虚浮。
甲乙生居卯，金多反吉祥。不宜重见杀，火地得衣粮。
火忌西方酉，金沉怕水乡。木神休见午，水到卯中伤。
土宿休行亥，临官在巳宫。南方根有旺，西北莫相逢。
阴日朝阳格，无根月建辰。西方还有贵，惟怕火来侵。
乙木生居酉，莫逢酉巳丑。富贵坎离宫，贫穷坤艮守。
有杀只论杀，无杀方论用。只要去杀星，不怕提纲重。
甲乙若逢申，杀印暗相生。木旺金逢旺，冠袍必挂身。

离火怕重逢，北方返有功。虽然宜见水，犹恐对提冲。
八月官星旺，甲逢秋气深。财官兼有助，名利自然亨。
曲直生春月，庚辛干上逢。南离推富贵，坎地却犹凶。
甲乙生三月，庚辛戌未存。丑宫壬戌位，何虑见无根。
木茂宜金火，身衰鬼作关。时分西与北，轻重辨东南。
时上胞胎格，月逢印绶通。杀官行运助，职位至三公。
二子不冲午，二寅不冲申。得三分三格，财官印绶全。
运中逢克破，一命丧黄泉。进气死不死，退气生不生。
终年无发旺，犹忌少年刑。时上偏财格，干头忌比肩。
月生逢主旺，贵气复重添。运行十数载，上下五年分。
先看流年岁，深知往来旬。时上一位贵，藏在支中是。
日主要刚强，名利方有气。

正月建寅候诗诀

正月寅宫原是木，木生火旺土长生。
戌兼午未宫中喜，申酉休囚数莫行。①
寅月重逢午戌该，庚辛为主两推排。
有根有土偏宜火，身弱休囚怕火来。
如有寅宫木火神，南方午未禄财欣。
逆行戌亥还当旺，破损忧愁见酉申。②
庚辛主弱逢寅月，午戌加临会杀星。
日主无根还透土，逆行金水福兴隆。③
己戌身衰喜见寅，重重官杀必荣身。
只求木火相生吉，运到西方怕酉申。④

---

① 眉批：正月甲木旺二十二日，艮土生三日，丁丙火生主五日，戊土寄生于寅。
② 眉批：寅午戌为三合，以木火为用神，行南方大利。
③ 眉批：木绝于申，火死于酉，金弱赖艮土以生，正谓"金逢艮而遇土，号曰还魂"。
④ 眉批：西方金旺，伤其官不利。

二月建卯候诗诀

丙丁二月身逢印，大怕庚辛酉丑伤。
水运敛荣木火旺，西方行运定遭殃。①
甲日卯月重逢丑，格中有火不须嫌。
再行火土兴财禄，岁运宜金怕水缠。②
木正荣于卯月中，若将为用喜生逢。
北方亥子成名利，午未行来坐福浓。③
卯宫大怕逢金降，火旺根深制伏强。
四柱有金嫌巳丑，运来酉上定须伤。④
己卯日元二三月，杀生有露火偏奇。
只宜木火重迎见，金水行来命必亏。
庚辛卯月多逢木，日主无根怕旺财。
南北两头防有破，如逢申酉祸难来。⑤
癸日无根卯月逢，局中有火反成功。
如行身旺多财富，若至官乡数必终。⑥

三月建辰候诗诀

三月辰宫只论土，杀多金水化为祥。
提纲若用财官印，金水相临命有伤。⑦
戊土无根日坐寅，重重水旺福源深。
如行木火宫中吉，金水相逢祸必侵。

---

① 眉批：二月乙木旺，为丙丁之母，忌金克之，喜水佐之。
② 眉批：丑中有己土，为甲之妻财，火又生土，故喜而乐之。
③ 眉批：木以比为印，以南为食，正木火通明。
④ 眉批：巳丑乃巳酉丑合金局，故忌之。
⑤ 眉批：南为官杀，北为盗气，如行西方可以助力。
⑥ 眉批：卯月癸水长生之地，火者财也，身旺宜北方也。
⑦ 眉批：三月水土墓库之宫，戊土十八日，癸水五日，乙木七日。

三月干头只用金，火生土厚福还真。
身为壬癸多逢土，火旺提防祸必临。①

四月建巳候诗诀

甲乙如临四月天，水乡木旺振财源。
北方火地多凶破，酉又相逢祸便言。②
四月干头水土逢，水乡木旺禄还通。
如行金水多成败，更怕提纲物对冲。
金水干头四月胎，土为印绶火为财。
身强土厚宜金土，日主轻浮怕水来。③
壬日巳月多火土，无根无印怕财乡。
须行申酉是名利，逆走东南寿不长。④
四月金生火土旺，三般神用要分明。
财官印绶藏宫内，运看高低仔细寻。⑤

五月建午候诗诀

五月宫中火正荣，高低贵贱两分明。
财官印用宜生旺，化杀欣逢要水平。⑥
五月炎炎则论火，如逢木火自然兴。
西方金木多防克，丑土周还怕子迎。⑦
午宫怕子水来冲，用火逢冲数必凶。

---

① 眉批：用金者喜有土生，火旺则伤金。
② 眉批：巳宫丙火旺二十二日，庚金生五日，戊土三日。
③ 眉批：土为金之印，火为水之财。
④ 眉批：壬日以火为财，以土为杀，行申西方金助之。
⑤ 眉批：四月丙戊皆明，丁己互相乘旺，看时参而用之。
⑥ 眉批：五月丁火旺二十二日，丙火旺七日。
⑦ 眉批：申子辰相冲之故。

日主庚辛如会杀，运中逢此反成功。①
财官印绶如藏午，西北休临申子辰。
木火土乡还富贵，休来水土更嫌金。

六月建未候诗诀

丙丁日坐未宫逢，金水虽凶未必凶。
木库水乡应富贵，再行申酉祸灾重。②
未月支藏木火时，不逢顺逆格高低。
南方行去东方旺，酉位休愁戌亥亏。

七月建申候诗诀

印绶财官月建申，北方回喜福还真。
火金生旺多清贵，大限行来最怕寅。③
建禄庚辛旺在申，有官有印有财星。
逆行辰巳荣财禄，北地须知富贵成。④
壬癸生临七八月，火土多厚北方奇。
无伤无破休行水，帝旺临官运不宜。⑤

八月建酉候诗诀

甲乙无根八月逢，庚辛金旺不嫌凶。
北方水运财星足，逆走南方得失中。⑥

---

① 眉批：午宫以丁火为用，忌子宫癸水来冲。
② 眉批：六月未宫，己土十八日，丁火七日，乙木五日。
③ 眉批：七月申宫，庚金旺二十二日，壬水生五日，戊土二日。
④ 眉批：庚禄在申，辛旺在申。北地运行北地也。
⑤ 眉批：此言壬水生申既有根，至帝旺运太过。
⑥ 眉批：八月辛金二十三日，庚金七日。

酉月藏金乙日逢，北方亥子水重重。
离明午未财权重，巳丑加临寿必终。①
甲乙酉月多官杀，无根日主一生低。
北逢顺走休临丑，逆走南方巳上亏。
丁生酉月天干癸，去杀方能可去财。
有气保身存印绶，无情行到水中来。②
秋金酉丑重金旺，除非火炼有声明。
东方行去盈财禄，西北来临福必倾。③

九月建戌候诗诀

九月戌中藏火土，庚辛不忌日无根。
格中若有财官印，运到南方福禄亨。④
甲乙秋木九月生，木衰金旺怕庚辛。
如临水火兴家计，金水才来祸便行。
财官印绶九月临，发旺升腾见卯寅。
顺去北方行子丑，逆行嫌酉破逢申。
戌月金生藏火土，或行南北或行东。
不分顺逆高低格，大运辰逢寿必终。⑤
壬日无根戊己多，生于九月忌财过。
逆行休用南方午，寅若如逢奈若何。
丙丁无主戌中旬，财透天干作用神。
此格伤官杀喜旺，只愁身旺尽伤官。⑥

---

① 眉批：言乙木逢巳酉丑金局官杀太重，故云之。甲人酉月用辛为官，妇人忌之。
② 眉批：言丁火生于酉月，以辛金为财，喜土忌水。
③ 眉批：金旺喜火喜财为之，西北又是金水，少利。
④ 眉批：九月戌土十八日，辛金七日，丙火库五日。
⑤ 眉批：言日干是金，生于九月中，土为印绶，逢辰则冲官矣。
⑥ 眉批：南方火生土，东方木克土，此火土伤官格，以壬癸为杀。

十月建亥候诗诀

水木生居亥月乾，财官印绶喜相连。
用壬运旺西方去，用木须欣寅卯逢。①
丙日壬杀喜东南，来至东南发显官。
大运愁逢金水地，再行西兑寿难完。②
财官印绶立乾宫，水木相生福禄通。
阳水喜金嫌火土，运行最怕巳相冲。③
日主无根干土金，月通亥子土来侵。
只宜印绶扶身旺，何怕提纲损用神。④

十一月建子候诗诀

丙丁日主月逢子，支下存申时又辰。
火土旺乡成富贵，再行金水祸难禁。⑤
子宫有水金乡旺，见土休囚忌破支。
元有土离逢水贵，午来冲对寿元衰。⑥
庚金遇子多强吉，火土相嫌未必凶。
运去元辰幡作贵，再行午运福重重。
庚日逢寅午戌行，日通火局是提纲。
如行金水幡成富，火土重来福怎当。⑦
水归冬旺乐无忧，透用财官富九州。
顺逆不分还富贵，提纲刑克事休休。

---

① 眉批：十月乾金三日，甲木六日，壬水旺二十一日。西方金生水，东方木惧金。
② 眉批：行东方运，能助丙之力，酉运伤丙之身。
③ 眉批：乾宫，亥宫也，壬水生旺之地。
④ 眉批：此言庚日或戊日。
⑤ 眉批：壬水七日，癸水二十三日。
⑥ 眉批：金生水得助，有土不怕水，忌午火。
⑦ 眉批：言庚金得火局，金见火土为害。

十二月建丑候诗诀

甲子生居丑月中，无根金水不嫌凶。
再行金水声名显，火土相逢破本宗。①
丙丁坐火财中杀，四柱无根忌水乡。
运到火乡加福助，须知显振名利香。②
庚辛丑月中藏印，火土来临福禄齐。
壬癸天干或透出，如逢戊己言相生。
壬癸生居丑月提，有金有土格中奇。
顺行辰巳兴财禄，逆去升腾申酉支。
戊土生居十二月，伤官财旺藏时节。
水清金白助格中，若逢火土多周折。
己干提丑支金局，杀旺身强格局高。
金水重来名利厚，水乡火地不坚牢。
丙日多根丑局逢，财官藏在月提中。
水乡在旺金乡吉，土困行南总是空。③
戊己生居丑月中，忽逢羊刃在天宫。
金多有水方成贵，火土虽嫌比劫同。④

---

① 眉批：十二月丑宫，癸水五日，辛金库七日，己土十八日。
② 眉批：丙丁生丑月本弱，行南方运方福，东方运可救。
③ 眉批：言巳酉丑金局，癸水为官，辛金为财。
④ 眉批：羊刃，劫财也，在子午头者曰天官。

十干体象[①]

甲

甲木天干作首排，原无枝叶与根荄。
欲存天地千年久，直向泥沙万丈埋。
斫就栋梁金得用，化成灰炭火为灾。
蠢然块物无机事，一任春秋自往来。[②]

乙

乙木根荄种得深，只宜阳地不宜阴。
漂浮最怕多逢水，刻斫何当苦用金。
南去火炎灾不浅，西行土重祸犹侵。
栋梁不是连根木，辨别工夫好用心。[③]

丙

丙火明明一太阳，原从正大立纲常。
洪光不独窥千里，巨焰犹能遍八荒。
出世肯为浮木子，传生不作湿泥娘。
江湖宛水安能克，惟怕成林木作殃。[④]

---

① 醉醒子集，附之便览。
② 眉批：甲性之木枝别刚柔，春忌生扶，遇火有文明之象。
③ 眉批：卯木为有根荄，宜阳地不宜阴，叠旺则成其林。
④ 眉批：丙火太阳之象，忌生扶喜剥削，水不合则火不能克，惟忌木盛则蔽之。

丁

丁火其形一烛灯，太阳相见夺光明。
得时能化千金铁，失令难熔一寸金。
虽少干柴犹可引，纵多湿木不能生。
其间衰旺当分晓，旺比一炉衰一檠。①

戊

戊土城墙堤岸同，镇江河海要根重。
柱中带合形还壮，日下乘虚势必崩。
力薄不胜金漏泄，功成安用木疏通。
平生最要东南健，身旺东南健失中。②

己

己土田园属四维，坤深能为万物基。
水金旺处身还弱，火土功成局最奇。
失令岂能埋剑戟，得时方可用镃基。
谩夸印旺兼多合，不遇刑冲总不宜。③

庚

庚金顽钝性偏刚，火制功成怕水乡。

---

① 眉批：丁日未支得时，忌失令，虽未能生湿木，难发真光。
② 眉批：戊土禄厚，喜逢巳寅生合，水盛则崩。
③ 眉批：己土阴土，应合去，忌失时，善生旺又喜刑冲。

夏产东南过锻炼，秋生西北亦光芒。
水深反见他相克，木旺能令我自伤。
戊己干支重遇土，不逢冲破即埋藏。①

辛

辛金珠玉性通灵，最爱阳和沙水清。
成就不劳炎火煅，资扶偏爱湿泥生。
木多火旺宜西北，水冷金寒要丙丁。
坐禄通根身旺地，何愁厚土没其形。②

壬

壬水汪洋并百川，漫流天下总无边。
干支多聚成漂荡，火土重逢涸本源。
养性结胎须未午，长生归禄属乾坤。
身强原自无财禄，西北行程厄少年。③

癸

癸水应非雨露谓，根通亥子即江河。
柱无坤坎身还弱，局有财官不尚多。
申子辰全成上格，寅午戌备要中和。
假饶火土生深夏，西北行程岂太过。④

---

① 眉批：庚金顽铁，忌生扶，喜剥削，怕土重及木多。
② 眉批：辛金温润，喜生扶忌剥削，喜见土水逢之，喜行西北。
③ 眉批：壬水有根之水，忌生扶喜剥削，无土则漫流。
④ 眉批：癸乃润泽之水，通亥子则成江海，喜生扶忌剥削，喜生扶忌剥削，喜合忌克冲。

十二支体象

子

月支子水占魁名，溪涧汪洋不尽清，
天道阳回行土旺，人间水暖寄金生。
若逢午破应无定，纵遇卯刑还有情，
柱内申辰来合局，即成江海发涛声。①

丑

隆冬丑土怯冰霜，谁识天时转二阳，
暖土诚能生万物，寒金难道只深藏。
刑冲戌未非无用，类聚鸡蛇信有方，
若在日时多水木，直须行入巽离乡。②

寅

艮宫之木建于春，气聚三阳火在寅，
志合蛇猴三贵客，类同卯未一家人。
超凡入圣惟逢午，破禄伤提独虑申。
四柱火多嫌火地，从来燥木不南奔。③

---

① 眉批：喜合忌克冲。十一月为一阳。
② 眉批：十二月为二阳，己土癸水辛金。
③ 眉批：正月为三阳，亥卯未木局为一家人。

卯

卯木繁华秉气深，仲春难道不嫌金，
庚辛叠见愁申酉，亥子重来忌癸壬。
祸见六冲应落业，喜逢三合便成林，
若归时日秋金重，更向西行患不禁。①

辰

辰当三月水泥温，长养堪培万木根，
虽是甲衰乙余气，纵然壬墓癸还魂。
直须一钥能开库，若遇三冲即破门，
水木重逢西北运，只愁厚土不能存。②

巳

巳当初夏火增光，造化流行正六阳，
失令庚金生赖母，得时戊土禄随娘。
三刑传送勐无害，一撞登明便有伤，
行到东南生发地，烧天烈焰岂寻常。③

午

午月炎炎火正升，六阳气续一阴生，
庚金失位身无用，己土归垣禄有成。

---

① 眉批：二月之木喜三合略喜克制。
② 眉批：三月之土喜三合，不喜克削。先甲木于前，土于后。
③ 眉批：六阳，四月也；登明，亥宫也。言巳亥犯冲，寅乃传送，寅刑巳也。喜东南忌西北。

申子齐来能战克，戌寅同见越光明，
东南正是身强地，西北休囚已丧形。①

未

未月阴深火渐衰，藏官藏印不藏财，
近无亥卯形难变，远带刑冲库亦开。
无火怕行金水去，多寒偏爱丙丁来，
用神喜忌当分晓，莫把圭臬作石猜。②

申

申金刚健月支逢，水土长生在此宫，
巳午炉中成剑戟，子辰局里得光锋。
木多无水终能胜，土重埋金却有凶，
欲识斯神何所似，温柔珠玉不相同。③

酉

八月从魁已得名，羡他金白水流清，
火多东去愁寅卯，木旺南行怕丙丁。
柱见水泥应有用，运临西北岂无情，
假若三合能坚锐，不比顽金未炼成。④

---

① 眉批：夏至后一阴生。申子辰合水局恐相刑克，喜寅午戌合则吉。
② 眉批：圭臬：即测日影的表，比喻准则和法度。这里引伸是指推命要分喜忌，贵在变通，并没有一定的法度和准则。
③ 眉批：庚金禄在申，水土又长生，惟金得令喜火忌土。
④ 眉批：八月辛金旺地，丁己长生，从魁星名居酉位。

戌

九月河魁性最刚,发云于此物收藏,
洪炉巨火能成就,钝铁顽金赖主张。
海窟冲龙生雨露,山头合虎动文章,
天罗虽是迷魂阵,火命逢之独有伤。①

亥

登明之位水源深,雨雪生寒值六阴,
必待胜光方用土,不逢传送浪多金。
五湖归聚原成象,三合羁留正有心,
欲识乾坤和暖处,即从艮震巽离寻。②

---

① 眉批:河魁,星名,在戌位。
② 眉批:亥为登明也。

新刊合并官板音义评注渊海子平卷五

正官诗诀

正官须在月中求,天破无伤贵不休。
玉勒金鞍真富贵,两行旌节上皇州。
正气官星月上推,无冲无破始为奇。
中年岁运来相助,将相公侯总可为。
正官仁德性情纯,词馆文章可立身。
官印相生逢岁运,玉堂金马坐朝臣。
正官大抵要身强,气弱须求运旺方。
岁运更逢生旺地,无冲无破是荣昌。
日干为主透官星,须要提纲见丙丁。
金水相生成下格,火来拘聚旺财名。
辛日透丙月逢寅,格中反化发财根。
官星不许重相见,运至冲刑怕酉申。
八月官星得正名,格中大怕卯和丁。
若还柱内去其忌,运亦如之贵亦宁。①

---

① 眉批:"月中",月令支中,如甲日生酉月,酉中辛金是官也。有官无印不得为掌印之职位,佐二清闲之职。"玉堂",翰林院堂名,宋徽宗飞白书"玉堂"二字。"金马",汉未央宫侧门名,待诏近侍门立于金马门。此言己以甲为官,喜火生土为贵。辛金月寅,以丙为官,官且弱,寅乃木旺,辛以木为财反旺。甲以辛酉为官,忌见丁卯伤之。

偏官诗诀 即七杀

偏官如虎怕冲多，运旺身强岂奈何。
身弱虎强成祸患，身强制伏贵中和。
偏官有制化为权，垂手登云发少年。
岁运若行身旺地，功名大用福双全。
偏官不可例言凶，有制还他衣禄丰。
干上食神支又合，儿孙满眼福无穷。
阴癸多逢己字伤，杀星须用木来降。
虽然名利升高显，怎奈平生寿不长。
六丙生人亥子多，杀星拘印反中和。
东方行去兴名利，运到西方事转磨。
春木无金不是奇，金多尤恐反遭危。
柱中取得中和气，福寿康宁百事宜。
偏官偏印最难明，上下相生有利名。
四库坐财宜向贵，等闲平步出公卿。
戊己若逢见官杀，局中金水更加临。
当生有火宜逢火，火退愁金怕木侵。①

印绶诗诀

月逢印绶喜官星，运入官乡福必清。
死绝运临身不利，后行财运百无成。
印绶无亏享福全，为官承荫有田园。
家膺宣敕盈财谷，日用盘餐费万线。

---

① 眉批：偏官无制为七杀，克我之人也。身强则贵，身弱则贱，此皆要身旺。食神制杀之神。癸水以己土为杀，以乙木克之方吉。丙以水为杀土为伤食，土制水不伤丙为和。春木乘旺之木故喜杀。言辰戌丑未四库有财。戊己以甲乙为官杀，忌金。

印绶无亏靠祖宗，光辉宅产耀门风。
流年运气逢官旺，富贵双全步月宫。
月生日主喜官星，运入官乡禄必清。
容貌堂堂多产业，官居廊庙作公卿。
重重生气若无官，当作清高技艺看。
官杀不来无爵禄，总有技艺也孤寒。
重重印绶格清奇，更要支干仔细推。
支上咸池干带合，风流浪荡破家儿。
印绶干支喜自然，功名富豪禄高迁。
若逢财运来伤印，退职休官免祸愆。
印绶重重享见成，食神只恐暗相刑。
早年若不归泉世，孤苦离乡宿疾萦。
丙丁卯月多官杀，四柱无根怕水乡。
湿木不生无焰火，身荣除世在南方。
壬癸逢身嫌火破，格中有土贵方知。
北方水运皆为吉，如遇寅冲总不宜。
木逢壬癸水漂流，日主无根罔度秋。
岁运若逢财旺运，反凶为吉遇王侯。
贪财坏印莫言凶，须要参详妙理通。
运若去财还作福，再行财运寿元终。
印绶如经死绝乡，怕财仍旧怕空亡。
逢之定主多凶祸，落水火刑自缢伤。
印绶不宜身太旺，纵然无事也平常。
除非原命多官杀，却有声名作栋梁。
印绶干头重见比，如行运助必伤身。
莫言此格无奇妙，印入财乡福禄真。
印绶官乡运气纯，偏官多遇转精神。

如行死绝并财地，无救当为泉下人。①

正财诗诀

正财无破乃生官，身旺财旺禄位宽。
身弱财多徒费力，劫财分夺祸多端。
正财得位正当权，日主高强财万千。
印绶若来相济助，金珠满匣禄高迁。
正财还与月官同，最怕干支遇破冲。
岁运若临财旺地，须教得富胜陶公。
身弱多财力不任，生官化鬼反来侵。
财多身健方为贵，若是身衰祸更临。②

偏财诗诀

偏财身旺是英豪，羊刃无侵福禄高。
结夫有情宜慷慨，若还身弱慢徒劳。
月偏财是众人财，最忌干支兄弟来。
身强财旺皆为福，若带官来足妙哉。
凡是偏财遇劫星，田园破尽若还贫。
伤妻损妾多遭辱，食不相资困在陈。
若是偏财带正官，劫星须露福相干。
不宜劫运重来并，此处方知祸百端。
偏财身旺要官星，运入官乡发利名。

---

① 眉批：印如一官，堂堂若受人财贿，则退其官故曰忌财。印乃生身之母，当享祖业，丰盛自足一生。有印必要有官，倘若无官，必为虚，无以取贵，故曰逢印而看官。印多无官杀，常言道，九流清高之人。咸池即桃花主人浪荡子，子午卯酉见之。则贪财坏印之故也。丙丁卯月，以乙木为印，此旺木虽茂犹湿，不能生火之谓，行南方富且荣。壬癸以庚申为印，木以水生为印以土为财，喜行财运以止水流则吉。印喜官杀，正谓"有官有印无破，作廊庙之才"。

② 眉批："正财无破"则用之为财，不可劫是也。陶公，范蠡也，开陶朱市，广积财物，称为陶朱公。财多身弱，正为富屋贫人。

兄弟若来分夺去，功名不遂祸随生。①

食神诗诀

食神有气胜财官，先要他强旺本干。
若是反伤来夺食，忙忙辛苦祸千般。
食神无损格崇高，甲丙庚壬贵气牢。
丁己乙丁多福禄，门甲弧矢出英豪。
甲人见丙本盗气，丙去食戊号食神。
心广体胖衣禄厚，若临偏印主孤贫。
寿元合起最为奇，七杀何忧在岁时。
禁凶制杀干头旺，此是人间富贵儿。
食神居先杀居后，衣禄再主富贵厚。
食神近杀却为殃，终日尘寰漫奔走。
申时戊日食神奇，惟在秋冬福禄齐。
甲丙卯寅来克破，遇而不遇主孤疑。②

伤官诗诀

伤官伤尽最为奇，尤恐伤多反不宜。
此格局中千变化，推寻需要用心机。
火土伤官宜伤尽，金水伤官要见官。
木火见官官有旺，土金官去反成官。
惟有水木伤官格，财官两见始为欢。

---

① 眉批：偏财主外方财，忌兄弟姐妹分夺其财食，若身旺财旺极其富矣。"陈"，国名，孔子过陈国，人困之绝粮七日不食。逢官看财，此为官之禄，须得官以享之。身弱劫财羊刃，如甲乙日又见甲乙或行甲乙运。

② 眉批：食神我生之子也，如人之有好子可强父，若不肖则败其家业反取祸，有害于父母也。以此意断命，十有九验。五行纳音即寿元，如甲子乙丑海中金，即金为寿元也。"申时戊日食神奇"，此言庚申时逢于戊日，乃食神干旺之方，忌甲丙卯寅，乃遇而不遇。

伤官不可例言凶，辛日壬辰贵在中。
生在秋冬方秀气，生于四季主财丰。
丙火多根土又连，或成申月或成乾。
但行金水升名利，火土重来数不坚。
伤官不可例言凶，有制还他衣禄丰。
干上食神支带合，儿孙满眼寿如松。
伤官遇者本非宜，财有官无是福基。
时日月伤官格局，运行财旺贵无疑。
伤官伤尽贵为奇，若有伤官祸便随。
恃己凌人心好胜，刑伤骨肉更多悲。①

羊刃诗诀 即劫财

羊刃存时莫看凶，身轻反助却为福。
单嫌岁月重相见，莫把生时作怒宫。
马逢丙戌鼠逢壬，喜见官星七杀临。
刑害无妨冲败惧，怕逢财地祸非轻。
壬子休来见午宫，午宫又怕子来冲。
丙日坐午休重见，会合身宫事有凶。
日刃还如羊刃同，官星七杀喜交逢。
岁君若也无伤劫，支上相冲立武功。
羊刃嫌冲合岁君，流年遇此主灾迍。
三刑七杀如交遇，必定阎王再引徵。
时逢羊刃喜偏官，若见财星祸百端。
岁运相冲并相合，勃然灾祸又临门。

---

① 眉批：伤官，泄气之神也，故格中多忌之，惟火土忌之最紧，金水木火惟木不忌，贵有情。金水伤官谓之金水相涵。火土伤官，炎燥气高，格中忌之。伤官在儿女宫主无子，若有制伏主多子且有寿。伤官乃小人之情，喜财而妒官又行财运，反主富贵。若四柱无一点官星，谓之伤尽。

羊刃重逢合有伤，生人心性气高强。
刑冲太重多凶厄，有制方为保吉昌。
羊刃之辰怕见官，刑冲破害祸千端。
大嫌财旺居三合，断指伤残体不完。①

刑合诗诀

四柱支干合到刑，多因酒色丧其身。
若临羊刃并七杀，定作黄泉路上人。
六癸日生时甲寅，假名刑合亦非真。
月令若加亥子位，伤官格内倒推寻。
癸日生人时甲寅，最嫌四柱带官星。
若无戊己庚申字，壮岁荣华达帝京。
但求癸日甲寅时，刑去官星贵可知。
不喜庚金伤甲木，寅申冲破主忧危。
癸日寅时刑合格，入此格时须显赫。
官星七杀莫相逢，甲庚己字为灾厄。
柱中若逢酉丑字，遇者英豪名利客。
端详岁运定荣枯，此是子平真法则。②

日贵诗诀

日贵支干一位同，空亡大忌带官冲。
仁慈广德多姿色，会合财乡空自崇。

---

① 眉批：羊刃，禄前一位，即兄弟也，有财主分争。丙戊禄在巳，午为羊刃。壬禄在亥子为羊刃。羊刃格怕冲，有祸不浅。丙午、戊午、壬子皆为日刃。羊刃冲合岁君，勃然祸至。羊刃见财必争，又怕冲合，必主祸。羊刃喜杀不官星。天干有合地支有刑此羊刃者，并运又合，主凶。

② 眉批：天干有合，地支有刑，助羊刃者，别运又合生地。寅刑巳，巳与申合，寅又冲申。"六癸日生时甲寅"，寅宫以甲为伤官，癸日用寅刑中戊土为官星，若四柱有子不是此论。或寅申冲破，则不吉，亦无贵气。若庚寅刑不成。酉丑邀巳为金局助身。

丁日猪鸡癸兔蛇,刑冲破害谩咨嗟。
临绝会合方成贵,终始分之乃是佳。
癸丁蛇卯届猪鸡,官被刑冲祸必随。
纯粹施为有仁德,尊崇富贵出希奇。
日贵看来是兔蛇,格生亥酉越堪夸。
刑冲不遇空亡位,辅佐功勋在帝家。①

金神诗诀

甲午时上见金神,杀刃相临真贵人。
火木运中财禄发,如逢金水必伤身。
金神遇火贵无疑,金水灾殃定有之。
运到火乡多发达,官崇家富两相宜。
时遇金神贵气多,如逢羊刃却中和。
若逢水运贫而疾,火制名高爵位峨。
癸酉己巳并乙丑,时上逢之是福神。
傲物恃才宜制伏,交逢杀刃贵人真。
性多狠暴才明敏,遇水相生立困穷。
制伏运行逢火局,超迁贵显禄千钟。②

日德诗诀

壬戌庚辰日德宫,甲寅戊丙要骑龙。
运逢身旺心慈善,日德居多福自丰。
刑冲破害官财旺,空与魁罡会合凶。

---

① 眉批:天乙贵人本四日,癸卯、癸巳、丁酉、丁亥是也,癸卯、癸巳为壬癸兔蛇藏,丁酉、丁亥乃丙丁猪鸡位,贵人就在日支,所以取贵。只忌刑冲破害则伤贵人。日生宜日贵,夜生宜夜贵方吉。

② 眉批:金神只有三时,癸酉、己巳、乙丑,乃破财之神,四柱要火制之为贵,带羊刃七杀为贵,带羊刃七杀人忌水运,如六甲日遇巳酉丑时是也。取巳酉丑三合为金局。喜杀刃。

克战孤贫危险甚，纵交发迹命还终。
丙辰且忌见壬辰，壬戌提防戊戌临。
日坐庚辰与庚戌，甲寅还且虑庚辰。
日德不喜见魁罡，化成杀曜最难当。
局中重见须还疾，运限逢之必定亡。
日德重重免祸殃，官星切忌见财乡。
更无冲破空刑物，堪作朝中一栋梁。
甲寅壬戌与庚辰，丙戌逢辰日德真。
不喜空亡嫌禄破，更逢破害与刑冲。①

魁罡诗诀②

魁罡四日最为先，叠叠相逢掌大权。
庚戌庚辰怕官显，壬戌戊辰见财连。
主人性格多聪慧，好杀之心断不偏。
柱有刑冲兼破害，一贫彻骨受答鞭。
戊戌庚辰杀最强，壬辰庚戌号魁罡。
日加重者方为福，身旺逢之贵异常。
如逢一位冲刑重，彻骨贫寒不可当。
魁罡四柱日多同，贵气期来在此中。
日主独逢冲克重，财官显露福无穷。③

时墓诗诀

财官藏蓄四时辰，年少相冲可进身。

---

① 眉批：此只有四日，甲寅、戊寅、庚辰、壬戌，喜逢居禄生旺之地，忌见刑冲破害之乡，言忌重见之。日德乃清贵之神，又遇魁罡恶曜则伤其贵，不利其重逢，如丙辰又见丙辰之例。日德怕空亡，乃本身落空，惟戊辰丙辰日最忌。

② 庚戌、戊辰、庚辰、壬辰。

③ 眉批：魁罡只有四日，二辰二戌，乃天冲地击之杀，若人重重逢之主掌大权。

不遇相冲遭压伏，果然不发少年人。
北方壬癸遇河魁，南域加临小吉时。
仓库丰盈金玉满，优游处世福相随。
若问财官墓库时，辰戌丑未一同推。
财官俱要匙开库，压住财官未是奇。
要知何物能开库，刑冲破害是钥匙。
露出财官方得用，身衰鬼墓甚危痴。①

杂气财官诗诀

杂气财官在月宫，天干透露始为丰。
财多官旺宜冲破，切忌干支压伏重。
辰戌丑未为四季，印绶财官居杂气。
干头透出格为真，只问财多为尊贵。
财官寓在库中藏，不露光芒福不昌。
若得库门开透了，定教富贵不寻常。
杂气从来自不轻，天干透出始为真。
身强财旺生官禄，运见冲刑聚宝珍。
四季财官月内藏，刑冲克制要相当。
太过不及皆成祸，运到财乡是吉祥。
透出财官官禄钟，官加富贵位三公。
刑冲三变方为妙，得运应知蛇化龙。
五行四季月支逢，印绶干头要显荣。
四柱相生喜官杀，更饶财产又峥嵘。②

---

① 眉批：辰戌丑未为四墓地，也有浅深，术人不知墓库之分别，凡五行有生有死，死者埋之为墓，而又复生若库者，五行未死贮之于库乃有气之物，墓为绝气之物。库者遇冲开取而用之，墓者纵冲开取亦无用焉。此有轻重之分。

② 眉批：如日干是甲，贵在丑宫辛金为正官、癸水为正印、己土为正财，不知何用之为福？但看柱中透出何字，为随所出者而言之。盖库中之物，须待开其钥而后发福，开钥者何也？乃刑冲破害耳。然而，官墓不显其名，财墓不用于世，印墓不得为信，此三者入墓，正是紧要，喜冲开。其余则不要紧。

时上偏财诗诀

时上偏财不用多,支干需要用搜罗。
喜逢财旺兼身旺,冲破伤财受折磨。
时上偏财一位佳,不逢冲破享荣华。
破财劫刃还无遇,富贵双全比石家。
时上偏财遇劫星,田园破尽苦还贫。
伤妻损妾多遭辱,食不相资困在陈。
若是偏财带正官,劫星若露福难干。
不宜劫运重来并,此处方知祸百端。①

时上一位贵诗诀

时上偏官一位逢,身强杀浅怕刑冲。
假如月上又重见,辛苦独劳百事空。
时上偏官喜刃冲,身强制伏禄丰隆。
正官若也来相混,身弱财生主困穷。
时上偏官一位强,日辰自旺贵非常。
有财有印多财禄,列定天生作栋梁。
时逢七杀是偏官,有制身强好命看。
制过喜逢杀旺运,三方得地发何难。
元无制伏运须见,不怕刑冲多杀攒。
若是身衰惟杀旺,定知此命是贫寒。②

---

① 眉批:如时上偏财与时上偏官相似,只要时上一位,不要多而他处,不要重见,则却怕冲与月上偏官一同,偏财要财旺运。

② 眉批:时上只一位为贵,若年月又有反贼,辛苦劳碌之人。亦要自身旺,行旺运可发。无制伏要行制伏运吉,杀旺运无制则祸生。书云,杀重身轻,终身有损,一见制伏却为贵本。七杀宜制,贵中得奇,原犯鬼轻,制却非宜。

飞天禄马诗诀

壬庚日主重重子，倒冲禄马号飞天。
如何金水多清贵，运入南方虑有迁。
庚壬鼠队来冲马，辛癸寻蛇要众猪。
丙日马群冲鼠禄，丁逢蛇众见双鱼。
最忌绊神兼论合，官星填实祸当途。
运重岁轻消息取，用神不损上天衢。
辛日重逢乾又乾，格中推此号飞天。
格成酉戌壮身贵，巳运刑冲寿莫前。
禄马飞天识者稀，庚壬二日报君知。
年时月日重逢子，无破无冲富贵奇。
飞天禄马贵非常，辛癸都来二字强。
年月时日重见亥，无官冲绊是贤良。
亥逢辛癸子庚壬，禄马飞天仔细寻。
岁运若逢官绝处，功名唾手遂初心。
日刃庚壬子字多，飞天禄马格纯和。
冲官合起真为贵，填实其中又折磨。
七杀官星休要犯，丑字相逢绊若何。
天地人元重见土，克其子丑不兴波。
丁日多逢巳字重，局中无水贵和同。
伤官此格宜伤尽，见亥相冲数必空。
丙丁巳午要多临，冲出官星贵气深。
四柱若无官杀重，复行官运祸难禁。
丙丁高位激江湖，岁运无官入仕途。
专禄荣名皆逐意，片言投合动皇都。
丙日须宜子午冲，午能冲子吉相逢。
不须论会惟嫌未，子癸相逢再见凶。
丁日坐巳多冲亥，壬癸休来四柱中。

倘若地支申字出，必能相绊贵难同。
丁巳支中叠见蛇，刑冲壬子格为佳。
若有亥午兼乙卯，合官锦上又添花。
癸日亥字为仇家，近寅绊合有争差。
春秋半吉冬无用，生于夏月享荣华。①

六乙鼠贵诗诀

六乙鼠贵在其时，官杀冲破不相宜。
月宫通得真三日，方定当生禄马奇。
乙日生人得子时，名之聚贵最为奇。
切嫌午字来冲破，辛酉庚申总不宜。
乙日须逢丙子时，如无午破贵尤奇。
四柱忌逢申酉丑，若无官杀拜丹墀。
阴木逢阳亥子多，子为鼠贵贵嵯峨。
柱中只怕南离位，困若伤残怎奈何。
六乙生人时遇鼠，官星又带复如此。
庚辛申酉马牛欺，一位逢之为丐子。②

合 禄

戊日庚申时上逢，如无官印贵秋冬。

---

① 眉批：以庚壬二日，用子字多冲午中丁己为官星。要四柱中有寅字，并未字或戌字，得一字可合为妙。又以辛癸日用亥字冲巳中丙戊为官星，但有四柱有申字，并酉字或丑字，得一字可合为妙。如辛酉、癸巳、丁巳、乙巳，以巳冲亥中壬水为丁之官星是也。日刃如以壬午、壬子、壬午、壬寅，以子冲午宫己土为官星。辛巳、甲午、壬午、丁巳，以巳冲亥中壬水为丁官。如庚寅、壬午、丙戌、戊戌，以午冲子宫癸水为丙官。如丙子、庚寅、丙子、癸巳，须用午冲子为丙官，时犯癸巳，减分数。巳与申相合官，相绊不能冲害之故。

② 眉批：此单言六乙日生得子时，为鼠贵，用子字多官高名显，四柱无官星者方入此格。用此格者忌冲子，不宜见午字去冲，多为聚贵。见庚申辛酉四字则减分数，岁运亦忌，凡遇见官只作别格断之。此言犯官星，遇此格当为贫穷不富之人。

甲丙卯寅兼巳字，四营岁运怕同宫。
日干癸水时庚申，生在秋冬富贵人。
大忌寅来伤秀气，若逢春夏惹灾连。
时遇庚申癸日生，此为官印合官星。
不逢官杀兼阳火，名誉昭彰拜紫宸。
申时戊日食神奇，惟喜秋冬福禄宜。
甲丙卯寅来克破，遇而不遇主孤离。
食神生旺无刑克，命中值此胜财官。
官印更来相协助，少年登第拜金銮。①

子遥巳格诗诀

甲子重逢甲子时，休言官旺不相宜。
月生日主根元壮，运到金乡反得奇。
甲临子字日时全，拟作蟾宫折桂仙。
丑绊午冲官杀显，反为淹滞祸绵绵。
甲子重逢甲子时，名为遥巳最相宜。
才临丑午家须破，岁运官逢亦不奇。
甲子日逢甲子时，子来遥合巳中支。
戊能动丙丙合酉，甲得辛官贵可知。
不喜庚辛申酉出，丑来相绊亦非宜。
更嫌午字相冲害，运入官乡旺处奇。②

---

① 眉批：六戊日为主，以庚申时合卯中乙木为戊官。四柱有甲乙字或丙字、巳字，刑坏了申字及伤庚字，则减分数，岁君大运亦然。秋冬生者为妙。如甲辰丙寅戊戌庚申中庚合卯宫乙木为官，以杀化之行南方运所以贵显。

② 眉批：以甲子为主，只以子遥巳中戊土，动丙，丙合辛官，辛金为甲之官是也。如宋钱丞相命，己巳、乙亥、甲子、甲子，即合此格。如赵太守，丙子、壬辰、甲子、甲子，亦合此格，所以为贵。或有丑字合子字则遥不成反成下格。

丑遥巳格诗诀

辛日癸日多逢丑，名为遥巳合官星。
莫言不喜官星旺，谁信官来反有成。
辛丑癸丑二日干，丑能合巳巳藏官。
丑日多见方为妙，不宜子字柱中间。
若逢申酉更为美，辛嫌巳午丙丁干。
癸嫌戊己及巳午，此命必须仔细看。
辛癸二日逢遇丑，便是官星暗入宫。
申酉喜来临一字，忌逢巳午子垣凶。[1]

壬骑龙背诗诀

壬骑龙背喜非常，寅字辰多转发扬。
大忌官星来破格，刑冲须见寿元伤。
壬骑龙背怕官居，重叠逢辰贵有余。
设若寅多辰字少，须应豪富比陶朱。
壬辰日又见辰时，年月辰多最是奇。
四柱若逢寅位上，发财发福两相宜。
壬寅不及壬辰日，四柱壬辰字要多。
辰字多兮官杀重，寅多可比石崇过。
日遇壬辰格罕逢，格中叠见号骑龙。
若还寅字重重出，富贵仍教比石崇。
午戌成财寅合局，戌中禄马用辰冲。

---

[1] 眉批：只用辛丑、癸丑二日是也。辛用丑遥巳中丙为官，癸用丑遥巳中戊土为官，忌子字合住丑字相绊则不能遥也。如癸丑、乙丑、辛丑、戊子。辛丑、辛丑、辛丑、庚寅，主大贵之命也。

忽然若是壬寅出，四柱居辰格亦同。①

井栏叉格诗诀

庚日全逢申子辰，井栏叉格制官星。
局中无火方成贵，破动提纲祸亦刑。
庚日喜逢全润下，贵神名曰井栏叉。
丙丁巳午休相遇，申子辰宫全乃佳。
若是申时归禄格，时逢丙子杀神加。
水局要冲寅午戌，若还填实禄难赊。
井栏运喜东方地，得到财乡真富贵。
丙丁巳午岁运逢，失禄破财须且畏。
庚日全逢润下方，癸壬巳午怕相伤。
时逢子申福减半，功名成败不能长。②

归禄格诗诀

归禄逢财名利全，干头不忌透财源。
身强无破平生好，大怕行运遇比肩。
日禄归时要旺宫，食神喜遇怕刑冲。
伤官嫌入伤财运，官不高兮财不丰。
日禄归时格最良，怕官嫌杀喜身强。
若见比肩分劫禄，刑冲破害更难当。
青云得路禄归时，凡命逢之贵且奇。

---

① 眉批：此以辰冲戌中丁戊为壬之财官，如壬辰、甲辰、壬辰、壬寅，为贵命。如壬寅、壬寅、壬辰、壬寅，为富命。正谓辰多则贵，寅多则富。若见戌则冲坏不为福也，却要年日时聚贵。若见官星，不为此格。

② 眉批：此庚日申子辰三合水局为井栏叉，一般井中有水，乃用庚字，庚又生水，浑是水取贵，以申冲寅午戌火局为庚之官星，只是暗冲寅午戌，若柱中有一寅一午一戌，亦非此格，则无贵矣。

四柱无冲官不至，少年平步上云梯。①

六阴朝阳诗诀

辛日单单逢戊子，六阴贵格喜朝阳。
丙丁巳午休填实，岁运轮逢一例详。
南地平平最嫌北，西方第一次东方。
若还子字无相遇，贵处朝堂姓字香。
戊子时逢日主辛，阴阳朝位贵超群。
官星七杀休相见，巳马南离局里嗔。
岁月有财寻别格，辛中丑绊又非真。
断然此格当为贵，西运行来作辅臣。
辛逢戊子最相宜，名利高迁折桂枝。
四季秋生无亥字，荣华富贵业尤奇。
六阴行运喜西方，临在东方也吉昌。
若到北方凶且畏，南离冲破主灾殃。②

拱禄拱贵诗诀

拱禄拱贵格中稀，也须月令看支提。
提纲有用提纲重，月令无官用此奇。
拱禄拱贵格稀奇，遇者腰是金紫衣。
只怕刑冲并克破，应嫌七杀月年随。
所拱之位怕填实，又怕伤官在月支。
羊刃重重来格破，如无此破贵无疑。

---

① 眉批：此格如甲日得寅时合之，甲禄在寅，四柱无一点官星，方是此格。若有官星，则非此格。如丙午、癸巳、甲子、丙寅，此格正合，为富贵。行见官运亦凶。

② 眉批：此以辛日为主，以戊动丙火为辛之官，暗合取贵，元无官杀方用此例。以辛为阴，以子为阳，忌南方火旺，有火即是官星，不用此格。西方金运大贵，亥乃北方水地，金生水泄其气，秋属金故喜东方属木，财运亦好。

癸日癸时逢亥丑，名为拱禄福重重。
若无官杀来冲坏，雁塔题名有路通。
两绊本身非是我，拱藏一位虚中好。
不宜填实见官星，更忌官星当克破。
甲寅甲子拱辛官，壬辰壬寅拱贵看。
日遇甲申时庚午，戊申戊午桂生香。
看来辛丑逢辛卯，乙未乙酉格高强。
切忌刑冲填破害，腰金衣紫食皇粮。①

六甲趋乾诗诀

甲日生人遇亥时，甲趋乾格最相宜。
岁运逢官财旺处，官灾祸患共来齐。②

六壬趋艮格诗诀

壬日寅时为贵格，此名趋艮福非常。
大怕刑冲并克破，相逢岁运祸非常。
壬喜逢寅庚喜辰，云龙风虎越精神。
支头重见无冲战，定是清朝食禄人。③

---

① 眉批：此格只有五日，丁巳日见丁未时，己未日见己巳时，戊辰日见戊午时，癸丑日见癸亥时，癸亥日见癸丑时。如癸卯、癸亥、戊辰、戊午，戊禄在巳，辰午拱之，不宜见巳，填实则凶。拱贵之格，乃甲戊庚丑未例，宜虚拱一位，不要填实，相绊刑冲破害皆拱不成矣，犯者非此格。

② 眉批：亥为乾乃天门，北极之垣，甲木赖之为长生之地，故曰趋乾。

③ 眉批：此格以壬禄在亥，亥与寅合，又谓之合禄，不宜刑冲。壬以寅中甲木暗邀己土为壬日之官星，己乃甲之妻也。

勾陈得位诗诀①

日干戊己坐财官，号曰勾陈得位看。
若有大财分归气，命中值此列朝班。
勾陈得位会财官，无破无冲命必安。
申子北方东卯木，管教环佩带金銮。
戊己勾陈得局清，财官相遇两分明。
假令岁运无冲破，富贵双全享太平。②

玄武当权诗诀③

玄武当权妙人神，日干壬癸坐财星。
官星若也居门户，无破当为大用人。
壬癸名为玄武神，财官两见始成真。
局无冲破土清贵，辅佐皇家一老臣。④

润下格诗诀

天干壬癸喜冬生，更值申辰会局成。
或是全归亥子丑，等闲平步上青云。
壬癸生临水局中，汪洋一会向流东。
若然不遇堤防土，金紫荣身位至公。⑤

---

① 戊己。
② 眉批：此以戊寅、戊子、戊申；己未、己亥、己卯日是也。戊日以申子辰水局为财星，己日以亥卯未木局为官星是也。忌刑冲杀旺。
③ 壬癸水。
④ 眉批：以壬癸为主，值寅午戌火局为财，辰戌丑未为官是也。壬寅、壬午、壬戌、癸巳、癸未、癸丑六日。
⑤ 眉批：如万宗人，庚子、庚辰、壬申、辛亥，得申子辰合亥子水局，合此格，只忌官运。

从革格诗诀

秋月金居一类看，名为从革便相欢。
如无炎帝来临害，定作当朝宰相官。
金居从格贵人钦，造化清高福禄真。
四柱火来相混杂，空门艺术谩经纶。①

稼穑格诗诀②

戊己生居四季中，辰戌丑未要全逢。
喜逢财地嫌官杀，运到东方定有凶。
戊己重逢杂气天，土多只论土居全。
财星待遇堪为福，官杀如临有祸缠。③

曲直格诗诀

甲乙生人寅卯辰，又名仁寿两堪评。
亥卯未全嫌白帝，若逢坎地必荣身。
木从木类正为奇，秋令逢之事不宜。
得此清高仁且寿，水源相会福元齐。④

---

① 眉批：天干地支纯金方用此格。如辛酉、戊戌、庚申、辛巳，乃杨太尉命，忌火喜土，岁运亦然。
② 土居辰戌丑未，谓之稼穑。
③ 眉批：稼穑，禾稻之神，假土气栽培，故土与稼穑连成一家，人命逢此反为贵。如戊戌、己未、戊辰、癸丑，乃张真人之命。
④ 眉批：此命是木类旺之说，只从木论，忌金喜木。李总兵，甲寅、丁卯、乙未、丙子，无官杀，是以为贵。

炎上格诗诀

夏火炎天焰焰高，局中无水是英豪。
运行本地方成器，一举峥嵘夺锦袍。
火多炎上去冲天，玄武无侵富贵全。
一路东方行好运，簪缨头顶带腰悬。①

福德格诗诀

阴土逢蛇金与牛，名为福德号貔貅。
火来侵克非为美，名利空空一旦休。
阴火相临巳酉丑，生居丑月寿难长。
更兼名利多成败，破耗荒淫禄不昌。
癸巳癸酉月临风，名利迟延作事空。
富贵生成难有望，始知成败苦匆匆。
阴金合局有前程，造化清奇发利名。
四柱火来侵克破，须知名利两无成。
西方金气坐阴柔，不怕休时不怕囚。
鬼杀生时方发福，功名随步上瀛州。
阴木加临丑酉蛇，生居六月暗咨嗟。
为官得禄难成久，纵有文章不足夸。
福德春丁壬所喜，夏逢甲己又逢癸。
乙庚秋令辛冬妙，遇此吉祥真可美。②

---

① 眉批：丙丁火全巳午未一方类象，如张太保，乙未、辛巳、丙午、甲午，极贵之命，忌金水，喜东南要身旺怕冲。

② 眉批：阴土止有三日，己巳、己丑、己酉，忌见丙丁寅戌午；阴火三日，丁巳、丁酉、丁丑，喜财官旺位，不爱见合；阴水三日，癸巳、癸丑、癸酉，与飞天禄马同；辛巳、辛丑、辛酉三日是金福德，若得巳酉丑金者为妙，丙火旺为官，主大贵；阴木三日，乙巳、乙丑、乙酉是也，不宜六月生，若在其余之月皆以六格断，阴木生于未土带金旺克木也。

弃命从财诗诀

日主无根财犯重，全凭时印旺身宫。
逢生必主兴家业，破印纷纷总是空。①

弃命从杀诗诀

土临卯位三合全，木见当生金水缠。
水木旺乡名利显，再逢坤坎祸连绵。
五阳在日全逢杀，弃命相逢命不坚。
如见五阴来此地，杀生根败吉难言。
阳水重逢阳土戈，无根何处被刑磨。
格中有贵须还显，切忌官星破局多。
庚日全逢寅午戌，天干透出始为神。
重重火旺声名显，命里休囚忌水乡。
六乙生人巳酉丑，局中切忌财星守。
若还行运到南方，管取其人寿不久。
阳火喜居身弱地，勾陈朱雀作凶媒。
一片江湖太白象，不为将相作高魁。②

杀重有救诗诀

丙临申位逢阳水，月逢戊土反长年。
若有吉神来救助，方知安乐寿绵绵。

---

① 眉批：如庚申、乙酉、丙申、己丑，以金为财，弃命从之，主富，其它以凶断之。
② 眉批：弃命从杀格者只用丙丁己三日火命，复要行运北方，又忌见根运，行南方见根者必凶。丙日生申子丑月不弃。丁丑月不弃，此中有暗官。己卯日生亥月不弃，六己日身弱皆然，卯月亦不为弃命就杀之格。丁日生酉丑月，六戊生亥月，壬日生戌月，戊日生未月，乙日生酉俱不弃。

巳到双鱼夭可知，重逢乙木死无移。
干头若有庚金助，恰似春花放旧枝。
丙临申位火无焰，阳水逢之命不坚。
若得土来相救助，管教福寿得长年。①

天元一气诗诀

四重阳水四重寅，离坎交争旺气赢。
运至火乡成富贵，往来须忌对提刑。
人命如逢四卯全，干头辛字又相连。
身轻福浅犹闹事，诚恐将来寿不坚。
金龙变化春三月，四柱全逢掌大权。
不入朝中为宰相，也须名利震边疆。
己巳重逢命里排，一身天禄暗催来。
人中必显名尊贵，秀夺江山出类才。
戊土重逢午字多，天元一字得中和。
英豪特达功名好，见子冲来没奈何。
四重丁未命安排，暗合阴生禄位胎。
有分东西成富贵，无情行到水中来。
丙申四柱命中全，身杀相逢显福元。
不是寻常名利客，管教势力夺魁权。
乙酉生居八月天，重重乙酉喜相连。
不居左右皆荣显，更有收成在晚年。
天干甲戌重逢戌，分夺财官无所益。
若还行运到南方，合出伤官名利赫。
天干四癸在乾宫，水木相逢作倒冲。

---

① 眉批：甲申日月有丙火，杀重靠丙制之，忌行壬运，行壬运必死。若以戊土克壬水，水不能克火，以土救之。

名利盈盈须有望，南方行运寿还终。①

化气诗诀

甲己化土乙庚金，局中奇妙最难寻。
如何六格分高下，贵贱方知论浅深。
六乙坐亥多逢木，庚金相合透时干。
干生无火方成化，又恐金多反作难。
丁壬化木在寅时，亥卯生提是福基。
除此二宫皆别论，金多犹恐反伤之。
戊癸南方火焰高，胜光时上显英豪。
局中无水伤年月，献赋龙门夺锦袍。
丙辛化水生冬月，阴日阳时须见清。
有土局中须破用，得金相助发前程。
丁壬化木喜逢寅，盖世文章绝等伦。
曲直更归年月地，少年平步上青云。
丁壬化木入金乡，苟禄蝇营空自忙。
气喘残伤无足取，眼前骨肉亦参商。
丙辛四柱月中生，变化艰辛福力增。
土数重重贫且贱，飘飘身世若浮萍。
丙辛化合喜逢申，翰苑英蚩气象新。
润下若居年月上，须知不是等闲人。
乙庚金局旺于酉，时遇从魁是格奇。
辰戌丑未如相生，此是名门将相儿。
乙庚最怕火炎阳，志气消磨主不良。
寅午重逢为下格，随缘奔走觅衣粮。

---

① 眉批：此谓天元一气，四阳相向，人命逢此，位至三公。如辛卯、辛卯、辛卯、辛卯。财多身弱。四庚辰大贵。己巳、己巳、己巳、己巳。如戊午、戊午、戊午、戊午，关公八字。丁未、丁未、丁未、丁未，忌水运。丙申、丙申、丙申、丙申，行北方南方运好，谓之左右皆荣显。甲戌、甲戌、甲戌、甲戌，癸亥、癸亥、癸亥、癸亥，俱天干地支一气。

天元戊癸支藏水，败坏门庭事绪多。
行运更逢生旺水，伤妻克子起风波。
甲己中央化土神，时逢辰日脱埃尘。
局中岁月趋火地，方显功名富贵人。
甲己干头生遇春，平生作事漫劳神。
百般机巧番成拙，孤苦伶仃走不停。①

天元一字诗诀

天元一字水为源，生在秋冬贵莫言。
大运吉神逢一位，少年仕路必高迁。
天元一字土为基，四季生时更是奇。
申酉二支为格局，聪明俊秀异常儿。
天元一字木为根，传送登明显福元。
四柱官星如得地，功名利禄早承恩。
天元一字若逢金，日时魁罡福气深。
库刃运中并带贵，天生德行贵人钦。
天元一字火融融，大吉功曹时日冲。
冲起财官为发用，中平富贵福兴隆。②

---

① 眉批：此言甲己日与乙庚日从土从金之化。乙亥日主，干头有庚金，即乙与庚合而化金。丁与壬合逢壬水而化，有木局则从木论。戊与癸合化火，喜行南方忌北方。水喜北方与西方，忌辰戌丑未。丁壬化木喜行东方运，忌庚辛金。木盛金伤，化之无土，主有气喘之疾，并骨肉伤残。言丙辛化水逢土克之故。乙庚化金喜行四季，主生金吉，南方不利矣。乙庚金遇火克则不吉。戊癸化尽又有火在支巳酉火变复行水方则休矣。土喜火生，忌水为害。甲己化土遇春，则木旺矣，受此剥削则主孤寒。

② 眉批：壬子、壬子、壬子、壬寅，此格生在冬月有贵。庚辰、戊午、戊戌、戊午之例，喜土金。甲子、甲戌、甲寅、甲子，又乙丑、乙酉、乙亥、乙酉也。庚申、庚辰、庚戌、庚戌也。丙寅、丙申、丙午、丙申之例。

刑冲诗诀

比肩羊刃日时逢，若问年令父道凶。
父母干支相会合，财星健旺寿如松。
克父那堪妻又伤，堪居道院共僧房。
闲身作保防连累，财破妻灾事几场。①

克妻诗诀

天干透露弟兄多，财绝官衰旺太过。
月令又逢身旺地，青春年少哭娇娥。
当生四柱有财星，羊刃逢时定克刑。
岁逢运行妻眷绝，妻官频见损年龄。②

克子诗诀

五行四柱有伤官，子息初年必不安。
官鬼运临生旺地，可存一二老来看。
嗣中生时见刑冲，月令休囚子息空。
官鬼败亡重见克，如无庶出必螟蛉。
印绶重叠克子断，子息难养谁为伴。
若还留得在身边，带破执拗难使唤。
时逢七杀本无儿，此理人当仔细推。
干上食神支又合，须知有子贵而奇。
女人印绶月时逢，官食遭伤子息空。
当主过房兼别立，孤儿重犯两无功。

---

① 眉批：主克父母后财多健旺可见。年日下伤妻，时下克上，月主克父。
② 眉批：大抵克妻尽于羊刃、劫财上见之。又言财神死绝，财者，妻也，财死则妻死。

局中官杀两难亲，羊刃重重福助之。
八字纯阳偏印重，妨妻叠叠更埋儿。①

运晦诗诀

干事难成又费钱，提防凶事近流年。
初心欲遂熊罴兆，中却反成饱事眠。
比肩岁运必争论，斗讼官司为别人。
兄弟阴人财帛事，闭门还有是非屯。
不作祯祥反作灾，外情喜惹是非来。
匣中珠宝牢难取，干事难成又破财。
到此难留隔宿钱，求之劳碌又熬煎。
若还财聚主克妻，又是官灾口舌缠。
劫财羊刃两头居，外面光华内本虚。
官杀两头居不出，少年夭折实嗟吁！②

运通诗诀

三合财官得运时，绮罗香里会佳期。
洋洋已达青云志，财禄婚姻喜气宜。
运遂时来事事宜，布衣有份上天梯。
贵人轻着提携力，指日轻云贵可期。
自是生来不受贫，官居草屋四时春。
夏凉冬暖清高处，馐馔杯盘胜别人。
此运祥光事转新，一团和气蔼阳春。

---

① 眉批：五行金木水火土，四柱年月日时。有伤官者必有子。嗣中，时干支也。有官杀又生旺必有子。印绶重则母多，母多则灭子。时带七杀主无子，若有食神制伏，亦有好子。女人以官为夫，以食为子，官既伤失，财又伤，必主害至。官杀重逢大有争，四柱日衰必无子。

② 眉批：流年当年，岁主管一年之祸福，吉则吉，凶则凶。此亦言比肩之事。此若论有印遇主十年灾在身，流年又遇之更甚。

青云有信天书近，定是超群拔萃人。
甲寅乙卯非为刃，辛酉庚申理一同。
合起人元财马旺，中年显达富家翁。①

带疾诗诀

戊己生时气不全，伤官时月见留连。
必当头面有亏损，脓血之灾苦少年。
日主加临戊己生，支辰火局气薰蒸。
冲刑克破当残疾，发秃那堪眼不明。
丙丁日主丑行衰，七杀加临三合来。
升合日求衣食缺，耳聋残疾面尘埃。
壬癸重重叠叠排，时辰若设见天财。
纵然头面无斑癫，足见其人眼目灾。
丙丁火旺疾难防，四柱休囚辰巳方。
水火相生来此地，哑中风疾喑中亡。②

寿元诗诀

寿算幽玄识者稀，识时须是泄天机。
六亲内有憎嫌者，岁运逢之总不宜。
寿星明朗寿元长，偏印逢之不可当。
宠妾不来相救助，命如衰草值秋霜。
丙临申位逢阳水，定见天年未可知。

---

① 眉批：人生四柱中已有财官印，逢三合又遇吉神，岂不为福喜事并有如锦上添花，常人发福，士人登第。

② 眉批：无己以丙丁为福，又以日干为头面也。火气炎上若盛，则伤其目。水属肾，肾水衰则伤眼。

透出干头壬癸水，其人必定死无疑。①

飘荡诗诀

偏财偏位发他乡，慷慨风流性要强。
别立家园三两处，因名因利自家亡。
偏财别立在他乡，宠妾妨妻更克伤。
爱欲有情妻妾众，更宜春酒野花香。②

女命总要诗诀

财官印绶三杀物，女命逢之必旺夫。
不犯杀多无混杂，身强制伏有称呼。
女命伤官福不真，无财无印守孤贫。
局中若见伤官透，必作堂前使唤人。
有夫带合须还正，有合无夫定是偏。
官杀重来成下格，伤官重会不须言。
官带桃花福寿长，桃花带杀少祯祥。
合多切忌桃花犯，劫比桃花大不长。
女命伤官格内嫌，带财带印福方坚。
伤官旺处伤夫主，破了伤官损寿元。
飞天禄马井栏叉，女命逢之福不佳。
只好为偏并作妓，有财方可享荣华。③

---

① 眉批：寿元，五行纳音所取为，甲子生人乃取甲子乙丑海中金，金为寿元也。余皆同此。丙申临巳酉水行运，又逢壬水者，无土相救必死。

② 眉批：偏财天干透出者，主招他方之财，支中若无藏者虽招求而无财，不必以他乡有断之。

③ 眉批：财官印绶纯善之物，主得女人利之。女命以官为夫，有伤官则伤其夫，夫既受伤其妻必无生矣。无夫有合者，多作偏妾断之。桃花主淫，有官星犯之得其正，无官星犯之主偏僻之流，要于官上见之为佳。井栏叉格用日中干辰合者乃金水食为女人，见之多水性，故曰偏僻之流。

长生诗诀

长生管取命长荣，时日重临主性灵。
更得吉时相会遇，少年及第入王庭。
长生若也得相逢，生下须招祖业隆。
父母妻儿无克陷，安然享福保初终。
此诀虽五星中有定决生死，子平四柱亦要定生旺死绝之由。①

沐浴诗诀

沐浴凶神切忌之，多成多败少人知。
男人值此应孤独，女命逢之定别离。
沐浴那堪吉位逢，更兼引从在其中。
读书必定登科甲，莫比诸神例作凶。
桃花沐浴不堪闻，叔伯姑姨合共婚。
日月时胎如犯此，定知无义乱人伦。
咸池无禄号桃花，酒色多因败坏家。
更被凶神来克破，疾羸病死莫咨嗟。
女命若还逢沐浴，破败两三家不足。
父母离乡寿不长，头男长女须防哭。②

冠带诗诀

命逢冠带少人知，初主贫寒中主宜。
更得贵人加本位，功成名遂又何疑。

---

① 眉批：五行长生之地，木生于亥，火生于寅，金生于巳，水生于申，如能遇之，则福。
② 眉批：沐浴，五行裸以见溺之地，如人初生浴于水中，无力掌持，其险也。在命前为引，在命后为行。沐浴又为桃花杀同看，子午卯酉全之局也主淫乱。咸池星，即桃花杀，主酒色亡家，女人更忌见此。

人命若还逢冠带，兄弟妻孥无陷害。
因何接祖绍箕裘，只为胎中有冠盖。①

临官诗诀

临官帝旺最为奇，禄贵同宫仔细推。
若不状元登上第，直须黄甲脱麻衣。

帝旺诗诀

临官帝旺两相逢，业绍箕裘显祖宗。
失位纵然居世上，也须各姓达天聪。②

衰病死诗诀

纳音衰病死重逢，成败之中见吉凶。
若得吉神来救助，变灾为福始亨通。
衰病两逢兼值死，世人至老无妻子。
不惟衣食不丰隆，灾病绵绵终损己。③

墓库诗诀

墓库元来是葬神，一为正印细推论。
相生相顺无相克，富贵之中次第分。
人命若还逢墓库，积谷堆财难计数。

---

① 眉批：冠带如人年长至十五，可以冠带。五行始生，推之故为吉庆，人命当此，可以兴家立业。

② 眉批：临官帝旺者，如人年至四十五十，居天下之广居，立天下之正位，行天下之大道，得志与民同之，不得志独行其道，当此之际，富贵不离此身也。

③ 眉批：五行以此比人之至六七十，由老衰弱而又死命中遇此，主人孤苦之断。

悭贪不使一文钱，至老人呼守钱奴。①

绝胎诗诀

绝中逢生少人知，却去当生命里推。
反本还元宜细辨，忽然违否莫猜疑。
胎神一位难为绝，克陷妻奴家道劣。
不惟朝暮走忙忙，羊食狼贪无以别。②

胎养诗诀

胎养须宜细审详，半凶半吉两相当。
贵神相会应为福，恶杀重逢见祸殃。③

五行生克赋

大哉干支，生物之始，本乎天地，万象宗焉。有阴阳变化之机，时候浅深之用。故金木水火土无主形。生克制化，理取不一。假如死木，偏宜活水长濡。④ 譬若顽金，最喜红炉锻炼。太阳火忌林木为仇，栋梁材求斧金为友。

火隔水不能熔金，金沉水岂能克木。⑤

活木忌埋根之铁，死金嫌盖项之泥。⑥

甲乙欲成一块，须加穿凿之功；壬癸能达五湖，盖有并流之性。樗木不禁利斧，真珠最怕明炉。⑦ 弱柳乔松，时分衰旺；寸金尺铁，气用刚柔。

---

① 眉批：墓库死者，埋葬于地，五行至此亦如是，如财官印于库中闭而不用，须刑冲取用其财者吉。
② 眉批：绝胎者，其行如人受气于母亲腹中以至胎成。
③ 眉批：养者，人已出乎母胎，如五行之长，吉星由大为吉。
④ 眉批：死木休囚者，顽金旺相者。栋梁材木也。
⑤ 眉批：火弱不能熔金，金沉不能克木。
⑥ 眉批：活木阳木忌金旺，死金，土埋金也。
⑦ 眉批：樗木休囚也，真珠，辛金也。弱柳，壬午癸未，乔松，庚寅辛卯。

陇头之土，少木难疏；炉内之火，湿泥反蔽。

雨露安滋朽木，城墙不产真金。剑戟成功，遇火乡而反坏；城墙积就，至木地而愁伤。

癸丙春生，不雨不晴之象。乙丁冬产，非寒非暑之天。

极锋抱水之金，最钝离炉运铁。甲乙遇金强，魂归西兑；庚辛逢火旺，气散南离。

土燥火焰，金无所赖；木浮水泛，火不能生。三夏熔金，安制坚刚之木；三冬湿土，难堤泛滥之波。轻尘撮土，终非活木之基；废铁销金，岂能滋流之本。

木盛能令金自缺，土虚反被水相欺。火无木则终其光，木无火则晦其质。① 乙木秋生，拉朽摧枯之易也；庚金冬死，沉沙坠海岂难乎？凝霜之草，奚用逢金；出土之金，不能胜木。火未焰而先烟，水既往而犹湿。大抵水寒不流，木寒不发，土寒不生，火寒不烈，金寒不熔，皆非天地之正气也。然万物初生未成，而成久则灭。其超凡入圣之机，脱死回生之妙，不象而成，不形而化。固用不如固本，花繁岂若根深。② 且如北金恋水而沉形，南木飞灰而脱体，东水旺木以枯源，西土实金而虚己，火因土晦皆太过。五行贵在中和，以理求之，慎勿苟言掬尽，寒潭见底。

珞琭子消息赋

元一气兮先天，禀清浊兮自然，著三才以成象，播四气以为年。③ 以干为禄，以向背定贫富；以支为命，详逆以循环。

运行则一辰十岁，折除乃三日为年。折除乃一年二十四气，七十二候。命有节气浅深，用之而为妙。其为气也，将来者进，成功者退。如蛇在灰，如鳝在尘。气者，四时向背之气也。

其为有也，是从无而立；其为无也，天垂象以示文。此五行临于绝

---

① 眉批：火假木以生光，木赖火以通明。
② 眉批：本者元辰所生，用者月中之用神。
③ 眉批：推命之辨详此知之。

地而建贵也，五行绝处有禄马，其为常也，立仁立义其为事也，或见或闻。

崇为宝也，奇为贵也。将星扶德，天乙加临；本主休囚，行藏汩没。①

至若勾陈得位，不亏小信以成仁；真武当权，知是大才而分端。不仁不义，庚辛与甲乙交争；或是或非，壬癸与丙丁相畏。

故有先贤谦己处俗求仙，崇释则离宫修定，归道乃水府求玄。

见不见之形无时不有，抽不抽之绪万古联绵。是以何公惧其七杀，宣父畏其元辰。峨眉阐以三生，天全士庶；鬼谷播其九命，约以星观。今集诸家之要，略其偏见之能，是以未解曲通，妙须神悟。②

臣出自兰野，幼慕真风。入肆无悬壶之妙，游街无化杖之神。息一气以凝神，消五行而通道。乾坤立其牝牡，金木定其刚柔，昼夜互为君臣，时节分为父子。

不可一途而取，不可一理而推。时有冬逢炎热，夏草道霜；类有阴鼠栖水，神龟宿火。是以阴阳罕测，志物难穷。大抵三冬暑少，九夏阳多。祸福有若祯祥，术士希其八九。

或若生逢休败，早岁孤穷，若遇健旺之乡，连年淹蹇。若乃先凶后吉，相源浊而流清；始吉终凶，类根甘而裔苦。

观乎萌兆，察以其原，根在苗先，实从花后。胎生元命，三兽定其门宗；律吕宫商，五虎论其成败。无合有合，后学难知；得一分三，前贤不载。

年虽逢于冠带，尚有余灾；运初至于衰乡，犹披渺福。大畏天元羸弱，宫言不及以为荣；中下兴隆，月凶不能成其咎。

若遇尊凶卑吉，救疗无功；尊吉卑凶，逢灾自愈。禄有三会，灾有五期。凶多吉少，类大过之初爻；福浅祸深，喻同人之九五。

闻喜不喜，是六甲之亏盈；当忧不忧，赖五行之救助。

八孤临于五墓，戌未东行；六虚下于空亡，自乾南首。③

---

① 眉批：将星寅午戌在午，申子辰在辰（子），巳酉丑在酉，亥卯未在未（卯）。
② 眉批：何公，古之高士，宣父，周之大臣。
③ 眉批：孤虚空亡之日，如甲子旬生人以戌亥空亡，空亡对宫辰巳为孤虚。如甲子生人数至巳宫为虚，辰为孤。五行仿此。

天元一气，定侯伯之尊荣；支作人元，运商徒而得失。

若乃身旺鬼绝，虽破命而长生；鬼旺身衰，逢建禄而寿夭。背禄逐马，守穷途而恓惶；禄马同乡，不三台而八座。官崇位显，定知夹禄之乡；小盈大亏，恐是劫财之地。

生月带禄，入仕居赫奕之尊；重犯奇仪，蕴藉抱出群之器。阴男阳女，时现出入之年；阴女阳男，更看元辰之岁。

与生地之相逢，宜退身而避位。凶会、吉会、伏吟、反吟，阴错阳差，天冲地击，或逢四杀五鬼，六害七伤，地网天罗，三元九宫，福臻成庆，祸并危疑。扶兮速速，抑乃迟迟。

历贵地而待时，遇比肩而争竞。至若人疲马劣，犹托财旺之乡。或乃财旺禄衰，健马何避，掩冲岁临，尚不为灾，年登故宜，获福大吉。

大吉生逢小吉，反寿长年；天罡运至天魁，寄生续寿。从魁抵苍龙之宿，财自天来；太冲临昂胃之乡，人元有害。

金禄穷于正首，庚重辛轻；木人困于金乡，寅深卯浅。妙在识其通变，拙说犹神；巫瞽昧于调弦，难言律吕。

庚辛临于甲乙，君子可以求官；北人运在南方，贸易获其厚利。

闻朝欢而夕泣，为盛火之炎阳；克祸福之遥，则多因于水土。金木未能成器，听哀乐以难明；似木盛而花繁，状密云而不雨。

乘轩衣冕，金火何多；位劣班卑，阴阳不定。

所以龙吟虎啸，风雨助其休祥；火势将兴，故先烟而后焰。皆见凶中有吉，吉乃先凶；吉中有凶，凶为吉兆。祸旬向末，言福可以迎推，才入衰乡，论灾宜其逆课。男迎女送，否泰交居；阴阳二气，逆顺折除。

占其金水之内，显于方所分野；标其南北之间，恐不利于往来。一旬之内，于年中而问月；一岁之中，求月中而问日。向三避五，指方面以穷通；审吉查凶，述岁中之否泰。

丙寅、丁卯，秋天宜以保持；己巳、戊辰，度乾宫而脱厄。

值病忧病，逢生得生，旺相峥嵘，休囚灭绝，论其眷属，忧其死绝。

墓在鬼中，危疑者甚；足下临丧，面前可见。

凭阴察其阳祸，岁星莫犯于孤辰；恃阳鉴以阴灾，天年忌逢于寡宿。

先论二气，次课延生。父病推其子禄，妻灾课以夫年。①

三宫元吉，祸逢可以延推；始末皆凶，灾忽来而迅速。

宅墓受煞，落梁尘以呻吟；丧吊临人，变宫商为薤露②。

干推两重，逢灾于元首之间；支折三轻，慎祸于股肱之内。

下元一气，同居去住之期。仁而不仁，虑伤伐于戊己。至于寝食侍卫，物有鬼物，人有鬼人，逢之为灾，去之为福。

或乃行来出人，抵犯凶方，嫁娶修营，路登黄黑。

灾福在岁年之位内发觉，由日时之击扬。五神相克，三生定命。每见贵人食禄，无非禄马之乡；源浊伏吟，惆怅歇宫之地。

狂横起于勾绞，祸败发于元亡。宅墓同处，恐少乐而多忧；万里回还，乃是三归之地。③ 四杀之父，多生五鬼之男；六害之徒，命有七伤之事。

眷属情同水火，相逢于沐浴之间；骨肉中道分离，孤宿尤嫌于隔角。须要制其神杀，轻重较量，身克杀而尚轻，杀克身而尤重。

至于循环八卦，因河洛以为文，略之定为一端，究之翻成万绪。若值攀鞍践禄，逢之则佩印乘轩；马劣财微，遇之则流而不返。④

善恶相伴，摇动迁移；夹杀持丘，亲姻哭送，⑤ 兼须察其操执，观其秉持厚薄，论其骨状。成器籍于心源，木气盛而仁昌，庚辛亏而义寡。

吉曜加而有喜，疑其灾器；福星临而祸发，以表凶人。

处定求动，克未尽而难迁；居安应危，可凶中而卜吉。

贵而忘贱，灾自奢生；迷而不返，祸从惑起。殊常易从，复处为萌；福善祸淫，吉凶冀兆。

至于公明季玉，尚无变识之文；景纯仲舒，本哉比形之妙。

详其往圣，鉴以前贤，或指事以陈谋，或约文而切理。多或少利，二义难精。今者参详得失，补缀遗踪，规为心鉴，永挂清荧，引列终绪，十希得九。

---

① 眉批：父病如甲以丙为子，甲于丙如父病必得子之助才可救，生死安灾亦然。五行仿此。
② 离别。
③ 眉批：命宫前五辰为宅，命后五辰为墓。如子宫命辰为宅，未为墓。余仿此。
④ 眉批：攀鞍，太岁流年之气，用马则用鞍，有马无鞍则不用，谓之败马无鞍，无拘无束。
⑤ 眉批：持丘谓日时支拱一财，如拱禄一般。

论八字撮要法

用之为官不可伤。用之为财不可劫。
用之为印不可破。用之为食不可夺。
用之为禄不可冲。
若有七杀须要制，制伏太过反为凶。
若用伤官须要静，此是子平万法宗。
伤官最怕为官运，在官九五见财星。
印绶好杀嫌财位，羊刃怕冲宜合迎。
比肩要逢七杀制，七杀喜见食神刑。
有禄怕见官星到，食神最喜偏财临。
此是子平撮要法，江湖术者仔细明。

格局生死引用

天格局者，自有定论。今格而述之。印绶见财，行财运。又兼死绝，必入黄泉。如柱有比肩，庶几有辞。

正官见杀及伤官刑冲破害、岁运相并，必死。

正财、偏财见比肩分夺劫财，羊刃又见岁运冲合，必死。

伤官之格，财旺身弱，官杀重见，混杂羊刃，岁运又见，必死。破败残伤。

拱禄拱贵填实，又见官冲刃，岁运见，即死。

日禄归时，刑冲破书见土杀，官星空亡，冲刃，必死。杀官大忌岁运，相并必死。

其余诸格，并忌杀及填实，岁运并临，必死。会诸凶神恶杀，印绶空亡，吊客墓病死宫诸杀，十死九生。官星太岁，财多身弱，元犯七杀，身轻有救则吉，无救则凶。金多夭折，水盛飘流，木旺则夭，土多痴呆，火多顽愚。太过不及，作此论。一不可拘，二须敢断，必须理会论之，求其生死，要矣。

会要命书说

夫造命书,先贤已穷尽天地精微之蕴而极矣。自唐李虚中,一行禅师,宋徐升东斋,明王铨、醉醒子诸公,登觉渊海渊源,其理雷同,至矣尽矣,无非水火土金水之微妙耳。今之后学,加增旨意口诀,莫非先贤已发之余意,大同小异。今将渊海二书合成一集,一览便知。不必齐究二书之旨,删繁去简,永为矜式。

新刊合并官板音义评注渊海子平卷六

批命活用总套

世际雍熙①泰运开，玉麟②应瑞降凡来。

异时敏达成名早，首占春鳌③榜上魁。

相貌堂堂荆璞玉，贤能卓立栋梁材。

璠玙④气质从修省，锦绣文华信手裁。

怙恃⑤有恩沾福泽，雁鸿⑥作队向云排。

御沟红叶⑦题诗早，凤友鸾交百岁谐。

---

① 点校者注：第六卷世传诸本多无，录钦天监戈先生校定本补入，以成完璧。第六卷之脚注，俱系点校者注释，以下不再一一标明。雍熙，yōngxī，和乐升平。《文选·张衡〈东京赋〉》："百姓同於饶衍，上下共其雍熙。"薛综注："言富饶是同，上下咸悦，故能雍和而广也。"

② 玉麟，麒麟的美称。唐·陆龟蒙《四明山诗·樊榭》："樊榭何年筑，人应白日飞。至今山客说，时驾玉麟归。"此处玉麟泛指出众的儿孙。

③ 首占春鳌，亦称独占鳌头。鳌头：宫殿门前台阶上的鳌鱼浮雕，科举进士发榜时状元站此迎榜，皇帝在殿前召见新考中的状元、榜眼等人。状元跪在前面，正好是飞龙巨鳌浮雕的头部。原指科举时代考试中了状元。现泛指占首位或第一名。因会试每于乡试的第二年即逢丑、辰、未、戌年举行，全国举人在京师会试，考期在春季二月，故称春闱。

④ 璠玙，美玉名。后泛指珠宝，引申比喻美德贤才。

⑤ 怙恃，指父母。《诗·小雅·蓼莪》："无父何怙，无母何恃！"

⑥ 雁鸿，此处指兄弟。

⑦ 唐·孟棨《本事诗》记载：顾况在洛阳游苑中，流水上得大梧叶，上有宫女题诗，顾况次日也于上游题诗叶上，泛于波中，以此传情。又一说：题诗宫女名韩翠苹，诗为于祐所得，于又题诗为韩所得，韩、于最终成为夫妻。

新刊合并官板音义评注渊海子平

丹桂燕山堪并秀,义方垂训乐成材。①
童庚学而为政②数,恰如嫩菊傲霜开。
三四逢关③须与保,只宜调理免伤怀。
公冶述而交到后,清辉珠玉少尘埃。
菊风难作龙头浪,蒲剑安能刺鲤腮。
泰伯乡党俱顺遂,亲隆师傅向云斋。
元霄光霁童庚满,文理成章启后孩。
小井④数交人特达,琴堂小试笑颜开。
许游泮水⑤春风暖,丹桂书田自厚培。
六六年来防七七,梦惊梁木欲倾颓。
尚赖心田阴德厚,鸡鸣函谷⑥险关开。

---

① 《三字经》说:"窦燕山,有义方。教五子,名俱扬。"这是对窦燕山教育子女经验的总结。窦燕山,原名窦禹钧,五代后晋时期人。窦燕山出身于富裕的家庭,是当地有名的富户。据说:窦燕山为人不好。以势压贫,有贫苦人家借他家粮食时,他是小斗出,大斗进,小秤出,大秤进,明瞒暗骗,昧心行事。由于他做事缺德,所以到了30岁,还没有子女。窦燕山也为此着急,一天晚上做梦,他死去的父亲对他说:"你心术不好,心德不端,恶名彰著天曹,如不痛改前非,重新做人,不仅一辈子没有儿子,也会短命。你要赶快改过从善,大积阴德,只有这样,才能挽回天意,改过呈祥。"从此,窦燕山暗下决心,痛改前非,缺德的事再也不做了。窦燕山还在家里办起了私塾,延请名师教课。有的人家,因为没有钱送孩子到私塾读书,他就主动把孩子接来,免收学费。总之,自那以后,窦燕山就像是换了一个人似的,周济贫寒,克己利人,广行方便,大积阴德,广泛受到人们的称赞。禹钧有5个儿子,家教甚严,建书房40间,买书数千卷,聘请文行之士为师授业。四方有志学者,听其至至。5个儿子聪颖早慧,文行并优,时人赞为"窦氏五龙"。

② 学而、为政及下文公冶、述而、泰伯、乡党,俱《论语》篇名,为旧时儿童开蒙学习的篇章。

③ 关煞,是旧时星象家所称的命里注定的灾难,在现在多特指小儿关煞,即未出童关之前所遇到的神煞,尤其要提防10岁之前对小儿行年关煞。

④ 小井,有说指二十二岁前,因井字可拆为横二竖二。

⑤ 泮(pàn)水:《毛传》:"泮水,泮宫之水也。天子辟雍,诸侯泮宫。"《释文》:"泮宫,诸侯之学也。"游泮水,指中秀才。

⑥ 《史记》卷七十五〈孟尝君列传〉齐湣王二十五年,复卒使孟尝君入秦,昭王即以孟尝君为秦相。人或说秦昭王曰:"孟尝君贤,而又齐族也,今相秦,必先齐而后秦,秦其危矣。"于是秦昭王乃止。囚孟尝君,谋欲杀之。孟尝君使人抵昭王幸姬求解。幸姬曰:"妾愿得君狐白裘。"此时孟尝君有一狐白裘,直千金,天下无双,入秦献之昭王,更无他裘。孟尝君患之,遍问客,莫能对。最下坐有能为狗盗者,曰:"臣能得狐白裘。"乃夜为狗,以入秦宫臧中,取所献狐白裘至,以献秦王幸姬。幸姬为言昭王,昭王释孟尝君。孟尝君得出,即驰去,更封传,变名姓以出关。夜半至函谷关。秦昭王后悔出孟尝君,求之已去,即使人驰传逐之。孟尝君至关,关法鸡鸣而出客,孟尝君恐追至,客之居下坐者有能为鸡鸣,而鸡齐鸣,遂发传出。出如食顷,秦追果至关,已后孟尝君出,乃还。始孟尝君列此二人于宾客,宾客尽羞之,及孟尝君有秦难,卒此二人拔之。自是之后,客皆服。

· 212 ·

越此外来逢坦道，朝廷命选五经才。
一题勘破贤关路，掇起金花压鬓傍。
秋试捷连春试捷，① 棘闱②名达到金阶。
满朝行道匡时政，讵意文星殒夜台。

龙抱明珠未出津，一经林下③养天真。
待看一夕风雷动，奋迅④飞腾出海滨。
性禀仁慈无鄙吝，气钟温厚少骄矜。
赒贫恤匮施红腐，⑤ 睦族交邻体义仁。
天眷二亲俱皓首，春风常戏彩衣新。
彩牵绣幕谐佳偶，内助⑥雍雍⑦家室宁。
叠应熊罴⑧生贵子，承颜膝下美如珍。
推今行入其方运，锦绣庄成富贵春。
礼乐衣冠随处乐，羊羔美酒⑨逐朋斟。
不期六五连三七，言公⑩相侮晦星侵。
苍蝇点破无瑕玉，不费资财也费心。
脱此又逢佳麓地，人兴谷帛又还臻。
碍云华厦重新创，负郭腴田逐日增。
九五之要天命近，潺沱水急未成冰。

---

① 在古代，乡试每三年一次。在秋天，故叫"秋试"又叫"秋闱"，为九天，农历八月九日、十二日、十五日，三场，每场三天。全国的会试科考也是每三年一次，在春天，故叫"春试"，又叫"春闱"，也为九天，农历二月九日、十二日、十五日，三场，每场三天。
② 棘闱，指古时考试场所，与棘围、棘园等一个意思。
③ 林下：幽僻之境，指退隐或退隐之处。李白《安陆寄刘绾》：独此林下意，杳无区中缘。
④ 奋迅：形容鸟飞或兽跑迅疾而有气势。
⑤ 指陈米。《隋书·薛道衡传》："薄赋轻徭，务农重谷，仓廪有红腐之积，黎萌无阻饥之虑。"宋陆游《桐江行》："作官一饱仰红腐，坐对盘飧常呕噎。"
⑥ 内助指妻子，还有妻子对丈夫的帮助。古代男子称妻子为内助、内人、贱内等。
⑦ 和洽貌；和乐貌。
⑧ 指生男之兆。语本《诗·小雅·斯干》："大人占之，维熊维罴，男子之祥。"
⑨ 羊羔：酒名，因酿制材料中有羊肉，故名。味儿醇厚的好酒。
⑩ 言公，即言官。监官和谏官，古代并称台谏，通称言官。

天命年末逢耳顺，① 优游诗酒乐余阴。
他日成材传世泽，抚孙有志习儒经。
再至古稀②人胥庆，蟠桃献处颂声清。
更觅黄芽③为益算，满期八秩④佐周臣。

豹贪玄雾隐南山，养就周身一点班。
敏达才华诚浩大，汪洋德量自洪宽。
耕云钓月无拘束，酌醨⑤观花有永安。
不向红尘坡上走，惟耽风月静中闲。
萱花不幸经霜萎，椿树根深禀赋完。⑥
鱼水合欢分正副，琴瑟和乐咏关雎。⑦
桃李春寒花未结，若耶⑧莲吐一枝蕃。
不日能罴符吉梦，还招三桂一枝兰。⑨
运限时今俱利坦，顺水清风挂锦帆。
二七五五并三九，忽觉春风动考槃。
有福伤财而保己，免令月缺与花残。
逾斯更喜财官运，粟满囷仓金满籝。

---

① 天命，五十岁。耳顺，六十岁。典出《论语》。
② 古稀，七十岁。
③ 原系外丹家用指丹鼎内所生芽状物，视其为生机方萌之象，又其色黄，故名。内丹家借用，谓先天一炁萌生的象征。《悟真篇》："只因火力调和后，种得黄芽渐长成。"即指入静之中，先天真气渐生渐聚，如同方萌黄芽。又为"药物"的异名。
④ 八秩，亦作"八帙"。亦作"八袠"。八十岁。
⑤ 醨，经多次沉淀过滤的酒。清酒。
⑥ 古人通常将"椿"、"萱"合称。"椿萱"即分别代指父母，父母都健在称为"椿萱并茂"。椿是一种多年生落叶乔木，古代传说大椿长寿，因此古人就把它拿来比喻父亲，盼望父亲像大椿一样长生不老。萱草，一种草本植物，古代传说萱草可以使人忘忧。唐朝诗人聂夷写道："萱草生堂阶，游子行天涯。慈亲倚堂门，不见萱草花。"游子出门远行的时候，常常要在母亲居住的北堂的台阶下种上几株萱草，以免母亲惦念游子，同时让母亲忘记忧愁。后来就将母亲的居处称为"萱堂"。再后来为一切女性长辈祝寿，都尊称对方为"萱寿"。
⑦ 《国风·周南·关雎》是《诗经》中的第一篇，通常认为是一首描写男女恋爱的情歌。
⑧ 若耶，亦作"若邪"。山名。在浙江省绍兴市南。又溪名。出若耶山，北流入运河。溪旁旧有浣纱石古迹，相传西施浣纱于此，故一名浣纱溪。《史记·东越列传》："越侯为戈船、下濑将军，出若邪、白沙。"
⑨ 桂，指儿子。兰，指女儿。

峥嵘做出人头地，顺水行舟发不停。
庭砌紫荆香郁郁，行边月桂笑欣欣。
天命交来前后地，马跳檀溪①有一惊。
幸赖五星多吉曜，②惟凋树叶不伤根。
桑榆③十载行佳运，福禄攸钟寿愈增。
香山九老④堪为伴，笑睹蟠桃几度新。
华岳寿山堪与并，遐龄八秩日西沉。

讲谈批贵命杂用诗诀

龙逢凤沼辰居酉，三奇拱贵必超群。
万里平途驰骏马，一江活水化鱼龙。

虎近端门威四海，巳寅生秀夺乾坤。
名驹已出升平世，英物还生礼义人。

局正格清台阁相，云龙风虎擢高科。
笔下文章星斗灿，胸中志气动乾坤。

双门拱夹鸾台显，四柱逢生性出群。
诗书自有渊源达，浴凤恩波四海春。

杀中包杀方为贵，龙居苍海早登云。

---

① 马跳檀溪，是指刘备在情急之下、驱赶乘马跳出檀溪，从而逃脱追杀的典故。
② 日、月、星都叫曜，日、月和火、水、木、金、土五星合称七曜。
③ 比喻晚年；垂老之年。《文选·曹植＜赠白马王彪＞诗》："年在桑榆间，影响不能追。"李善注："日在桑榆，以喻人之将老。"
④ "香山九老"指唐代白居易、胡杲、吉旼、郑据、刘真、卢慎、张浑、狄兼谟、卢贞等九人，在洛阳龙门寺聚会，称"香山九老"。

文章独步夸王粲，① 富贵双全比石崇。②

马骤天庭趋禁阙，雷霆德遇且超升。
玉阶献策三千丈，金榜题名第一班。

金白水清秋必贵，丙丁人亥驾长虹。
李杜③文章无介意，萧曹④案牍足身荣。

得从得化功名显，八位⑤官星俊杰英。
青标不是池中物，性格由来席上珍。⑥

三台辅命真堪羡，月德扶身必显荣。
出入谨严人俊雅，行藏磊落志英雄。

马化龙驹夸凤阙，扳龙附凤志冲宵。
道合自扶伊鼎⑦用，人贤拟在傅岩⑧求。

凤凰恋禄金舆引，贵临印绶志无骄。
钧衡早镇三公府，骨相宜封万里侯。

---

① 王粲（177年—217年2月17日），字仲宣。山阳郡高平县（今山东微山两城镇）人。东汉末年文学家，"建安七子"之一。少有才名，为著名学者蔡邕所赏识。王粲善属文，其诗赋为建安七子之冠，又与曹植并称"曹王"。著《英雄记》，《三国志·王粲传》记王粲著诗、赋、论、议近60篇，《隋书·经籍志》著录有文集十一卷。明人张溥辑有《王侍中集》。

② 石崇（249年—300年），字季伦，小名齐奴。渤海南皮（今河北南皮东北）人。西晋开国元勋石苞第六子，西晋时期文学家、大臣、富豪，"金谷二十四友"之一。石崇是当时最大的富豪，钱到底有多少，谁也说不清。古代常以石崇作为富豪的代称。

③ 李白、杜甫。

④ 萧何和曹参。

⑤ 八位，指高官。元高文秀《谇范叔》第四折："自身一跳到关西，坐都堂便登八位。"

⑥ 铁版神数一〇四六八条：青鳞不是池中物，性格由来席上珍。

⑦ 伊尹，夏末商初人，今开封杞县人，曾辅佐商汤王建立商朝，被后人尊之为中国历史上的贤相，奉祀为"商元圣"，是历史上第一个以负鼎俎调五味而佐天子治理国家的杰出庖人。他创立的"五味调和说"与"火候论"，至今仍是中国烹饪的不变之规。

⑧ 傅岩，亦称"傅险"。古地名。相传商代贤士傅说为奴隶时版筑于此，故称。傅说（fuyuè），古虞国（今山西平陆）人，生卒不详，殷商时期著名贤臣，先秦史传为商王武丁丞相，为"三公"之一。典籍记载傅说本为胥靡（囚犯），本无姓，名说，在傅岩（一作傅险）筑城。武丁求贤臣良佐，梦得圣人，醒来后将梦中的圣人画影图形，派人寻找，最终在傅岩找到傅说，举以为相，国乃大治，遂以傅岩为姓。形成了历史上有名的"武丁中兴"的辉煌盛世。

身近丹墀新衮绣，① 手调金鼎旧盐梅。②
千里荷花香馥郁，一生事业任施为。

水火既济名显达，寒谷春回锦绣勤。
词源倒流三峡水，笔阵独扫千里云。

官生四干身居栋，广扬龙虎会风云。
厢囊陈钞多留积，仓廪③豆粮足有余。

官露清高真贵特，财藏丰厚富荣昌。
莫道韶华无限景，伫等桃李自生荣。

讲谈八字活套 《珠玑集》

八字生来本自天，占魁真福尽朝年。
稜稜杀气冲牛斗，凛凛威风握将权。

八字生来气象鲜，管教平步上青天。
出门车马多如簇，赫赫声名四海传。

官居正品力争先，金刀铁马剑光悬。
授赐九重恩命宠，金花御酒玉阶前。

当星得令重当先，能跨千里祖生鞭。④
蛮貊之邦清肃镇，四夷盘盗敢侵边。

---

① 衮绣：古代天子祭祀时所穿的绣有龙的礼服，形容衣着华丽奢华。借指显宦。
② 盐和梅子。盐味咸，梅味酸，均为调味所需。亦喻指国家所需的贤才。
③ 廪，廪的俗字，意指米仓，亦指储藏的米。
④ 祖生鞭，典故名，典出《晋书》卷六十二《刘琨列传》。晋朝时期，年轻有为的刘琨胸怀大志，想为国家出力，好友祖逖被选拔为官。他发誓要像祖逖那样为国分忧。后来他当官从司隶一直做到尚书郎。他曾经对亲友写信说："吾枕戈待旦，志枭逆虏，常恐祖生先吾著鞭。"后遂用"祖生鞭"表示勉人努力进取的典故。亦作"祖逖鞭"。

堂堂杀印喜非常，此命天生价不双。
读书决拟登黄甲，定作当朝一栋梁。

人生伶俐且偻罗，① 性巧聪明志气多。
异日读书终有路，管教及第早登科。

去岁今年事未然，何如山下夜行船。
刑刑并并添憔悴，保得人圆财未圆。

二十年前莫问妻，夜眠缩脚到鸡啼。
只因命带孤辰②杀，妻亦迟来子亦迟。

且喜红鸾入命来，主添人口又招财。
若无婚姻并喜事，更忧孝服入门来。

罗计重逢百事凶，担枷带锁入牢中。
虽然不受官刑打，也须病得不能通。

冰清玉洁甚堪夸，荣夫益子会持家。
虽然是个裙钗女，有志男儿不似他。

女命看来细又粗，谨守家门事舅姑。
不读诗书男子志，不戴头巾女丈夫。

伶俐伶俐俐伶伶，可惜裙钗是女人。
针指工夫般般巧，权家赛过丈夫身。

蜘蛛结网巧奇多，会识丝罗不用梭。
结了又成成了破，平生反复受奔波。

---

① 偻罗：干练，伶俐，机灵。《敦煌曲子词·定风波》："攻书学剑能几何，争如沙塞骋偻罗。"
② 天干为日，地支为辰，六甲中无天干相配之地支称孤辰。如甲子旬中无戌亥，戌亥即为孤辰；甲戌旬中无申酉，申酉即为孤辰。余类推。生辰八字犯孤辰，主孤独。

批八字行运造化诗

从财从杀两般论，莫作寻常一例看。
运至某方终发达，早年信步入金銮。

金钟出冶方成器，业许终年渐渐成。
运至某程方播显，安居福处喜非轻。

平生立志施奇策，万里江山万里程。
金马玉堂人共话，龙头凤尾也知名。

三十年前连四九，跨马长安玩花柳。
一朝身到凤凰台，独醉仙桃斟御酒。

四十年来事称怀，管教唾手取功名。
空行万里恩光重，善牧黎民似水清。

六六交来步步高，鲲鲸①变化长波涛。
一朝直上青云路，脱却单衣换紫袍。

五五交来不等闲，龙麟凤羽任君攀。
那时好展调羹手，定向皇家得意还。

待到行年一并来，声名彰播凤凰台。
腰悬金带趋金琐，官赐琼林乐御杯。

六九数来连八八，利名场里享风光。
燕山窦氏家声远，桂子庭前朵朵芳。

五旬七八遇官星，鸂鶒鹏程汉外风。
龙虎榜中排姓字，管教垂手步蟾宫。

---

① 即鲲鱼。鲲鱼千尺如鲸，故名。王嘉《拾遗记》："鲲鱼千尺如鲸。"

新刊合并官板音义评注渊海子平

日月光华照世间，鹡鸰①原上舞翩翩。
鸳鸯一对姻缘好，桂子森成戏彩栏。

乾坤朗霁喜无云，鸿雁行中双共群。
招得佳人才貌美，蟠桃一颗长精神。

父母齐眉胜孟光，秋鸿作阵宿芦芳。
牛郎织女姻缘好，丹桂花开朵朵香。

斧头贯手命皆倾，棣萼②连芳满路馨。
美貌佳人方共老，琵琶拨出断肠声。

双亲福寿久龟龄，鸿雁行中久失群。
才貌佳人宜硬配，后园丹桂五枝荣。

椿树风吹已福先，萱庭雨润正鲜妍。
雁行品字方成阵，终久分飞各一天。

乾坤数定并悠长，造化成全福寿昌。
坐使一门成后荫，故教丹桂满庭芳。

双亲可惜早西归，鸿雁行中各自飞。
硬命佳人方共老，后园丹桂雨霏霏。

乾坤早已被云迷，东岭孤松秀绝奇。
结发姻缘重两两，栽花插柳假真儿。

椿萱俱已早遭霜，兄弟群中雪向阳。
结发佳人金共石，丹桂枝兰末后香。

乾坤云暗早沉西，萱草青青色更奇。
鸿雁行中嫌伴少，声声寮泪各东西。

---

① 鹡鸰，一种鸟。《诗·小雅·常棣》："脊令在原，兄弟急难。"后以"鹡鸰"比喻兄弟。
② 棣萼，亦作"棣萼"。比喻兄弟。唐杜甫《至后》诗："梅花一开不自觉，棣萼一别永相望。"仇兆鳌注："棣萼，以比兄弟也。"

灵萱雪压已多年，萱草堂中福禄全。
堪叹孔怀①缘分浅，数中纵有也分烟。

天高地厚两长年，鸿雁行数可齐全。
鱼水夫妻谐白发，两枝丹桂在秋天。

日出东升月又西，玉昆②金友不相宜。
枕上鸳鸯同白发，后园丹桂五枝奇。

立身不必承先荫，玉隐石中金在沙。
一日良工施大手，真金辉目玉无瑕。

目下未成安稳地，荣华创业十分劳。
逢羊过虎须通达，父子须同上九泉。

运令只许求安乐，回首桑榆泪满襟。
尚有好时在西北，眼前不必强追寻。

时来合遇贵人发，某道荣身正起家。
某岁利名成就处，乘舟载酒赏春花。

中年运限风光在，伴雪经霜梅始开。
得遇某时行其运，喜气直至五侯③家。

运至时逢蛇共犬，冰消火炼也生光。
知音三箭天山定，奏惟高名姓字香。

---

① 孔怀，兄弟的代称。北齐 颜之推《颜氏家训·文章》："陆机《与长沙顾母书》述从祖弟士璜 死，乃言'痛心拔脑，有如孔怀'。心既痛矣，即为甚思，何故言有如也？观其此意，当谓亲兄弟为孔怀。"

② 玉昆，即昆玉，对别人兄弟的美称。元 辛文房《唐才子传·张继》："〔继〕与 皇甫冉有髫年之故，契逾昆玉。"清 潘永因《宋稗类钞·博识》："陆士衡 兄弟产于 昆山，后人因称兄弟为昆玉，言其如 昆山 之玉也。"

③ 五侯，泛指权贵豪门。唐韩翃《寒食》诗："日暮汉宫传蜡烛，轻烟散入五侯家。"明刘绩《早春寄白虚室》诗："残雪未消双凤阙，春风先入五侯家。"清龚自珍《摸鱼儿》词："五侯门第非侬宅，腊可五湖同去。"

新刊合并官板音义评注渊海子平

运至终须得大财，羊鸡某道出尘埃。
若知某岁财源遂，一路滔滔快乐来。

运至某方发达兴，中年胜似旧年成。
许君运至买臣地，月到中秋分外明。

莫恨此人成败早，终须得奈①破还成。
有时独立江秋上，指点机谋辨去程。

一重欣喜一重惊，借势因人自有成。
莫叹少年荣辱事，梅花雪里香更清。

何尤自小成冲破，及至中年破复成。
有禄有财还晚景，无忧无虑乐升平。

少年生计未全成，某岁时来正显荣。
自有高人轻借力，两重门户自光亨。

有心万里兴家业，历尽辛勤未见功。
及至中年因贵发，时惟某运出朦胧。

晚来瞬息物更新，立志名高久夺身。
尘世扬名和利客，荣家须破破还成。

平生慈善乐天真，麾节②流芳起后英。
终岁许多荣显运，重重叠叠拜皇恩。

休嗟积岁与迍邅，运至中年有一凶。
捱过某年交某运，如龙奋发出潭中。

黄金白玉非身宝，守己安心有乐方。
遇犬逢龙终发达，因人持挈③却馨香。

---

① 奈，通"奈"。奈何，如何
② 麾节，指挥旗和符节。晋 葛洪《抱朴子·知止》："丹旗云蔚，麾节翕赫。"
③ 持挈，即挈持，扶持之意。清 梅曾亮《戴公墓碑》："挈持纲维，含宏辈生。"

· 222 ·

凿石穿泉通巨海，秋深松桂长新花。
西方通泰声名远，德业惟茂①正起家。

此命生来不遇时，花开雨打叶离枝。
无情鸿雁分离散，有意鸳鸯各自飞。

某岁运遇荣华禄，得失皆因分外求。
动静本然天赋定，知音指绿向城新。

运逢某岁方生翼，遇马骑龙入凤城。
检点平生功业事，扶持有日助前程。

莫谓生平未称情，岂期枯木春始荣。
知音总是秋江上，遇犬骑龙始见亨。

满院瑶桃尚未开，东方先放一枝梅。
虽然傲雪凌霜久，终见阳和入户来。

财帛金珠满目前，绿窗朱户隐神仙。
两重好运真为妙，积德修身感上天。

迢迢前路未通津，革故重新始见成。
某字运逢真个美，老来荣显慰平生。

讲谈难为六亲诗句

六亲对面不相同，半是成孤半是空。
鸿雁分飞秋塞外，鱼龙混杂碧波中。

秋空鸿雁潇湘远，一只孤飞转塞边。

---

① 宋·曾巩《左仆射门下侍郎王珪追封三代并妻制·祖赟追封魏国公》："具官某，明允纯笃，德业惟茂。"

寄语胡儿休事猎，往来南北一般天。

顽金煅炼方成器，石上灵芝根不异。
鸿雁孤飞去不归，云霄有路终须遇。

风送雁飞深有序，秋深两两各分方。
迢迢云路知何在，一在吴山一楚乡。

一对鸳鸯有福全，分飞南北再重圆。
几多鸥鹭草塘上，月照遥遥看水仙。

潢澄静野天光碧，明月再从云里出。
鸳鸯分散又还偕，鸥鹭纷纷堂上立。

彼美人兮天一方，移桃栽杏旁馨香。
草塘鹭立多欣合，菊浦霜浓梦一场。

映水桃花彻底明，鸳鸯成对可相亲。
谁知雨骤风狂后，月缺花残两背盟。

团团明月出云端，似有姮娥①在广寒。
保守全凭阴骘②佑，春秋多在暮云间。

鸳鸯日暖始成双，雨骤风狂不久长。
一鹭晚来同立处，柳阴深处桂花香。

骤雨狂风打绿衣，一对鸳鸯各自飞。
草塘鸥鸟纷纷盛，月朗星稀照钓矶。③

---

① 姮娥，即嫦娥，中国上古神话人物，上古时期三皇五帝之一帝喾的女儿、后羿之妻，其美貌非凡。本称姮娥，因西汉时为避汉文帝刘恒的忌讳而改称嫦娥，又作常娥。又有称其姓纯狐，名嫄娥。神话中因偷食大羿自西王母处所求得的不死药而奔月成仙，居住在月宫之中。
② 阴骘，即阴德，所做的功德事只是自己知道，不令他人知道。
③ 钓矶，出雁荡山西洞，经幽深之九曲岭，下来便是鸣玉亭。亭前矴步边溪岩上，镌有隶书"锦水流丹"四字。一侧，有一块10多平方米的大磐石，高出水面的5米，近水处刻有"钓矶"二字，仿佛是富春江严子陵的钓台。历代名人题咏颇多。

昔年事业在何方，分付东君笑一场。
试看后园花果树，晚年丹桂一枝香。

蟠桃①枝上桂花香，一半青黄一半扬。
堪笑鲤庭朱紫晚，珪璋冠冕列成行。

墙外枝头花欲放，开时又虑雨和风。
栽培须得阴功力，半有青黄半有红。

桂子只因花遇雨，蟠桃两颗半青黄。
栽培当得阴功力，堪叹梅花更晚香。

名园桃李兑芬芳，势近东南姓字香。
再整功名天水阔，才逢五九渐荣昌。

孤立孤成事莫陈，年来年去费精神。
君如借问名和利，终是生涯破复成。

连城白玉出蓝田，丹凤翱翔上碧天。
蕴器终年成事业，立身切计事消然。

奇花并蒂后依稀，一雁东来一雁西。
吴楚潇湘来往处，楚天空阔各分飞。

生计必从他处立，运谋应是少年荣。
天边孤雁高飞处，花落岩前月满庭。

闺中宝瑟尘多积，再被南方亦未清。
鸥鹭满堂风雨恶，也疑惊散不同林。

人言某字春光老，我道花开晚节坚。

---

① 蟠桃，据《论衡·订鬼》引《山海经》："沧海之中，有度朔之山，上有大桃木，其蟠屈三千里。"又据《太平广记》卷三引《汉武内传》载：七月七日，西王母降，以仙桃四颗与帝。帝食辄收其核，王母问帝，帝曰："欲种之。"王母曰："此桃三千年一生实，中夏地薄，种之不生。"帝乃止。

新刊合并官板音义评注渊海子平

行到桃园流水处，绿杨①影里任牛眠。

疏却相亲亲却疏，离南北往任君居。
桑榆芝桂花荣茂，鹿向岩前福有余。

七九之年事不同，休说猪羊运不通。
善世善人多福庆，林前一笑醉春风。

风边两雁过溪边，吴楚分飞各自然。
毕有某年通大海，秋清万里好归源。

成对鸳鸯游碧水，晚年一只绕清波。
白云本是无心物，孤月清光照五湖。

遇犬逢猪身渐贵，逢龙见虎有惊忧。
青山绿水开心处，明月清风兴自幽。

借问百年身外事，若逢蛇犬送归程。
山中猿鹤返为侣，明月清风识此情。

孤军驻扎硬屯兵，力倦心疲战不成。
此岁却如云掩月，六亲眷属火烧冰。

人事尽时天理顺，每向求安反见惊。
若要称心遂意处，兔随鸡走月重明。

有意辰年龙在水，无心寅上虎归山。
清风明月伴幽独，猿鹤相依不等闲。

营求多利多成败，培种春花转寂寥。
若问前程荣达事，夕阳影里采仙桃。

运遇牛羊方始开，好骑牛背入秋山。

---

① 杨，似柳树。不垂者为杨，下垂者为柳。清·朱骏声《说文通训定声》："杨与柳别。杨，枝劲脆而短，叶圆阔而尖；柳，叶长而狭，枝软而韧。"

西方一运花如锦，月照梅花影亦闲。

丹山鸾凤归山稳，一片忠心逐水濑。
鸥鹭不防重对戏，半池秋水万家春。

遇犬逢蛇人自笑，君还知怪苦疑猜。
随机应变无深祸，骑马芝山福自来。

讲淡应命吉凶诗句

此命老来正壮强，养身不立利名场。
轻财知命仁风顺，岁月优游夺鬓霜。

一叶熊罴积善家，发财事业盛奢华。
就计成名当某运，拆鸳呼鸟落残霞。

浪苑收纶一棹轻，荡谋应是少年荣。
光景必从他处立，子运春风用满庭。

此命推来福气多，媚性虽然艳绮罗。
好女应知天产定，花容月貌赛姮娥。

女造财官格局清，好福优游享太平。
无荣无辱真贤慧，子贵夫荣应晚年。

此是岩上一枯松，命中火性带刚强。
真是财官凶化吉，孤标清节乐春风。

此造重官煞印多，女性虽刚秉气和。
贪生喜往东南位，贱买多绒赛绮罗。

克勤克俭性忠诚，夫明子秀自天然。
之子好似莲花镜，命有三从四德贤。

下笔推排是某时，等闲八字本清奇。
女中莫为无奇运，命好如荣纳福迟。

此造推来果是奇，心思才敏质清纯。
不忮不求真贵特，成人成个杰中人。

一笑能轻万户候，命生值此果英豪。
无辱无荣非俗子，用泽施仁礼义高。

天赐麟儿下九重，生成瑞气蔼匆匆。
短短之梯能步月，命好如龙人泮宫。

天赐聪明产善家，生逢此造实堪夸。
命中准许趋金锁，短袖轻裘出众华。

好命如龙迥出尘，子成头角必峥嵘。
难星又见用星制，养大英标步帝京。

此命推来性最华，子贵孙荣实可夸。
倾城之璧成大用，家兴财富出兰芽。

此时富贵命繁华，儿童值此锦中花。
寿若风霜操干别，有才有业更兴家。

守自兰深出帐帏，孀亲休睹燕双飞。
孤承夫福兴家业，命是人间女丈夫。

孤梅好并一株松，独立森森独自荣。
无骄无谄无灾咎，妻子迟招不犯重。

此造推来果是奇，命许高扳步月梯。
皆是五行天赋定，一个鸳鸯鸟堕飞。

老运推来更显扬，无间无阻必兴昌。
结得好花并好子，果然夺得锦衣香。

此命贤能胜孟光，女中君子世无双。
克应某时其罕遇，夫妻和畅乐安康。

讲谈批命鹧鸪天

杂气财官在月提，最宜冲破始为奇。
忍耐方成中道好，春深莫怨吐花迟。
小心过，待某时，一遇刑冲事事宜。
天还好事重相见，发达兴家在晚期。

贵造推排印绶明，财藏官露长精神。
官印运来帮廪粟，闾里争先彩龙迎。
行某运，正当兴，玉出荆山色皎明。
云散一天星斗涣，风恬四海浪波平。

命里推排八字强，日干有气足财粮。
子平理取伤官格，大运纵行到北方。
才得显，福由彰，出入春风播一乡。
某运若来偕伉俪，匆匆喜气姓名扬。

煞印棱棱格局成，明生杀露有威严。
身强最行喜官运，主弱生扶掌大权。
行某运，福双全，行得鸾交续断弦。
合有中年炊臼梦，重凭月老说姻缘。

此命偏官格最奇，产下之初正某时。
官星不紊纯而贵，印旺扶元是福基。
某字运，是罕稀，不定生涯似局棋。
文章事业虽无意，刀笔功名实可期。

八字正官格局纯，才藏官露效雍容。
伯仲庭前敦礼义，家道昌隆福禄钟。

西运显，亦宜东，门庭瑞气蔼匆匆。
晚年贵子馨香盛，蓝玉峥嵘满苑中。

此造推来是正财，柱中最怕比为灾。
桂花香逐笔花吐，文运喜随泰运来。
功名事，信手裁，龙年金榜姓名开。
且喜有官居鼎鼐，不愁无地起楼台。

八字偏财一点清，柱无比败是祥征。
父母堂中无限乐，花烛庭辉锦帐新。
某字运，再重盟，一枝花向水边寻。
青天不雨雷声动，海阔无风浪自兴。

论六格批命活套

批正官格

正官之格喜清纯，不带冲伤不带刑。
印旺资身为贵取，财多扶本富堪称。
清白家风承远烈，诗书世泽羡来英。
他时若肯输边粟，异路荣华可进程。
恃怙恩同双日月，棣萼爱友似姜肱。[1]

---

[1] 姜肱字伯淮，后汉彭城广戚人（今山东省微山县人）。家世名族。肱与二弟仲海、季江，俱以孝行著闻。其友爱天至，常共卧起。及各娶妻，兄弟相恋，不能别寝，以系嗣当立，乃递往就室。

梁鸿①德耀谐佳配,仪俨侃僖继后英。②

时下适交财印运,凿开璞玉见良珍。

润身德气渐磨就,利不贪而名自成。

某运脱来防首尾,蓼莪诗废③父伤情。

韬光娱乐丘园地,龙抱明珠未遇春。

繁华若见交中运,乔木风声万古清。

出入三思防诡佞,盘根错节费心神。

再逢佳境滔滔顺,皓首庞眉福祉臻。

桂兰绕膝斑斓舞,坐睹桑田海变成。

松柏本坚根亦固,奈何天道有亏盈。

钟吕二仙相别久,仙丹九转炼难成。

批偏官格

七杀当权蕴月支,惟宜身旺可胜之。

官星不紊纯而贵,印旺扶元是福基。

生平性格刚而烈,勇敢昂然肯作为。

---

① 梁鸿,字伯鸾,扶风平陵(今陕西咸阳)人,生卒年不详,约汉光武建武初年,至和帝永元末年间在世。少孤,受业太学,家贫而尚节介。学毕,牧豕上林苑,误遗火延及他舍。鸿悉以豕偿舍主,不足,复为佣以偿。归乡里,势家慕其高节,多欲妻以女,鸿尽谢绝。娶同县孟女光,貌丑而贤,共入霸陵山中,荆钗布裙,以耕织为业,咏诗书弹琴以自娱。因东出关,过京师,作《五噫之歌》。章帝(肃宗)闻而非之,求鸿不得。乃改复姓运期、名耀、字侯光,与妻子居齐、鲁间。终于吴。

② 《宋史·窦仪传》记载:宋代窦禹钧的五个儿子仪、俨、侃、偁、僖相继及第,故称"五子登科"。五代后周时期,燕山府(今北京一带)有个叫窦禹钧的人,记取祖训,教导儿子们仰慕圣贤,刻苦学习,为人处世,不愧不怍。结果,他的五个儿子都品学兼优,先后登科及第。窦禹钧本人也享受八十二岁高寿,无疾而终。当朝太师冯道还特地写了首诗:"燕山窦十郎,教子有义方;灵椿一株老,丹桂五枝芳。"《三字经》也以"窦燕山,有义方,教五子,名俱扬"的句子。

③ 《晋书·王裒传》:"(王)裒少立操尚,行己以礼,身长八尺四寸,容貌绝异,音声清亮,辞气雅正,博学多能,痛父非命,未尝西向而坐,示不臣朝廷也。于是隐居教授,三征七辟皆不就。庐于墓侧,旦夕堂至墓所拜跪,攀柏悲号,涕泪著树,树为之枯。母性畏雷,母没,每雷,辄到墓曰:'裒在此。'及读《诗》至'哀哀父母,生我劬劳',未尝不三复流涕,门人受业者并废《蓼莪》之篇。"

未上天边扶日月，暂从林下事诗书。
潜龙深卧碧潭水，怀抱圆明一颗珠。
严训慈恩欣具庆，春风庭下戏斑衣。
鹡鸰音断惟孤立，鸾凤和鸣两配宜。
徐卿奇特称贤子，中有凌云一俊儿。①
运次某方非称意，汉王勒马跳檀溪。
当头一点恩星照，险逢凶难亦无危。
转来某运樊笼鸟，飞出林间羽翼齐。
奋迅任翔千仞立，飞鸣宿食自欢娱。
创业檐边之大厦，置田基畔之膏腴。
儿孙环玉立家富，财喜双全乐有余。
宴期五福优游处，忽阵狂风起海隅。
吹折乔林梁栋木，悲歌哀怨对斜风。

批印绶格

贵造清纯印绶逢，财藏官露是豪雄。
润身富有千种粟，奚必登云步月宫。
性质温良恭俭让，行事恪守古人风。

---

① 《陈书》卷二十六《徐陵列传》："徐陵字孝穆，东海郯人也。祖超之，齐郁林太守，梁员外散骑常侍。父摛，梁戎昭将军、太子左卫率，赠侍中、太子詹事，谥贞子。母臧氏，尝梦五色云化而为凤，集左肩上，已而诞陵焉。时宝志上人者，世称其有道，陵年数岁，家人携以候之，宝志手摩其顶，曰：'天上石麒麟也。'光宅惠云法师每嗟陵早成就，谓之颜回。八岁，能属文。十二，通庄老义。既长，博涉史籍，纵横有口辩。"唐杜甫《徐卿二子歌》："君不见徐卿二子生绝奇，感应吉梦相追随。孔子释氏亲抱送，并是天上麒麟儿。"一说：徐卿伯，字梦麟，晚号剩夫，明朝贵州贵阳人。明神宗万历四十年（公元1612年）举人，次年进士。授御史。明熹宗天启二年（公元1622年），安邦彦叛乱围贵阳城，王三善受巡抚命，次镇远、次平越、不敢进、卿伯屡上疏弹劾其逗留，皇帝下旨令速进，王三善乃进，解贵阳之围。王三善进大方，卿伯又上疏言三善轻敌，必有所困，后果如其所说。因刚直敢言，被朝官所忌，后被外放任四川参政。明末宦官炽盛，把持朝政，一时党附者甚众。徐梦麟因洁身守正，刚直敢言，为朝官所忌，后外放任四川参政，平生抱负不得施展。崇祯十一年九月，徐梦麟郁郁而终，年四十九岁。有七子，名曰"必大、必远、必久、必升、必厚、必高、必广"，俱有文名。

他时遥应飞熊梦，一札征书下九重。
椿喜乔芳萱晚秀，荆花荣茂乐天常。
蓝田种玉谐连理，梦叶熊罴有桂香。
命坐某宫躔某度，怕逢其宿作灾殃。
今逢每运中平稳，安土教人乐且康。
惟遇某宫星煞混，却似淮阴遇未央。
间得某宫星一救，破耗赀财折已殃。
再入某运增喜气，滚滚财源乘旺乡。
孔方兄①积盈囊橐，耐冷梅开喜向阳。
关深幽谷鸡鸣早，马脱西秦贺孟尝。
此去雍容娱晚景，荣观五福蔼华堂。
桂兰庭砌呈祥瑞，福履悠悠家室康。
双鬓虽然娱晚景，古稀之外梦黄粱。

批杀印格

杀印棱棱格局清，日干秉令向春生。
蛟龙岂是池中物，一遇风云即奋身。
性雄硬直如金石，量大汪洋万顷深。
济世肯施千斛粟，荣身惟羡满籯金。
萱花已遇强风摧，椿树撑天百丈高。
五桂一兰承世泽，凤俦正副效前盟。
庭前郁郁荆花秀，② 埙和埙篪③叙天伦。

---

① 古代的铜钱是一种辅币，一千个为一贯。在铸造时为了方便细加工，常将铜钱穿在一根棒上，为了在加工铜钱时铜钱不乱转，所以将铜钱当中开成方孔。后来人们就称钱为"孔方兄"。

② 南朝梁吴均《续齐谐记》云，京兆人田真兄弟三人分家时议分堂前紫荆花，荆花因之枯死。田真兄弟相感复合，荆亦再茂。荆花秀，指兄弟和睦，不分家而同居。

③ 埙和埙篪，比喻兄弟或朋友之间因关系密切而互相配合、相互照应。埙与篪这两件乐器形制各异，前者如梨形，后者如笛状竹的两端有"底"，被称为"有底之笛"。但因发音原理相同，音色相近，在一起演奏可以获得音色和谐的效果。

初运尚妨财太重，乘马斑襕缓步扬。
茱萸不占春风暖，一段清香隐上林。
中运财官俱旺相，洗涤尘埃宝镜明。
桐城剑遇张华至，文彩光芒射斗星。①
高挂锦帆游上国，囊中盈满聚珠珍。
欲将绿醑为坤寿，一阵风飘雪染巾。
晚运交来事事新，和风瑞气蔼门庭。
雪消梅萼清标立，云散婵娟万里明。
堂开绿野门楣盛，礼乐衣冠烨烨新。
保合太和元气聚，寿同渭水坐矶人。

批正财格

富造生于乔木家，正财之格实堪夸。
比劫不来真空遇，日干兴旺享太华。
董宏包括乾坤大，性善常存德义家。
不图台阁三公贵，百亩遗安乐且晔。
书堂严侍并慈词，同乐功衣戏彩霞。
荆树花开风雨妬，中年一二乐情多。
佳人欠弗明花烛，铁石桂逢免折磨。
桂有秋香三五朵，初年先长牡丹芽。
初度复行财旺地，力微任重免奔波。
劣马难追千里骥，只宜守旧作生涯。
中运先财而后印，福禄锦上又添花。
人才济世家声振，物物丰盈事事宜。

---

① 传说吴灭晋兴之际，牛斗间常有紫气。雷焕告诉尚书张华，说是宝剑之气上冲于天，在豫东丰城。张华派雷为丰城令，得两剑，一名龙泉，一名太阿，两人各持其一。张华被诛后，失所持剑。后雷焕子持剑过延平津，剑入水，但见两龙各长数丈，光彩照人。后常用以为典。

晚入官乡更宜和，尤如白璧莹无瑕。
香山九老为贤友，寿酒蟠桃视颂哗。
七袠遐龄天载定，引年不必眼丹砂。

批偏财格

月令偏财一点清，又逢印绶与官星。
主人袍负经纶业，似璞中舍转世珍。
出入交游俱贤达，行藏拘礼更施仁。
若资留心攻典籍，中晚功名事可成。
椿萱雨露沾濡厚，棠棣田真可共伦。
凤律叶谐招内助，燕山早叶桂花馨。
初运变来不比劫，且资庇荫乐闲情。
蟠桃未际春雷动，暂何深涧养甲鳞。
中遇印扶身本健，荷花得雨长精神。
蜀王未遇贤良佐，先向隆中请孔明。
谋遂志孚情款洽，重新整立壮门庭。
纵无白玉腰间系，喜有黄金积满籯。
晚景桑榆交某运，壮生空作鼓登声。
信善埋虮今叔敖，①怀忠牧羝效苏卿。②
盘根错节交逢过，再向炉中炼斧金。

---

① 孙叔敖为婴儿之时，出游，见两头蛇，杀而埋之；归而泣。其母问其故，叔敖对曰："吾闻见两头之蛇者死，向者吾见之，恐去母而死也。"其母曰："蛇今安在?"曰："恐他人又见，杀而埋之矣。"其母曰："吾闻有阴德者，天报之以福，汝不死也。"及长，为楚令尹，未治，而国人信其仁也。

② 苏武（前140—前60年），字子卿，汉族，杜陵（今陕西西安东南）人，中国西汉大臣。武帝时为郎。天汉元年（前100年）奉命以中郎将持节出使匈奴，被扣留。匈奴贵族多次威胁利诱，欲使其投降；后将他迁到北海（今贝加尔湖）边牧羊，扬言要公羊（羝）生子方可释放他回国。苏武历尽艰辛，留居匈奴十九年持节不屈。至始元六年（前81年），方获释回汉。苏武去世后，汉宣帝将其列为麒麟阁十一功臣之一，彰显其节操。

眉寿荣终于某运,杜宇①声声叹雨频。

批伤官格

详斯贵造,伤官格也。主人心胸磊落,气宇轩昂,有吟风弄月之才,压众超群之见。片言折狱,人伏其公。顺则千金不吝,逆则一个如珍。斯则公廉明敏之造也。椿树早经霜雪压,萱花下藏暗天香。荆花乐田氏之荣,桂子处焦山之秀。诗书传览,不将三策献金门。今古多短,惟事一勤安畎亩。兹行某运,正直财乡。百亩腴田勤种粟,千钟美酒乐舒怀。再交其运,诸葛欲求三顾泽,岂惮秋风五丈原。明哲保身免生悔,晚运平和桧福祉,子成孙长立珪璋。正逢耳顺之年,身在桑榆之境。晴日不消双鬓雪,菱花愁睹旧时容。膺福庆于方来,享遐龄于悠长。欲知几度蟠桃熟,七十加三数已停。

批杂气财官格

杂气财官格最良,定作乔林一栋梁。
虽无名字标金榜,定有才能冠一乡。
云锁天边先晦日,秋蟾皎洁倍辉光。
天伦雅叙鸿而荐,金石相孚凤配凰。
桃李春风花不结,三秋桂喷一枝芳。
时今正直当权运,怎奈星中限未详。

---

① 杜宇为传说中的古蜀国国王。周代末年,七国称王,杜宇始称帝于蜀,号曰望帝。晚年时,洪水为患,蜀民不得安处,乃使其相鳖灵治水。鳖灵察地形,测水势,疏导宣泄,水患遂平,蜀民安处。杜宇感其治水之功,让帝位于鳖灵,号曰开明。杜宇退而隐居西山,传说死后化作鹃鸟,每年春耕时节,子鹃鸟鸣,蜀人闻之曰"我望帝魂也",因呼鹃鸟为杜鹃。一说因通于其相之妻,惭而亡去,其魂化作鹃鸟,后因称杜鹃为"杜宇"。

塞翁失马①藏机隐，牧竖亡羊②岐路茫。

交转某运逢坦道，平途骏马不须鞭。

卞和拾得荆山璞，留得明时献与王。③

中运又逢荆棘地，言公相侮欠安详。

缧绁之忧④频频见，人才得失事尤惶。

李陵⑤误入单于境，空筑高台望汉邦。

事业生平俱已矣，瑶草俄经午夜霜。

指明批贵命活套

批殿元显宦

椿萱沾宠渥之封，雁字序翱翔之快。正副玉人鱼共水，森然丹桂接书香。初运未分美恶，荫下光阴。二运之中，诗书有味，勉勉循循。三五运

---

① 《淮南子·人间训》：近塞上之人，有善术者，马无故亡而入胡。人皆吊之，其父曰："此何遽不为福乎？"居数月，其马将胡骏马而归。人皆贺之，其父曰："此何遽不能为祸乎？"家富良马，其子好骑，堕而折其髀。人皆吊之，其父曰："此何遽不为福乎？"居一年，胡人大入塞，丁壮者引弦而战。近塞之人，死者十九。此独以跛之故，父子相保。

② 牧竖：放牧的小儿；焚：焚烧。原指秦始皇陵墓被放牧的小孩焚烧。后比喻意外的灾难。《汉书·刘向传》："其后牧儿亡羊，羊入其凿，牧者持火照求羊，失火烧其藏椁。自古至今，葬未有盛如始皇也，数年之间，外被项籍之灾，内罹牧竖之祸，岂不哀哉？"

③ 楚国卞和得含玉璞石，献给了楚厉王。厉王认为卞和是有意欺骗他，于是就下令砍去了卞和的左脚。武王登位后，卞和又把那块璞石献给了武王。砍去了他的右脚。文王登位。卞和竟然捧着那块璞石，在楚山脚下一连痛哭了三天三夜，眼泪流尽，血也哭了出来。文王听说了这件事后，就派人前去调查原因，那人问他说："天下被砍去脚的人很多，为什么只有你哭得如此悲伤呢？"卞和回答说："我并非因为失去双脚而感到悲伤，而是痛心世人将宝玉看作石头，把忠诚的人称为骗子，这才是我感到悲伤的原因啊！"文王听到回报，便叫玉匠去雕琢那块璞石，果然从那块璞石中得到一块价值连城的美玉，于是命名这块美玉为"和氏璧"。

④ 缧绁：捆绑犯人的绳子。引申为囚禁。被囚禁的忧虑。指有坐牢的危险。

⑤ 李陵（？—前74年），字少卿，汉族，陇西成纪（今甘肃天水市秦安县）人。西汉名将，李广之孙。初为西汉将领，善骑射，爱士卒，颇得美名。天汉二年（前99年）奉汉武帝之命出征匈奴，率五千步兵与八万匈奴战于浚稽山，最后因寡不敌众兵败投降。由于之后汉武帝误听信李陵替匈奴练兵的讹传，夷灭李陵三族，致使其彻底与汉朝断绝关系。其一生充满国仇家恨的矛盾，他本人也因此引起争议。他的传奇经历使得他成为后世文艺作品的对象及原型。

中，已向秋闱登第早，又从春榜状元归。就此恩光近，待职赞金门。某运再逢，升粉署之班，不远京师之位。当正显之中，又忌荷衣点雪。到某运中，重迁峻擢。故知白璧还为宝，更喜黄金又束腰。于此还慎悔，刑僚非讪谤。某运京台登大用，官居近侍肃风霜。于中驳杂，可忌刑伤。某运中官居一品，寅亮天工，冰壶鉴朗。品灯烛于神机宝鉴，明秋波于灵府金坛。末运申辞体偷闲，寿享八十加二半。虱青松，巢翡翠，一坯黄壤卧麒麟。

批宦相斯文 二品之贵并用

值此五行清且秀，纯纯不杂罕全双。人中表表超凡类，度量汪洋压众芳。堂上双亲同皓首，时观诰命有恩光。细君正副，桂吐秋香，运前无限好，龙门一见贺珪璋。① 某运秋榜动，科甲文魁拱玉堂，金榜高名题姓字，琼林宴②罢马蹄忙。拜官居北阙，分外美名扬。父母褒封当此际，光荣祖考有流芳。乔迁官爵显，腰带又生黄。三运到某地，立纪又陈纲。都宪台前无龃龉，③ 凌烟阁④上有名芳。至此攸然生不测，僚非谗佞返泉乡。

批天资国器 三品之贵并用

椿萱沾宠渥之恩光，兄弟际风云之庆会。佳人招正副，桂子几枝香。初运庇下，未分休咎。二运中，劈蠹尚嫌春昼短，挑灯何厌夜长更，为此

---

① 新生子的美称。《群音类选·百顺记·王曾得子》："贺麒麟一夕飞下天宫，朱扉外弧矢高悬，绣幕中珪璋欢弄。"

② 琼林宴是为殿试后新科进士举行的宴会。始于宋代。宋太祖规定，在殿试后由皇帝宣布登科进士的名次，并赐宴庆贺。由于赐宴都是在著名的琼林苑举行。

③ 龃龉（yǐhé），侧齿咬噬，引申为毁伤、龃龉、倾轧。《史记·田儋列传》："且秦复得志于天下，则龃龉用事者坟墓矣。"

④ 唐贞观十七年二月，唐太宗李世民为怀念当初一同打天下的众位功臣（当时已有数位辞世，还活着的也多已老迈），命阎立本在凌烟阁内描绘了二十四位功臣的图像，皆真人大小，褚遂良题字，时常前往怀旧。后又有四位皇帝在凌烟阁图像功臣。现在能看到的总共132副画像，除去重复画像，总共100人左右。

不利，室养行登。三运中，折桂已魁乡试榜，探花又占上林魁，为此官吏嫌风雪。四运，粉署郎官天上客，冰壶台上锦心才。五运中，九重雨奕随东下，五马云奔出海来。首末之际，刑侮①相干，僚非未足。六运中，大政出参威赫赫，清光入观杀棱棱。七运中，阶前有客观红叶，目一无人对紫微。官居三品，位列三台，于此运终，拜疏归田野，携觞就菊吟。八运，泰山颓兮，梁木摧兮，卒然天丧斯文矣。

批及第登高_{进士等命并用}

详参贵造，义理玄微。星格奇异，贯天地之精英，生而颖异。拔山川之秀气，壮自魁梧。文章官样，摘丹穴之凤毛。笔法森严，走山川之虬虺。棘闱鏖战，荣魁一郡英豪。春榜题名，足蹑九天云路。严侍慈闱，举沐赠封之诰。金昆玉季，②俱拖青紫③之繁。夙契丝罗，④内助获贤良之德。早开丹桂，趋庭⑤咸后伟之髦。兹行某运之中，神鱼未际风云会，暂养经纶以待时。再入官印之乡，文魁正当拱限，科爵星应夹垣。金门对策龙楼晓，春榜标名御翰鲜。勤政观于礼部，捧除诰于微垣。临政亲民，民乐甘棠之下。司权轨范，吏行冰雪之中。正欲披肝效忠荩，不期鲠直犯批鳞。暂屈栋梁，权居隐忍。某运再行，铨辅荣迁恩哲士，征书再起。股肱臣职居清要，政辅台司。晚运中平思勇退，知几早早疏东归。斯时也，开昼锦之华堂，庆桑榆之晚福。天上玉楼成召记，人间紫府失英豪。

---

① 刑侮，刑罚侮辱。
② 昆、季，兄弟。长为昆，幼为季。
③ 青紫，典故名，典出《汉书》卷七十五《眭两夏侯京翼李列传·夏侯胜》。本为古时公卿绶带之色，因借指高官显爵。亦指显贵之服。
④ 契丝罗，指结为夫妻。
⑤ 趋庭，典故名，典出《论语注疏·季氏》。"（孔子）尝独立，鲤趋而过庭。曰：'学诗乎？'对曰：'未也。''不学诗，无以言。'鲤退而学诗。"鲤，孔子之子伯鱼。后因以"趋庭"为承受父教的代称。

批月窟重光大夫等命并用

双亲恩庆沾王泽,塬上鹡鸰裁拂云。佳人文武无重续,桂子联芳有白眉。初运中末分玉石,诗书有分留心看,玉石无瑕巧琢磨。二运中,就此之际,折桂凌云之上。当此之时,刑侮有干,暂遭刑制。三运中,又转六官得宪职,风霜万里殄奸雄。于此上下利,风雨之分,僚非未善。四运中,荷皇清四海,弦歌典礼兴。周室尊贤超古制,汉家拜老重簪缨。九天雨露君恩重,万里衣冠日月明。白发乌纱荣晚节,诏书还许下南征。

批浪起春雷秀才等命并用

未变神龙且待时,暂潜鳞甲卧泮池。文华裁就天机锦,德器修成白玉珩。从容伸手扳月桂,旋身腾踏上天梯。一朝奋迅云霄上,大沛甘霖济涸枯。某运,良玉不雕为世宝,灵根不种自天成。某岁,一更灯火夜忘寝,六经又理剖精微。幸喜后园生异果,蟠桃一颗下天宫。某运正是,厚运肯教黄叶晓,悲风不许白杨春。七十某年,花落水流人不在,鸟啼月坠雨淋漓。李陵误入单于境,高筑云台望汉君。

批鱼龙养起监生等并用

椿树已经风木恨,萱花上下晚敷荣。紫荆之风味,三五怡然。咏棠棣之佳章,羡一门之贵显。佳人正副,瑟琴取次调冰弦。贵子奇英,诗礼雍容传旧业。今某运之中,守素且宜遵矩度,履亨通尚踏贤规。待交某运,满架诗书生意足,一箠灯火夜寒窗。再入某运,正欲陶情启礼乐,杨花飘雪染衣巾。待等某运,献策观光游上国,夤亲同业究遗经。千里承恩沾龙命,一官先拜迪功郎。斯时任展平生志,辅政优优乃素心。某运,寂静卷帘看皓月,暂斟绿醑驻丰神。中运又佳,升擢郎官应列宿,分封花县显高明。当斯冲要之衢,宜布劳来之德。省刑薄敛,勤政亲民。恪恭厥职答君恩，黾勉寸心膺厚禄。某运交来，正步轻出观皓月，俄惊风雨晦苍冥。

批桃浪进身 童生等命并用

文质彬彬君子风，趋庭诗礼习儒宗。性天活泼心聪敏，气质清纯至理通。人品无瑕玉界尺，文章有骨绣屏风。出入谨勤人俊雅，行藏出落志豪雄。某运，几年困迹鸡窗下，一旦标名虎榜中。过目经书惟默识，持身礼度效雍容。金麟岂是池中物，一过风云便化龙。某运至，龙虎成来金鼎满，神仙散去玉堂空。

批虎榜标名 生员等命并用

华堂棠棣联翩，乐埙篪于庭下。淑人逢内助，有齐眉举案之贤。贵子绍书香，毓跨风凌云之秀。于今正值行某运，暂驻文航，养就经纶之大手。后再交某运，风云际会，翻然一跃过龙门。献三策于重瞳，沾九重之雨露。文彩辉煌，领春官之物色。芳声远播，承部擢之欣荣。五马高封，① 布甘棠之善政。三缄绣口，防棘之苍蝇。某运一交，欲施利刀锄顽梗，谁识苏章②有二天，早挂官于二疏，③就东篱之霜菊，养暮景之桑榆。再增不踰距之年，不觉文星陨矣。

---

① 犹言官爵显贵。五马，太守的代称。唐 杜甫《送贾阁老出汝州》诗："人生五马贵，莫受二毛侵。"

② 苏章，字儒文，东汉扶风平陵（今属陕西咸阳西北）人。苏章年少博学，善作文，曾负笈从师，不惮千里之遥。安帝时，举贤良方正，为议郎。举陈朝政得失，语言率真恳切。后出任武原县令，时逢荒年，他开仓放粮赈饥，使三千多户度过饥荒。顺帝时任冀州刺史。后来，苏章调任并州刺史，摧折豪强，触怒了当权者，因而被免官，乃隐居乡里。

③ 二疏，亦作"二疎"。指汉宣帝时名臣疏广与兄子受。广为太傅，受为少傅，同时以年老乞致仕，时人贤之。归日，送者车数百辆，设祖道，供张东都门外。晋张协《咏史》："蔼蔼东都门，群公祖二疎。"《隋书·韦世康传》："欲追踪二疎，伏奉尊命。"唐护国《归山作》诗："四皓将拂衣，二疏能挂冠。"

新刊合并官板音义评注渊海子平

批志合冲天_{武举等命并用}

琼林佳宴自天排，月殿重门次第开。
先折秋香分桂手，次承春浪点桃腮。
霞杯酌酒宫袍润，彩笔题诗锦字裁。
他日皇王期补报，矢心忠义不须猜。

批香拂桂林_{有贵器者并用}

松岳钟灵奇俊髦，充间喜气乐陶陶。
弄璋①诗赠珠玑集，汤饼筵②开祝颂高。
气壮食牛端可畏，才高附凤曷庸褒。
君家积庆昌君后，先着蓝袍③换绿袍。

批人间鸑鷟

丹山鸑鷟产中庭，和气扬扬万斛春。
异日高楼千仞立，初鸣一句百禽惊。
丰姿颖异超群秀，气质清纯迈众英。
伫看九苞文彩就，赞襄王道显文明。
初行其运杀太重，体弱应知力不胜。
元霄二八交来后，鱼跃莲塘奋捷鳞。

---

① 弄璋，古人指生下男孩子把璋给男孩子玩，璋是指一种玉器。后来把生下男孩子就称为弄璋之喜，生女孩子叫"弄瓦之喜"。典出《诗经·小雅·斯干》，"乃生男子，载寝之床，载衣之裳，载弄之璋……乃生女子，载寝之地，载衣之裼，载弄之瓦。"

② 即汤饼会。旧俗寿辰及小孩出生第三天或满月、周岁时举行的庆贺宴会。因备有象征长寿的汤面，故名。

③ 蓝袍，旧时八品、九品小官所穿的服装。《旧唐书·哀帝纪》："虽蓝衫鱼简，当一见而便许升堂；纵拖紫腰金，若非类而无令接席。"金王若虚《病中》诗："蓝衫几弃物，绛帐亦虚名。"

242

文理成章真可爱，心胸轩豁一腔仁。
稍嫌十八九年数，车行蜀道阻其轮。
官印运来帮廪粟，争夸文富夺天真。
某运步蟾而折桂，鹿鸣宴上笑欣欣。
蓝袍脱换青袍重，闾里争先采仗迎。
再入春闱三战捷，鳌头一占夺魁名。
官逢花县承恩宠，广施善政牧斯民。
不期某运生疑忌，谗佞交征不遂心。
渊明解印归三径，菊酒黄花乐怡情。
细推某运难星划，用神入墓不堪闻。
绯衣使促登仙道，九转黄芽炼不成。

批富产祥麟_{富命并用}

德积豪门庆泽深，明时应瑞产祥麟。
丰姿逞若荆山璞，资质纯如丽水金。
燕岭桂开呈秀色，谢庭①兰茁播芳声。
待看抚育成英气，继绍书香达孔庭。
立命某宫躔某度，某为命主某为恩。
其余诸星俱不惧，单嫌某宿作灾侵。
椿萱恩重如山岳，棠棣联翩次第新。
他日冰人传信早，丝牵绣幕缔良姻。
熊罴入梦添新喜，桂子开时朵朵金。
初周童限无星杀，玉出荆山色皎明。
双拳先进童庚满，天启良知另样清。

---

① 谢庭，谢安的门庭。喻指子弟优秀之家。

新刊合并官板音义评注渊海子平

二岁外来逢八佾，花开又被雨盆倾。
四周五六连前后，乳前初飞试短翎。
肯向芸窗攻典籍，陶镕气质日臻新。
小井数来人变异，明伦堂上播风声。
五经初试琴堂撰，次入芹宫播众英。
某字运中稍不利，下第刘蕡①不用嗔。
捱出此津逢坦道，云霄万里快鹏程。

批蚌产明珠_{老来得子者用}

长庚清夜焕天衢，瑞气洋洋满室庐。
千载飞熊符吉梦，一朝老蚌产明珠。
咸称默荷天心眷，我羡金冯德力扶。
世泽于今传久远，绵绵福祉入桑榆。

批祥开后院_{妾生子用}

历世行仁积庆余，天教侧室产名驹。
成材定拟承先业，笃志尤能读父书。
敏锐天姿如削玉，精明体质似藏珠。

---

① 刘蕡（fén）（？～848年）字去华，唐代幽州昌平人。生年不详，约卒于唐文宗开成中。博学善属文，明春秋，沈健有谋，浩然有救世志。宝历二年，（公元八二六年）擢进士第。时宦官专横，蕡常痛疾。太和初，（公元八二七年）举贤良方士，能直言极谏。是年冯宿等为考策官，见蕡对嗟服，以为汉之鼌（错）董（仲舒）无以过。但中宦当途，畏之不敢取。正人傅读其文，有相对垂泣者。谏官御史为之扼腕愤发。执政反从而弭之。时被选者二十三人，所言皆亢龊常务，颇得优调。河南府参军李邰（tái）谓人曰："刘蕡下第，我辈登科，实厚颜矣"！疏请以所授官让蕡，不纳。令狐楚、牛僧孺皆表蕡幕府，授秘书郎，以师礼待之。而宦官深疾蕡，卒诬以罪，贬柳州司户参军，卒。蕡著有策集一卷，《新唐书·艺文志》传于世。

伫①看三五成童后，挺出乔林桂一枝。

批玉树流芳 遗腹子用

碧空良夜耀长庚，遗腹英孩应运生。
百岁灵椿遭雪压，一株丹桂向秋妍。
鹡鸰原上音萧索，鸿雁云间影独翩。
父训师严成令德，曾闻商辂中三元。②

抵懿德兰馨 女命并用

谨观淑造，妙格天然。星辰奥隐，固惟达者能观，而常情莫识也。其为女也，凤闲姆训，四德潜修。内则③熟知，三从④玩久。鸡鸣⑤胥戒，勉君子以进德修业。熊丸示志，⑥诃子姓以养志劳形。化洽闺门，凛凛关雎之瑞。恩覃妯娌，雍雍麟趾之风。锦章繁褥盈箱箧，珠翠浓华满髻簪。满期百岁欢娱，讵意彩鸾永逝。悠然一梦，遂殒婺星。⑦琴瑟尘埋声寂寂，

---

① 伫，同"伫"，肃立敬候，泛指等候。
② 商辂（1414～1486）明代首辅。字弘载，号素庵，浙江淳安人。商辂是明代近三百年科举考试中第二个"三元及第"（同时获得解元、会元、状元）（第一个是黄观，被朱棣除名。所以又说商辂是明代唯一"三元及第"），仕英宗、代宗、宪宗三朝，历官兵部尚书、户部尚书、太子少保、吏部尚书、谨身殿大学士，时人称"我朝贤佐，商公第一"，卒谥文毅。著有《商文毅疏稿略》、《商文毅公集》等。
③ 《内则》是《礼记》的一部分，主要内容是记载男女居室事父母、舅姑之法。即是指家庭主要遵循的礼则。
④ 中国古代女子的生活行为规范未嫁人之前必须遵从父亲的安排，嫁人之后服从丈夫的意愿，丈夫死后听从长子的意思。三从：未嫁从父，既嫁从夫，夫死从子。
⑤ 《诗经·齐风》篇名。全篇以对话形式，写妻子于天未明时，即一再催丈夫起身，为"鸡鸣戒旦"成语的由来。
⑥ 唐代柳仲郢，幼年嗜学，其母韩氏用熊胆和制丸子，使其咀咽以提神醒脑。后用为贤母教子的典故。《新唐书·柳仲郢传》："母韩，即皋女出。善训子，故仲郢幼嗜学。尝和熊胆丸，使夜咀咽以助勤。"
⑦ 婺星为二十八宿之女星，列牵牛、织女之次，主人间布帛，又主女寿和人文等。

仪床月冷夜迢迢。

虺蛇入梦[①]产明珠，貌若奇花质并玙。
鸾凤娇娆贮金屋，蕙兰清淑育香闺。
堪夸咏雪[②]才华巧，更羡研霜德操殊。
他日名门谐伉俪，重增喜气壮门楣。

良夜剪星焕碧微，名门诞育蕙兰姿。
西施骨格清无异，弄玉丰神顿不殊。
华屋飞来金翡翠，广寒降下玉蟾蜍。
时来必获梁鸿配，举案齐眉乐唱随。

玉骨冰肌貌若花，威仪棠棣实堪夸。
女材鸾凤真奇特，旺子荣夫发大家。
秉性温良循淑德，持身严谨远奢华。
良人金石孚姻契，桂子奇英品字佳。

时下端行于某运，家肥屋润乐无瑕。
熊罴课子三更两，举案宜夫鸾凤和。
更查某运凶星并，妆台尘垢蔽菱花。
五行一救凶还吉，早服灵和九转砂。
越此外来娱晚景，子荣孙贵长兰芽。
欲期寿考何时止，七旬有永梦升遐。

---

① 虺蛇入梦，生女的征兆。
② 据《晋书·王凝之妻谢氏传》及《世说新语·言语》篇载，谢安寒雪日尝内集，与儿女讲论文义，俄而雪骤，安欣然唱韵，兄子朗及兄女道韫赓歌。"白雪纷纷何所似？（谢安）撒盐空中差可拟。（谢朗）未若柳絮因风起。（谢道韫）"安大笑乐。

批父母双全活用诀

彩衣庭下戏春风，真庆堂前娱晚荣。
日朋光华照世间，贻谋燕翼乐遗安。
乾坤数定并悠长，造化成全福禄昌。
无限福寿享龟龄，寿酒蟠桃祝颂深。

椿花堂上日烘烘，萱草庭前乐正浓。
乾象还宜彭祖寿，坤仪应与孟光齐。
乾坤高厚两相全，夙世修缘应有年。
天高地厚两长年，福禄绵绵喜共全。

批父母俱亡活套

双亲太息早归西，久弃斑襕舞戏衣。
乾坤万里被云迷，冬领乔松色最奇。

椿萱俱值早秋霜，遗下庭前桂有芳。
云迷宇宙日沉西，龙月随风坠海隅。

批母在父亡活套

蓼莪诗已废，痛父逝无辜。
灵椿雪压已多年，萱草堂中福禄全。

可怜严父早归西，慈母堂中福寿齐。

灵椿已被严霜压，萱草秋风晚节坚。
陟岵兴嗟情惨切，断机惟羡北堂萱。
严训已承天诏起，独遗慈母守孤闱。
诗礼趋庭无孔训，断机勉学有轲亲。

批父在母亡活套

黯淡浮云迷晧月，一轮红日映桑榆。
秋风肃杀摧萱草，椿树乔添岁月长。
出无慈母缝针线，惟有严亲嘱早归。

北堂云暗萱先萎，乔岳青云椿树高。
太息已闻人已去，空令泣杖子酸心。
泣鹤鸰远思慈母，遂陟杞已叹北堂。
萱光断机佳训在，择邻惟寓圣贤坊。

批兄弟活用套

鹡鸰原上和声集，三五成群作队飞。
鸿雁云端分次第，怡情三五共衣襟。
棠棣川枝承雨露，共含瑞日养红颜。
紫荆花发连枝秀，共乐田家数内真。

伯仲兴宗多富盛，埙篪迭奏乐从荣。
郁郁荆花同气味，阶前和乐听埙篪。
雁行吕字皆成阵，终夕分飞各一天。

一番风雨摧荆树，鸿雁分飞各自天。
鸿雁行中嫌伴少，声声嘹唳各东西。
手足犹如冰见炭，弟兄恰似虎逢狼。
玉昆金友不相宜，割户分门各自知。

批夫妇活用套

鸳鸯一对好姻缘，桂子森成戏彩斓。
招得佳人才貌美，蟠桃一颗长精神。
牛郎织女和缘好，丹桂花开五朵香。
美貌佳人难共老，琵琶拨出断肠声。

中闺拟定偕偏正，丹桂先栽后结成。
内助得贤偕伉俪，承顾女子绍家声。

琴瑟谐和止尧时，阶前桂子许徐卿。
鸾凤和鸣同缱绻，克谐家室哞关雎。
凤友一双娱白发，麟儿四五戏斑衣。

批难为妻子活套

金石佳人分正副，五官先见若耶莲。
琴瑟断弦胶可续，桂花先放遇狂风。
结发缘悭难并老，子如伯道数中真。

连理佳人逢面面，传家桂子要螟蛉。①

佳期两度荣花烛，丹桂迟开朵朵香。

批刑妻活套

炊臼梦②回嗟寂寞，中间不见採头人。

某运之中刑并起，不见堂前主馈人。③

鼓盆休效庄生叹，④ 弦断何年再续胶。⑤

琴正调时弦欲断，镜方明处被尘蒙。

尘封菱镜鸾羞舞，箫断祭台凤不鸣。

镜破乐昌难再合，⑥珠沉合浦⑦几时还。

万历庚子岁春月乔山堂刘龙田梓

---

① "螟蛉之子"就是指义子，即俗语所谓之干儿子、干女儿，与收养人无血亲的后嗣。最早见于《诗经·小雅·小苑》一文中，文中写道"螟蛉有子，蜾蠃负之"。古人以为蜾蠃有雄无雌，无法进行交配生产，没有后代，于是捕捉螟蛉来当作义子喂养。据此，后人将被人收养的义子称为螟蛉之子。

② 唐段成式《酉阳杂俎·梦》："卜人徐道升言江淮有王生者榜言解梦。贾客张瞻将归梦炊于臼中。问王生言：'君归不见妻矣。臼中炊固无釜也。'贾客至家妻果卒已数月。"炊于臼中谓无釜谐音无妇。后以"炊臼"喻丧妻。

③ 主馈人，指妻室。旧时指妇女主持烹饪等家事。唐权德舆《叔父华州司士参军墓志铭》："夫人陈郡殷氏……自执笄主馈，逮四十年，孝慈柔明，六姻是仰。"明宋濂《故陈母林夫人墓志铭》："凡主馈非精凿弗敢进。烝尝宾燕，悉中条序，必丰必洁。"

④ "庄子妻死，惠子吊之，庄子则方箕踞，鼓盆而歌。"成玄英疏："盆，瓦缶也。庄子知生死之不二，达哀乐之为一，是以妻亡不哭，鼓盆而歌。"后遂以"鼓盆"喻丧妻及丧妻之痛。

⑤ 清翟灏的《通俗编·妇女》说："今俗谓丧妻曰断弦，再娶曰续弦。古时以琴瑟来比喻夫妻，故丧妻称断弦，再娶为续弦。《汉武外传》中曾记载，汉武帝用的弓弦断了之后，以鸾胶续之，弦后来变得坚固，一直没被拉断。后来人们称男子续娶为"续弦""续胶"或"鸾胶再续"。

⑥ 唐孟棨《本事诗·情感》载：南朝陈太子舍人徐德言与妻乐昌公主恐国破后两人不能相保，因破一铜镜，各执其半，约于他年正月望日卖破镜于都市，冀得相见。后陈亡，公主没入越国公杨素家。德言依期至京，见有苍头卖半镜，出其半相合。德言题诗云："镜与人俱去，镜归人不归；无复嫦娥影，空留明月辉。"公主得诗，悲泣不食。素知之，即召德言，以公主还之，偕归江南终老。后因以"破镜重圆"喻夫妻离散或决裂后重又团聚或和好。

⑦ 《后汉书·循吏传·孟尝》："（合浦）郡不产谷实，而海出珠宝，与交阯比境……尝到官，革易前敝，求民病利。曾未逾岁，去珠复还，百姓反其业焉。"

北京学易斋书目

书　　　名	作　　者	定　价	版别
子平遗书第1辑(批命案例集甲子至戊辰)	精装古本影印	980.00	华龄
子平遗书第2辑(批命案例集庚午至甲戌)	精装古本影印	980.00	华龄
子平遗书第3辑(批命案例集乙亥至戊子)	精装古本影印	980.00	华龄
子平遗书第4辑(批命案例集庚寅至庚子)	精装古本影印	980.00	华龄
子平遗书第5辑(批命案例集辛丑至癸丑)	精装古本影印	980.00	华龄
子平遗书第6辑(批命案例集甲寅至辛酉)	精装古本影印	980.00	华龄
风水择吉第一书:辨方(简体精装)	李明清著	168.00	华龄
珞琭子三命消息赋古注通疏(精装上下)	一明注疏	188.00	华龄
增补高岛易断(简体横排精装上下)	(清)王治本编译	198.00	华龄
中国古代术数基础理论(精装1函5册)	刘昌易著	495.00	团结
飞盘奇门:鸣法体系校释(精装上下)	刘金亮撰	198.00	九州
白话高岛易断(上下)	孙正治孙奥麟译	128.00	九州
润德堂丛书全编1:述卜筮星相学	袁树珊著	38.00	华龄
润德堂丛书全编2:命理探原	袁树珊著	38.00	华龄
润德堂丛书全编3:命谱	袁树珊著	68.00	华龄
润德堂丛书全编4:大六壬探原 养生三要	袁树珊著	38.00	华龄
润德堂丛书全编5:中西相人探原	袁树珊著	38.00	华龄
润德堂丛书全编6:选吉探原 八字万年历	袁树珊著	38.00	华龄
润德堂丛书全编7:中国历代卜人传(上中下)	袁树珊著	168.00	华龄
三式汇刊1:大六壬口诀纂	[明]林昌长辑	68.00	华龄
三式汇刊2:大六壬集应钤	[明]黄宾廷撰	198.00	华龄
三式汇刊3:奇门大全秘纂	[清]湖海居士撰	68.00	华龄
三式汇刊4:大六壬总归	[宋]郭子晟撰	58.00	华龄
三式汇刊5:大六壬心镜	[唐]徐道符辑	48.00	华龄

书　　名	作　者	定　价	版别
三式汇刊6:壬窍	[清]无无野人撰	48.00	华龄
青囊汇刊1:青囊秘要	[晋]郭璞等撰	48.00	华龄
青囊汇刊2:青囊海角经	[晋]郭璞等撰	48.00	华龄
青囊汇刊3:阳宅十书	[明]王君荣撰	48.00	华龄
青囊汇刊4:秘传水龙经	[明]蒋大鸿撰	68.00	华龄
青囊汇刊5:管氏地理指蒙	[三国]管辂撰	48.00	华龄
青囊汇刊6:地理山洋指迷	[明]周景一撰	32.00	华龄
青囊汇刊7:地学答问	[清]魏清江撰	58.00	华龄
青囊汇刊8:地理铅弹子砂水要诀	[清]张九仪撰	68.00	华龄
青囊汇刊9:地理唻蔗录	[清]袁守定著	48.00	华龄
青囊汇刊10:八宅明镜	[清]箬冠道人编	48.00	华龄
青囊汇刊11:罗经透解	[清]王道亨著	58.00	华龄
青囊汇刊12:阳宅三要	[清]赵玉材撰	48.00	华龄
青囊汇刊13:一贯堪舆(上下)	[明]唐世友辑	108.00	华龄
青囊汇刊14:地理辨证图诀直解	[唐]杨筠松著	58.00	华龄
青囊汇刊15:地理雪心赋集解	[唐]卜应天著	58.00	华龄
青囊汇刊16:四神秘诀	[元]董德彰撰	58.00	华龄
子平汇刊1:渊海子平大全	[宋]徐子平撰	48.00	华龄
子平汇刊2:秘本子平真诠	[清]沈孝瞻撰	38.00	华龄
子平汇刊3:命理金鉴	[清]志于道撰	38.00	华龄
子平汇刊4:秘授滴天髓阐微	[清]任铁樵注	48.00	华龄
子平汇刊5:穷通宝鉴评注	[清]徐乐吾注	48.00	华龄
子平汇刊6:神峰通考命理正宗	[明]张楠撰	38.00	华龄
子平汇刊7:新校命理探原	[清]袁树珊撰	48.00	华龄
子平汇刊8:重校绘图袁氏命谱	[清]袁树珊撰	68.00	华龄
子平汇刊9:增广汇校三命通会(全三册)	[明]万民英撰	168.00	华龄
纳甲汇刊1:校正全本增删卜易	郑同点校	68.00	华龄

书 名	作 者	定 价	版别
纳甲汇刊2:校正全本卜筮正宗	郑同点校	48.00	华龄
纳甲汇刊3:校正全本易隐	郑同点校	48.00	华龄
纳甲汇刊4:校正全本易冒	郑同点校	48.00	华龄
纳甲汇刊5:校正全本易林补遗	郑同点校	38.00	华龄
纳甲汇刊6:校正全本卜筮全书	郑同点校	68.00	华龄
纳甲汇刊7:火珠林注疏	刘恒注解	48.00	华龄
古今图书集成术数丛刊:卜筮(全二册)	[清]陈梦雷辑	80.00	华龄
古今图书集成术数丛刊:堪舆(全二册)	[清]陈梦雷辑	120.00	华龄
古今图书集成术数丛刊:相术(全一册)	[清]陈梦雷辑	60.00	华龄
古今图书集成术数丛刊:选择(全一册)	[清]陈梦雷辑	50.00	华龄
古今图书集成术数丛刊:星命(全三册)	[清]陈梦雷辑	180.00	华龄
古今图书集成术数丛刊:术数(全三册)	[清]陈梦雷辑	200.00	华龄
四库全书术数初集(全四册)	郑同点校	200.00	华龄
四库全书术数二集(全三册)	郑同点校	150.00	华龄
四库全书术数三集:钦定协纪辨方书(全二册)	郑同点校	98.00	华龄
增广沈氏玄空学	郑同点校	68.00	华龄
地理点穴撼龙经	郑同点校	32.00	华龄
绘图地理人子须知(上下)	郑同点校	78.00	华龄
玉函通秘	郑同点校	48.00	华龄
绘图入地眼全书	郑同点校	28.00	华龄
绘图地理五诀	郑同点校	48.00	华龄
一本书弄懂风水	郑同著	48.00	华龄
风水罗盘全解	傅洪光著	58.00	华龄
堪舆精论	胡一鸣著	29.80	华龄
堪舆的秘密	宝通著	36.00	华龄
中国风水学初探	曾涌哲	58.00	华龄
全息太乙(修订版)	李德润著	68.00	华龄

书　名	作　者	定　价	版别
时空太乙（修订版）	李德润著	68.00	华龄
故宫珍本六壬三书（上下）	张越点校	128.00	华龄
大六壬通解（全三册）	叶飘然著	168.00	华龄
壬占汇选（精抄历代六壬占验汇选）	肖岱宗点校	48.00	华龄
大六壬指南	郑同点校	28.00	华龄
六壬金口诀指玄	郑同点校	28.00	华龄
大六壬寻源编[全三册]	[清]周螭辑录	180.00	华龄
六壬辨疑　毕法案录	郑同点校	32.00	华龄
大六壬断案疏证	刘科乐著	58.00	华龄
六壬时空	刘科乐著	68.00	华龄
御定奇门宝鉴	郑同点校	58.00	华龄
御定奇门阳遁九局	郑同点校	78.00	华龄
御定奇门阴遁九局	郑同点校	78.00	华龄
奇门秘占合编：奇门庐中阐秘·四季开门	[汉]诸葛亮撰	68.00	华龄
奇门探索录	郑同编订	38.00	华龄
奇门遁甲秘笈大全	郑同点校	48.00	华龄
奇门旨归	郑同点校	48.00	华龄
奇门法窍	[清]锡孟樨撰	48.00	华龄
奇门精粹——奇门遁甲典籍大全	郑同点校	68.00	华龄
御定子平	郑同点校	48.00	华龄
增补星平会海全书	郑同点校	68.00	华龄
五行精纪：命理通考五行渊微	郑同点校	38.00	华龄
绘图三元总录	郑同编校	48.00	华龄
绘图全本玉匣记	郑同编校	32.00	华龄
周易初步：易学基础知识36讲	张绍金著	32.00	华龄
周易与中医养生：医易心法	成铁智著	32.00	华龄
增广梅花易数（精装）	刘恒注	98.00	华龄

书　　名	作　者	定　价	版别
梅花心易阐微	[清]杨体仁撰	48.00	华龄
梅花心易疏证	杨波著	48.00	华龄
梅花易数讲义	郑同著	58.00	华龄
白话梅花易数	郑同编著	30.00	华龄
梅花周易数全集	郑同点校	58.00	华龄
梅花易数	[宋]邵雍撰	28.00	九州
梅花易数(大字本)	[宋]邵雍撰	39.00	九州
河洛理数	[宋]邵雍述	48.00	九州
一本书读懂易经	郑同著	38.00	华龄
白话易经	郑同编著	38.00	华龄
知易术数学:开启术数之门	赵知易著	48.00	华龄
术数入门——奇门遁甲与京氏易学	王居恭著	48.00	华龄
周易虞氏义笺订(上下)	[清]李翊灼校订	78.00	九州
阴阳五要奇书	[晋]郭璞撰	88.00	九州
周易明义	邸勇强著	73.00	九州
论语明义	邸勇强著	37.00	九州
中国风水史	傅洪光撰	32.00	九州
古本催官篇集注	李佳明校注	48.00	九州
鲁班经讲义	傅洪光著	48.00	九州
天星姓名学	侯景波著	38.00	燕山
解梦书	郑同、傅洪光著	58.00	燕山
命理精论(精装繁体竖排)	胡一鸣著	128.00	燕山
辨方(繁体横排)	张明清著	236.00	星易
古易旁通	刘子扬著	320.00	星易
四柱预测机缄通	明理著	300.00	星易
奇门万年历	刘恒著	58.00	资料
图解新编中医四大名著:温病条辨	周重建、郭号	68.00	天津

书 名	作 者	定 价	版别
图解新编中医四大名著:伤寒论	周重建、郭号	68.00	天津
图解新编中医四大名著:黄帝内经	周重建、郭号	68.00	天津
图解新编中医四大名著:金匮要略	周重建、郭号	68.00	天津
中药学药物速认速查小红书(精装64开)	周重建	88.00	天津
国家药典药物速认速查小红书(精装64开)	高楠楠	88.00	天津
神农本草经	宣纸线装1函1册	380.00	海南
黄帝内经素问灵枢(影宋本)	宣纸线装2函9册	3980.00	海南
仲景全书(影宋本)	宣纸线装2函8册	3980.00	海南
王翰林集注八十一难经	宣纸线装1函3册	1280.00	海南
菩提叶彩绘明内宫写本金刚经	宣纸线装1函1册	480.00	文物
故宫旧藏宋刊妙法莲华经	宣纸线装1函3册	900.00	文物
铁琴铜剑楼藏钱氏述古堂抄营造法式	宣纸线装1函8册	2800.00	文物
唐楷道德经(通行本)	宣纸线装1函1册	380.00	文物
通志堂经解(全138种600册)	宣纸线装	36万	文物
影印文明书局藏善本文献集成	精装60种	12800.00	九州

周易书斋是国内最大的提供易学术数类图书邮购服务的专业书店,成立于2001年,现有易学及术数类图书现货6000余种,在海内外易学研究者中有着巨大的影响力。

1、学易斋官方旗舰店网址：xyz888.jd.com 微信号：xyz15116975533

2、联系人：王兰梅 电话：15652026606，15116975533

3、邮购费用固定,不论册数多少,每单收费7元。

4、银行汇款：户名：**王兰梅**。

邮政：6010063592001 09796 农行：6228480010308994218

工行：0200299001020728724 建行：1100579980130074603

交行：6222600910053875983 支付宝：13716780854

5、QQ：(周易书斋2) 2839202242；QQ群：(周易书斋书友会) 140125362。

北京周易书斋敬启